멘탈코칭

윤석민 · 서은주

MENTAL

박영story

COACHING

환영합니다!

여러분과 함께
멘탈코칭의 세계를
여행할 수 있어서 행복합니다.

이 책을 통해
나를 강력하게 만드는 힘과
더 멋진 설렘과 기대가
가득한 삶이 되기를
언제나 응원합니다.

추천의 글

실전심리 멘탈케어와 셀프리더십을 강의하는 윤석민 교수는 학생들에게는 최고의 스승이며, 그를 만나는 코치이(코칭을 받는 분들)와 프로선수들에게는 새로운 길을 만들어 내고 자신의 꿈을 함께 이뤄내 주는 동행자입니다. 그 생생한 현장에 있는 것처럼 『멘탈코칭』은 바로 사용할 수 있는 창의적이며 실제로 적용할 수 있는 내용으로 가득합니다.

사랑하는 멋진 제자이며 ROTC 후배 윤석민 슈퍼멘탈코치의 『멘탈코칭』 추천의 글을 쓸 수 있어서 행복합니다. 처음 만났을 때, 남다른 열정과 전문가다운 에너지가 넘쳤었는데 수석 졸업할 때까지 계속되는 모습에 무엇을 해도 잘 해내겠구나 하며 기대했었습니다. 진정 모든 걸 걸고 코칭에 임하는 눈빛과 뛰어난 창의력을 바탕으로 새롭게 멘탈코칭 모형을 구성하는 능력은 정말 탁월함의 최고를 보여줍니다. 연구실에서 수많은 밤을 새우며 만들어 낸 결과물을 나누던 시간들처럼 끊임없이 노력하고 개발하여 많은 사람들에게 순수한 코칭의 가치를 전달하려는 마음은 모두가 존경할 만한 모습입니다.

그 누구보다 최초를 많이 만들어 낸 훌륭한 슈퍼멘탈코치의 노하우와 책으로 만나기 힘든 1부 투어 KLPGA 프로골퍼의 코칭노트를 볼 수 있다는 것은 정말 최고의 선물입니다. 또한 각 PART마다 심혈을 기울이고 차별화한 콘텐츠는 실전 멘탈코칭에서 효과적인 도구와 해결책을 제공해 줄 수 있습니다.

누구나 읽어도 도움이 되고 부자를 꿈꾸는 부자들의 심리—멘탈—코칭까지 함께 할 수 있는 실용성과 확장성은 미래를 기대하는 모든 이에게 추천해 줄 수 있습니다.

『멘탈코칭』은 쉽고 재미있고 감동스러울 뿐만 아니라 수만 시간에 걸쳐서 진행된 생생한 코칭 노하우와 현실에 근거한 확실한 결과가 담겨 있습니다. 이 책이 특별한 이유 중 하나가 바로 그것입니다. 오랜 시간 고심해 온 프로코치의 생생한 노하우와 그 사례를 책 한 권으로 살펴볼 수 있다는 것은 엄청난 행운이자 귀한 기회입니다.

숨 가쁘게 살고 있는 현대인에게는 그 무엇보다도 언제 어디서나 나에게 무한한 사랑과 지지를 해줄 수 있는 슈퍼멘탈코치가 필요합니다. 『멘탈코칭』을 통해 다가올 수많은 어려움과 이슈에 대한 저항력을 기르고 여러분이 원하는 삶을 이루었으면 합니다. 이를 위해 이 책을 가까이에 두시기를 소망합니다. 책의 내용을 함께 따라 하다 보면 어느덧 슈퍼멘탈을 갖고 있을 것입니다. 자신의 강력한 슈퍼멘탈의 탁월성을 발견하고 '더 매력적인 나'로 깨어나는 데 이 책이 귀하게 쓰일 것임을 저는 확신하며 강력하게 추천합니다.

부디 많은 독자분들이 '언제나 강력한 나'를 만나기 위한 여정의 안내서인 『멘탈코칭』의 소중한 가치를 발견하고 사랑하는 사람들과도 함께 공유하시길 바랍니다.

– 윤석민 코치의 스포츠심리학 스승,
서울대 PhD, 송우엽

■ 송우엽 박사 약력 ■

현) 서울대 총동문회 사무총장 및 골프선수단 단장

현) 세계스포츠디자인 원장

현) 스포츠심리학회 부회장

전) 국민대 스포츠심리학 교수

구성과 특징

01

멘탈코칭의 원리와 구체적인 방법에 대해 쉽게 이해할 수 있어요.

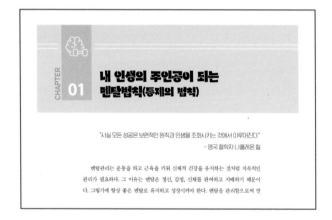

02

도서에 첨부된 멘탈 분석카드를 이용하여 자가 진단이 가능해요.

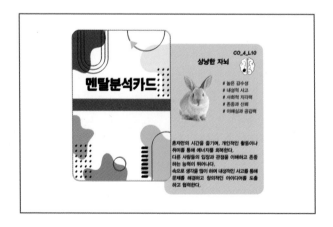

03

다양한 사례를 살펴
보며 궁극적으로는 자
신의 멘탈 변화 과정
을 체감할 수 있어요.

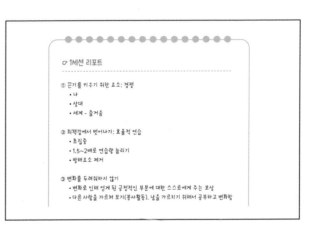

04

작성 예시를 보며 스
스로 작성해 볼 수 있
어요.

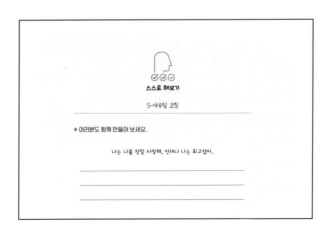

목차

PART 01

멘탈코칭 시작하기
- 나의 멘탈 발견하기(진단) -

CHAPTER 01 멘탈의 모든 것을 갖고 싶은 당신에게   10

CHAPTER 02 멘탈유형 분석   12

CHAPTER 03 멘탈유형 해석   49

CHAPTER 04 도미넌스 해석   95

CHAPTER 05 나의 멘탈지도 그리기   101

PART 02

멘탈 점검하기
- 실생활에 활용 가능한 멘탈관리 -

CHAPTER 01 스트레스 관리: 멘탈강화를 위한 스트레스 관리 5단계   108

CHAPTER 02 원하는 것을 얻기 위한 언어 사용법   125

CHAPTER 03 게으름에서 벗어나는 방법: 게으름 즐기기 코칭   131

CHAPTER 04 나의 가치관 만들기   133

CHAPTER 05 부자 멘탈 분석하기   136

CHAPTER 06 내가 부자가 될 확률은?   139

PART 03

멘탈 관리하기

- 멘탈관리 법칙 -

CHAPTER 01 내 인생의 주인공이 되는 멘탈법칙(통제의 법칙)   144
CHAPTER 02 생각한 것이 현실이 되는 멘탈법칙(신념의 법칙)   148
CHAPTER 03 유유상종으로 모이게 되는 멘탈법칙(인력의 법칙)   152
CHAPTER 04 아무것도 할 수 없을 때 성공하는 멘탈법칙(상응의 법칙)   155
CHAPTER 05 즐겁게 무시하기(멘탈에너지 총량의 법칙)   158
CHAPTER 06 스스로 멘탈이 성장할 수 있는 노하우(멘탈 침묵의 법칙)   161

PART 04

멘탈 강화하기

- 슈퍼멘탈 유지하기 -

CHAPTER 01 최강멘탈을 가진 사람들의 공통점   166
CHAPTER 02 멘탈을 강화하는 7가지 성공요소: 최강멘탈 S-모델   170
CHAPTER 03 멘탈을 강화하는 15가지 방법   180
CHAPTER 04 잠재역량 강화하기   201

PART 05

멘탈 활용하기

- 슈퍼멘탈 프로세스와 실제 멘탈코칭 사례 -

CHAPTER 01 슈퍼멘탈 트레이닝 현황표   212
CHAPTER 02 실제 멘탈코칭 사례   217

에필로그: 멘탈코칭, 새로운 길을 만들어 내다   252
에필로그: 인생은 나를 알아가는 과정   254

CHAPTER

01 멘탈의 모든 것을 갖고 싶은 당신에게

02 멘탈유형 분석

03 멘탈유형 해석

04 도미넌스 해석

05 나의 멘탈지도 그리기

## PART 01

멘탈코칭 시작하기

- 나의 멘탈 발견하기(진단) -

멘탈의 모든 것을 갖고 싶은 당신에게

'백인백색' 100명의 사람들이 각자 색깔이 다르듯이 멘탈도 사람마다 독특성과 개별성이 강하다. 멘탈은 개인의 삶을 성공과 행복으로 이끌어 줄 수 있는 슈퍼컴퓨터라 할 수 있으므로 멘탈에 대해 알아볼 가치가 있다.

멘탈이 강하다는 것은 어떤 상황에서도 정신적으로 강인하거나 강한 태도를 유지하는 능력, 다양한 상황에서 더 긍정적으로 대처하고 더 효과적으로 문제를 해결하는 능력이 있다는 뜻이다. 따라서 멘탈이 강한 사람들은 어려움에 직면했을 때 더 안정적이고 자신감 있게 대처할 수 있으며, 삶의 품격을 향상시키고 성공과 행복을 이루는 데 더 큰 가능성을 가진다.

멘탈을 강화하는 것은 개인의 성장과 변화에 도움이 되며, 다양한 방법을 통해 멘탈을 강화할 수 있다. 긍정적인 태도를 유지하고 자기 자신을 돌봄으로써 멘탈을 강화할 수 있으며, 스트레스 관리, 명상, 운동 등의 방법도 도움이 된다. 또한 문제를 해결하고 자기 자신을 이해하며 동기부여를 하는 것도 멘탈을 강화하는 데 중요한 요소가 된다.

그러나 중요한 것은 멘탈이 강해지는 것이 순식간에 이루어지는 것이 아니라는 점이다. 멘탈을 강화하기 위해서는 시간과 노력이 필요하며, 실패와 어려움을 극복하는 과정에서도 중요한 성장의 기회가 있을 수 있다.

따라서 멘탈을 강화하고 싶은 사람은 지속적인 노력과 자기 발전에 집중하여 자신의 멘탈을 향상시키는 데 노력해야 한다. 상담이나 지원을 받는 것이 도움이 될 수 있으며, 긍정적인 환경과 사회적인 지지를 통해 멘탈의 성장을 지원받을 수 있다.

중요한 것은 멘탈을 강화하기 위한 노력을 게을리하지 않고, 지속적으로 자기계발과 성장을 추구해야 한다는 점이다.

멘탈을 강화하는 과정은 강인한 정신력으로 더 나은 삶을 이끌어 가는 방법을 찾는 것으로, 전문코치와의 대화, 스스로 답을 찾는 과정을 말한다. 멘탈코칭은 주로 스포츠, 비즈니스, 리더십, 개인의 성장과 발전 등 다양한 분야에서 활용되지만, 스스로 멘탈을 강화시키고 유지시킬 수 있는 것이 궁극적인 목적이다.

멘탈코칭의 효과성은,

첫째, 개인이 원하는 목표를 설정하고 그 목표를 현실적으로 달성할 수 있게 도와준다.

둘째, 스트레스를 관리할 수 있는 방법을 스스로 찾아낸다. 스트레스는 일상생활에서 의식하든, 하지 않든 내 삶의 방해물이다.

셋째, 자존감을 향상시킨다. 개인의 잠재력을 인식하고 자아 인식을 통해 자기계발을 돕는다.

넷째, 실행력을 높인다. 성공하는 사람들의 공통요소는 동기부여보다 실행력이다.

다섯째, 성과, 성취를 할 수 있는 방향으로 의식의 흐름이 바뀐다.

위에 나열한 것보다 멘탈을 움직일 수 있다는 것은 슈퍼컴퓨터의 활용도를 바꾸는 것이므로 엄청난 효과를 경험할 수 있을 것이다.

당신은 당신의 인생이 만족스러운가?

진정으로 원하는 바를 하고 있는가?

당신의 삶은 의미 있는가?

만약 위 질문에 대한 대답이 확고하지 않다면

멘탈코칭을 통해 한 걸음 한 걸음 나아가 보자.

당신의 인생이 바뀔 것이다.

멘탈유형 분석

1) 16가지의 멘탈유형 분석 확인하기(멘탈분석카드 총 32장)

• 8가지 멘탈력 구분표 •

사고 (Thingking Power)	창의력(Creativity) - 멘탈분석카드 4장
	집중력(COncentration) - 멘탈분석카드 4장
이해 (Understanding)	통찰력(Insight) - 멘탈분석카드 4장
	관찰력(Observation) - 멘탈분석카드 4장
마음 (Mind)	공감력(Empathy) - 멘탈분석카드 4장
	판단력(Judgement) - 멘탈분석카드 4장
행동 (Action)	순발력(Quickness) - 멘탈분석카드 4장
	지구력(ENdurance) - 멘탈분석카드 4장

• 브레인 주 사용 4가지 영역 •

1	오른쪽 앞머리 - 특징(통제, 기획)
2	오른쪽 뒷머리 - 특징(창의력)
3	왼쪽 뒷머리 - 특징(공감, 소통)
4	왼쪽 앞머리 - 특징(분석, 신중)

• 브레인파워 배점표(점수가 높을수록 브레인파워가 높음, L - 좌뇌, R - 우뇌) •

L25	L20	L15	L10	R10	R15	R20	R25

2) 카드로 멘탈유형 찾기(멘탈코드 확인하기)

① 멘탈코드 1번(극우뇌형)

멘탈분석표	C-I-E-Q *C 창의력, I 통찰력, E 공감력, Q 순발력
브레인파워	RRRR R40~100 *R은 우뇌, 최소 40~최대 100

■ CREATIVITY(창의력)

C_1_R25 권력형 우뇌	C_2_R20 통찰형 우뇌	C_3_R15 다재다능 우뇌	C_4_R10 총명한 우뇌
# 리더 # 독창적 # 철저함 # 권력 # 숲	# 논리적 # 체계적 리더십 # 개척하는 # 집중력 # 분석	# 유능함 # 열정적인 # 친화적 리더십 # 융통성 # 재미	# 꾸준함 # 상냥함 # 몰입과 만족감 # 끈기 # 안정적 성취
• 비언어적인 요소들을 다루고 직관, 이미지, 상상력 등을 활용하는 능력이 좋다. • 무의식적인 정보나 경험을 기반으로 문제를 인식하고 해결한다. • 다양한 정보와 개념들을 연결하고 유연하게 사고한다.	• 계획 수립, 목표 설정, 자기 조절에 능하다. • 일을 체계적으로 계획하고 조직하는 능력이 뛰어나다. • 윤리적인 가치와 도덕적인 원리를 고려하여 행동하며, 타인에 대한 존중과 공정성을 중요시한다.	• 다양한 상황과 사람들과 쉽게 적응할 수 있는 능력이 있다. • 사회적인 상호작용에 능숙하여 대화를 잘 이끌어 내며, 주변 사람들과 원활하게 소통하고 연결한다. • 자신의 의견과 이익을 존중하면서도 타협과 협력을 통해 문제를 해결하려고 한다.	• 오랜 기간 동안 꾸준하게 노력하고 변화와 어려움에도 포기하지 않으며, 일관된 노력과 헌신으로 성과를 이룬다. • 자신의 역할과 책임에 대해 자각하고 이를 자기주도적으로 성실히 수행한다. • 자신의 노력과 결과에 대해 자부심을 가지며, 안정적인 성취에 대한 성취감을 느낀다.

■ INSIGHT(통찰력)

I_1_R25	I_2_R20	I_3_R15	I_4_R10
# 상위 1% 성공 # 도전정신 # 효과적 리더십 # 목표달성 # 의지력과 결단력	# 직관력 # 뛰어난 두뇌 # 민첩성 # 순발력 # 실리실속	# 열린 사고 # 융통성 # 협업적 리더십 # 탁월한 의사소통 # 관계 중심	# 타산지석 # 내재적 직감 # 원활한 의사소통 # 타인 공감 # 조용한 관종
• 복잡한 정보를 신속하게 분석하고 패턴이나 연관성을 파악하는 능력을 갖춘다. • 주어진 정보를 빠르게 처리하고, 상황에 대한 적절한 대응 방안을 신속하게 결정한다. • 주어진 상황에 있어서 주도권을 잡고, 상황을 주도하여 원하는 결과를 이끌어 낸다.	• 체계적으로 분석하고, 다양한 요소를 고려한 결정을 통해 문제를 해결한다. • 복잡한 정보를 신속하게 파악하고 패턴이나 연결점을 파악하는 능력이 있다. • 상황을 파악하고 목표를 설정한 뒤, 효율적인 전략과 계획을 세우는 것을 선호한다.	• 조직 내에서의 리더십과 협업 능력을 발휘한다. • 새로운 아이디어에 대해 열린 마음을 가지고 있으며, 다양한 관점을 고려한다. • 타인의 감정이나 의견을 읽고 이해하는 능력을 가지고 있으며, 이를 통해 사회적인 상황에서 적절한 반응을 보인다.	• 다른 사람의 감정을 읽고 이해하며, 공감과 동료애를 표현하는 능력이 뛰어나다. • 비언어적인 요소와 상황판단을 통해 의사소통을 수행하는 데 능숙하다. • 창의적인 활동이나 예술적인 분야에서 능력을 발휘하며, 다른 사람과의 인간관계 형성과 감정적인 연결에 능하다.

■ EMPATHY(공감력)

	E_1_R25		E_2_R20		E_3_R15		E_4_R10
히딩크	# 긍정적 모델링 # 분위기 메이커 # 따뜻한 자신감 # 공공이익 추구 # 넓은 시야	**신사임당**	# 교양과 지식 # 감정 컨트롤 # 적재적소 # 정확한 소통 # 감정에 민감	**이효리**	# 창의적 예술성 # 자유로운 사고 # 다양한 관점 # 긍정적 에너지 # 폭넓은 인간관계	**유재석**	# 공감과 이해 # 빛과 소금 # 사회적 관계망 # 타인 이해 # 돕고 싶은 마음

- 자신감과 긍정성은 다른 사람들에게 영감을 주고 긍정적인 영향을 미친다.
- 주변 사람들과의 관계를 형성하고 유지하는 데 있어서 특별한 매력이 있다.
- 다른 사람들을 자연스럽게 이끌며, 긍정적인 모델링과 인간관계 능력으로 인해 주변 사람들에게 영향력을 행사한다.

- 주변 사람들에게 친절하게 대하고, 도움을 제공하려는 의지가 크다.
- 예의를 중시하고 상대방을 불편하게 하거나 해를 끼치지 않도록 감정에 신경 쓴다.
- 실수를 최소화하기 위해 행동하기 전에 신중하게 상황을 고려한다.

- 전통적인 틀에 얽매이지 않고 독특한 나의 삶을 추구한다.
- 무한한 긍정과 낙천성으로 어려운 상황에서도 긍정적인 면을 찾으려고 노력한다.
- 루틴에 얽매이지 않고 새로운 경험과 모험을 추구하며, 삶을 다양한 면에서 즐기려는 태도가 있다.

- 다른 사람의 입장과 감정을 존중하며, 이들이 느끼는 감정을 공감하는 능력이 있다.
- 사회적인 규칙과 예절을 잘 따르며, 다양한 사회적 그룹에서 존중받는 태도를 보인다.
- 타인들의 필요를 충족시키고 도움을 주며, 자신의 능력을 활용하여 사회적으로 긍정적인 영향을 미친다.

■ QUICKNESS(순발력)

	Q_1_R25		Q_2_R20		Q_3_R15		Q_4_R10
빨간 장미 (열망)	# 상황대처능력 # 통찰력 # 빠른 결정력 # 유연적 관계 # 강한 추진력	**은방울꽃** (섬세)	# 감각적 디테일 # 단호함 # 상황감지능력 # 냉정한 분석 # 전략적 대응	**백합** (순수한 사랑)	# 아이디어 구체화 # 감각적 재능 # 공감능력 # 혁신적 접근 # 독특한 해결책	**로즈마리** (행복)	# 안정감 # 평온함 # 적극적 경청자 # 이타적 성향 # 따뜻한 지지자

- 도전적인 상황에서도 두려워하지 않고 적극적으로 대응한다.
- 새로운 아이디어나 접근법을 시도하고 탐구하는 것을 즐긴다.
- 현재의 상황과 미래의 가능성을 고려하여 전략을 개발하고 이를 통해 조직 또는 팀의 방향을 명확하게 제시한다.

- 상황의 변화에 대한 감지와 대응 능력이 뛰어나, 불확실한 상황에서도 냉정하게 분석하고 적절한 대응전략을 수립한다.
- 복잡한 정보나 분석 결과를 이해하기 쉽게 팀원들에게 전달하는 능력이 있다.
- 데이터를 수집하고 이해하는 데 뛰어난 능력을 통해 문제의 핵심을 빠르게 파악한다.

- 문제를 다양한 관점에서 고려하며, 혁신적인 해결책을 찾는 데 열정적이다.
- 다른 사람의 감정을 이해하고 공감하는 데 능숙하다. 이는 대인 관계를 향상시키고 협력을 촉진한다.
- 새로운 경험과 지식을 추구하며, 자신의 능력을 향상시키는 데 열정이 있다.

- 자신의 가치관과 감정을 중시하는 성향을 가지고 있으며, 다른 사람들에게 따뜻한 지지와 이해를 제공한다.
- 안정과 조화를 중시하여, 갈등을 피하려고 노력하고 화목한 환경을 선호한다.
- 목표 달성을 위해 끈기 있게 노력하며, 어려운 상황에서도 인내심을 발휘한다.

② 멘탈코드 2번(강한 우뇌형)

멘탈분석표	C-I-E-EN *C 창의력, I 통찰력, E 공감력, EN 지구력
브레인파워	RRRL(R30~75, L10~25) *R은 우뇌, L은 좌뇌, 최소 10~최대 75

■ CREATIVITY(창의력)

권력형 우뇌 C_1_R25	통찰형 우뇌 C_2_R20	다재다능 우뇌 C_3_R15	총명한 우뇌 C_4_R10
# 리더 # 독창적 # 철저함 # 권력 # 숲	# 논리적 # 체계적 리더십 # 개척하는 # 집중력 # 분석	 # 유능함 # 열정적인 # 친화적 리더십 # 융통성 # 재미	# 꾸준함 # 상냥함 # 몰입과 만족감 # 끈기 # 안정적 성취
• 비언어적인 요소들을 다루고 직관, 이미지, 상상력 등을 활용하는 능력이 좋다. • 무의식적인 정보나 경험을 기반으로 문제를 인식하고 해결한다. • 다양한 정보와 개념들을 연결하고 유연하게 사고한다.	• 계획 수립, 목표 설정, 자기 조절에 능하다. • 일을 체계적으로 계획하고 조직하는 능력이 뛰어나다. • 윤리적인 가치와 도덕적인 원리를 고려하여 행동하며, 타인에 대한 존중과 공정성을 중요시한다.	• 다양한 상황과 사람들과 쉽게 적응할 수 있는 능력이 있다. • 사회적인 상호작용에 능숙하여 대화를 잘 이끌어 내며, 주변 사람들과 원활하게 소통하고 연결한다. • 자신의 의견과 이익을 존중하면서도 타협과 협력을 통해 문제를 해결하려고 한다.	• 오랜 기간 동안 꾸준하게 노력하고 변화와 어려움에도 포기하지 않으며, 일관된 노력과 헌신으로 성과를 이뤄낸다. • 자신의 역할과 책임에 대해 자각하고 이를 자기주도적으로 성실히 수행한다. • 자신의 노력과 결과에 대해 자부심을 가지며, 안정적인 성취에 대한 성취감을 느낀다.

■ INSIGHT(통찰력)

L_1_R25	L_2_R20	L_3_R15	L_4_R10
 # 상위 1% 성공 # 도전정신 # 효과적 리더십 # 목표달성 # 의지력과 결단력	 # 직관력 # 뛰어난 두뇌 # 민첩성 # 순발력 # 실리실속	# 열린 사고 # 융통성 # 협업적 리더십 # 탁월한 의사소통 # 관계 중심	# 타산지석 # 내재적 직감 # 원활한 의사소통 # 타인 공감 # 조용한 관종
• 복잡한 정보를 신속하게 분석하고 패턴이나 연관성을 파악하는 능력을 갖춘다. • 주어진 정보를 빠르게 처리하고, 상황에 대한 적절한 대응 방안을 신속하게 결정한다. • 주어진 상황에 있어서 주도권을 잡고, 상황을 주도하여 원하는 결과를 이끌어 낸다.	• 체계적으로 분석하고, 다양한 요소를 고려한 결정을 통해 문제를 해결한다. • 복잡한 정보를 신속하게 파악하고 패턴이나 연결점을 파악하는 능력이 있다. • 상황을 파악하고 목표를 설정한 뒤, 효율적인 전략과 계획을 세우는 것을 선호한다.	• 조직 내에서의 리더십과 협업 능력을 발휘한다. • 새로운 아이디어에 대해 열린 마음을 가지고 있으며, 다양한 관점을 고려한다. • 타인의 감정과 의견을 읽고 이해하는 능력을 가지고 있으며, 이를 통해 사회적인 상황에서 적절한 반응을 보인다.	• 다른 사람의 감정을 읽고 이해하며, 공감과 동료애를 표현하는 능력이 뛰어나다. • 비언어적인 요소와 상황판단을 통해 의사소통을 수행하는 데 능숙하다. • 창의적인 활동이나 예술적인 분야에서 능력을 발휘하며, 다른 사람과의 인간관계 형성과 감정적인 연결에 능하다.

■ EMPATHY(공감력)

히딩크 E_1_R25	신사임당 E_2_R20	이효리 E_3_R15	유재석 E_4_R10
# 긍정적 모델링 # 분위기 메이커 # 따뜻한 자신감 # 공공이익 추구 # 넓은 시야	# 교양과 지식 # 감정 컨트롤 # 적재적소 # 정확한 소통 # 감정에 민감	# 창의적 예술성 # 자유로운 사고 # 다양한 관점 # 긍정적 에너지 # 폭넓은 인간관계	# 공감과 이해 # 빛과 소금 # 사회적 관계망 # 타인 이해 # 돕고 싶은 마음
• 자신감과 긍정성은 다른 사람에게 영감을 주고 긍정적인 영향을 미친다. • 주변 사람들과의 관계를 형성하고 유지하는 데 있어서 특별한 매력이 있다. • 다른 사람들을 자연스럽게 이끌며, 긍정적인 모델링과 인간관계 능력으로 인해 주변 사람들에게 영향력을 행사한다.	• 주변 사람들에게 친절하게 대하고, 도움을 제공하려는 의지가 크다. • 예의를 중시하고 상대방을 불편하게 하거나 해를 끼치지 않도록 감정에 신경 쓴다. • 실수를 최소화하기 위해 행동하기 전에 신중하게 상황을 고려한다.	• 전통적인 틀에 얽매이지 않고 독특한 나의 삶을 추구한다. • 무한한 긍정과 낙천성으로 어려운 상황에서도 긍정적인 면을 찾으려고 노력한다. • 루틴에 얽매이지 않고 새로운 경험과 모험을 추구하며, 삶을 다양한 면에서 즐기려는 태도가 있다.	• 다른 사람의 입장과 감정을 존중하며, 이들이 느끼는 감정을 공감하려고 노력한다. • 사회적인 규칙과 예절을 잘 따르며, 다양한 사회적 그룹에서 존중받는 태도를 보인다. • 타인들의 필요를 충족시키고 도움을 주며, 자신의 능력을 활용하여 사회적으로 긍정적인 영향을 미친다.

■ ENDURANCE(지구력)

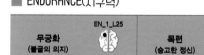 

무궁화 (불굴의 의지) EN_1_L25	목련 (숭고한 정신) EN_2_L20	나팔꽃 (단단한 유대) EN_3_L15	제비꽃 (성실과 겸손) EN_4_L10
# 통제와 조절력 # 협업 리더십 # 목적의식 # 강인함 # 완벽주의	# 철두철미 # 디테일 중시 # 체계적 설명 # 완벽한 논리 # 높은 성과	# 합리적 판단 # 인맥관리 # 구조화 # 즐거운 업무수행 # 긍정적 판단	# 일정관리 # 꼼꼼한 기록 # 차분함 # 실수 최소화 # 정확한 수행
• 시간을 효율적으로 관리하며 우선순위를 정해서 업무를 수행한다. • 상황을 분석하고 장기적인 목표를 설정하는 능력이 뛰어나며, 이를 위해 자원을 효율적으로 배분한다. • 자기계발을 통해 더 나은 성과를 이루려고 노력한다.	• 세부사항에 대한 주의를 기울이며, 작은 차이나 오차를 발견하고 수정하는 능력이 있다. • 완벽한 논리적 사고능력을 가지며, 복잡한 문제를 분석하고 해결하는 데 능숙하다. • 자신의 성과를 지속적으로 평가하고 피드백을 받아들이려는 태도를 가지고 있다.	• 업무나 활동을 시간에 맞추어 수행하는 데 주의를 기울이며, 마감기한을 지키는 데 능숙하다. • 관계를 중요하게 여기며, 효율적인 협력과 소통을 추구한다. • 감정적인 흥분을 최소화하고 합리적인 판단을 내리려고 노력한다.	• 주어진 업무 또는 임무에 대한 책임감이 강하며, 약속한 일을 지키고 신뢰성 있게 일을 수행한다. • 분노나 감정적인 반응보다는 조용하고 합리적인 대처를 선호한다. • 목표를 향해 꾸준한 노력과 인내심을 발휘하여 최종 목표를 달성하려는 의지가 있다.

③ 멘탈코드 3번(우뇌우위 혼합형)

멘탈분석표	C-I-J-Q *C 창의력, I 통찰력, J 판단력, Q 순발력
브레인파워	RRLR(R30~75, L10~25) *R은 우뇌, L은 좌뇌, 최소 10~최대 75

■ CREATIVITY(창의력)

C_1_R25 권력형 우뇌	C_2_R20 통찰형 우뇌	C_3_R15 다재다능 우뇌	C_4_R10 총명한 우뇌
# 리더 # 독창적 # 철저함 # 권력 # 숲	# 논리적 # 체계적 리더십 # 개척하는 # 집중력 # 분석	# 유능함 # 열정적인 # 친화적 리더십 # 융통성 # 재미	# 꾸준함 # 상냥함 # 몰입과 만족감 # 끈기 # 안정적 성취
• 비언어적인 요소들을 다루고 직관, 이미지, 상상력 등을 활용하는 능력이 좋다. • 무의식적인 정보나 경험을 기반으로 문제를 인식하고 해결한다. • 다양한 정보와 개념들을 연결하고 유연하게 사고한다.	• 계획 수립, 목표 설정, 자기 조절에 능하다. • 일을 체계적으로 계획하고 조직하는 능력이 뛰어나다. • 윤리적인 가치와 도덕적인 원리를 고려하여 행동하며, 타인에 대한 존중과 공정성을 중요시한다.	• 다양한 상황과 사람들과 쉽게 적응할 수 있는 능력이 있다. • 사회적인 상호작용에 능숙하여 대화를 잘 이끌어 내며, 주변 사람들과 원활하게 소통하고 연결한다. • 자신의 의견과 이익을 존중하면서도 타협과 협력을 통해 문제를 해결하려고 한다.	• 오랜 기간 동안 꾸준하게 노력하고 변화와 어려움에도 포기하지 않으며, 일관된 노력과 헌신으로 성과를 이뤄낸다. • 자신의 역할과 책임에 대해 자각하고 이를 자기주도적으로 성실히 수행한다. • 자신의 노력과 결과에 대해 자부심을 가지며, 안정적인 성취에 대한 성취감을 느낀다.

■ INSIGHT(통찰력)

L_1_R25	L_2_R20	L_3_R15	L_4_R10
 # 상위 1% 성공 # 도전정신 # 효과적 리더십 # 목표달성 # 의지력과 결단력	# 직관력 # 뛰어난 두뇌 # 민첩성 # 순발력 # 실리실속	# 열린 사고 # 융통성 # 협업적 리더십 # 탁월한 의사소통 # 관계 중심	# 타산지석 # 내재적 직감 # 원활한 의사소통 # 타인 공감 # 조용한 관종
• 복잡한 정보를 신속하게 분석하고 패턴이나 연관성을 파악하는 능력을 갖춘다. • 주어진 정보를 빠르게 처리하고, 상황에 대한 적절한 대응 방안을 신속하게 결정한다. • 주어진 상황에 있어서 주도권을 잡고, 상황을 주도하여 원하는 결과를 이끌어 낸다.	• 체계적으로 분석하고, 다양한 요소를 고려한 결정을 통해 문제를 해결한다. • 복잡한 정보를 신속하게 파악하고 패턴이나 연결점을 파악하는 능력이 있다. • 상황을 파악하고 목표를 설정한 뒤, 효율적인 전략과 계획을 세우는 것을 선호한다.	• 조직 내에서의 리더십과 협업 능력을 발휘한다. • 새로운 아이디어에 대해 열린 마음을 가지고 있으며, 다양한 관점을 고려한다. • 타인의 감정이나 의견을 읽고 이해하는 능력을 가지고 있으며, 이를 통해 사회적인 상황에서 적절한 반응을 보인다.	• 다른 사람의 감정을 읽고 이해하며, 공감과 동료애를 표현하는 능력이 뛰어나다. • 비언어적인 요소와 상황판단을 통해 의사소통을 수행하는 데 능숙하다. • 창의적인 활동이나 예술적인 분야에서 능력을 발휘하며, 다른 사람과의 인간관계 형성과 감정적인 연결에 능하다.

■ JUDGEMENT(판단력)

이순신 장군 J_1_L25	손정의 J_2_L20	봉준호 감독 J_3_L15	박세리 선수 J_4_L10
# 논리적 주도 # 결정력 # 해결책 탐구 # 이익 추구 # 데이터 활용	# 나만의 규칙 # 지적 호기심 # 까다로움 # 원리원칙 중시 # 전문직 성향	# 나만의 루틴 # 합리적 결정 # 공동의 이익 # 창의적 해결 # 새로움	# 사회적 인식 # 약방의 감초 # 능숙한 도구 사용 # 사회 문제 관심

- 정보를 체계적으로 정리하고 구조화하여 패턴을 파악하고 원칙을 도출한다.
- 주관적인 편견이나 감정적인 요소를 배제하고 문제를 분석하며, 다양한 관점을 고려하여 결정한다.
- 정확하고 명확하게 생각을 표현하며, 복잡한 개념도 간결하게 설명한다.

- 복잡한 문제를 간소화하거나 관련성 없는 세부사항을 제거하여 핵심을 집중적으로 다룬다.
- 자신과 타인의 주장을 까다롭게 검토하며, 논리적 결함을 발견하려고 노력한다.
- 새로운 정보와 아이디어에 호기심을 가지며 지식을 넓힌다.

- 아이디어를 결합하거나 변형시켜 문제를 해결하거나 목표를 달성하는 방법을 찾을 수 있다.
- 편견을 피하고, 효과적인 결정을 내린다.
- 한 가지 문제나 주제에 대해 여러 가지 관점에서 접근하며 새로운 아이디어를 발전시킨다.

- 복잡한 문제를 해결할 때 전체 구조와 세부사항 간의 상관관계를 파악하고 효율적인 전략을 개발하는 데 능숙하다.
- 사회적으로 예민하고 타인과의 관계를 중요시한다.
- 새로운 도전과 학습기회를 놓치지 않으며, 개인적으로 성장하는 데 관심이 있다.

■ QUICKNESS(순발력)

빨간 장미 (열망) Q_1_R25	은방울꽃 (섬세) Q_2_R20	백합 (순수한 사랑) Q_3_R15	로즈마리 (행복) Q_4_R10
# 상황대처능력 # 통찰력 # 빠른 결정력 # 유연적 관계 # 강한 추진력	# 감각적 디테일 # 단호함 # 상황감지능력 # 냉정한 분석 # 전략적 대응	# 아이디어 구체화 # 감각적 재능 # 공감능력 # 혁신적 접근 # 독특한 해결책	# 안정감 # 평온함 # 적극적 경청자 # 이타적 성향 # 따뜻한 지지자

- 도전적인 상황에서도 두려워하지 않고 적극적으로 대응한다.
- 새로운 아이디어나 접근법을 시도하고 탐구하는 것을 즐긴다.
- 현재의 상황과 미래의 가능성을 고려하여 전략을 개발하고 이를 통해 조직 또는 팀의 방향을 명확하게 제시한다.

- 상황의 변화에 대한 감지와 대응 능력이 뛰어나, 불확실한 상황에서도 냉정하게 분석하고 적절한 대응전략을 수립한다.
- 복잡한 정보나 분석 결과를 이해하기 쉽게 팀원들에게 전달하는 능력이 있다.
- 데이터를 수집하고 이해하는 데 뛰어난 능력을 통해 문제의 핵심을 빠르게 파악한다.

- 문제를 다양한 관점에서 고려하며, 혁신적인 해결책을 찾는 데 열정적이다.
- 다른 사람의 감정을 이해하고 공감하는 데 능숙하며, 이는 대인 관계를 향상시키고 협력을 촉진한다.
- 새로운 경험과 지식을 추구하며, 자신의 능력을 향상시키는 데 열정이 있다.

- 자신의 가치관과 감정을 중시하는 성향을 가지고 있으며, 다른 사람들에게 따뜻한 지지와 이해를 제공한다.
- 안정과 조화를 중시하여, 갈등을 피하려고 노력하고 화목한 환경을 선호한다.
- 목표 달성을 위해 끈기 있게 노력하며, 어려운 상황에서도 인내심을 발휘한다.

④ 멘탈코드 4번(좌우뇌 혼합형)

멘탈분석표	C-I-J-EN *C 창의력, I 통찰력, J 판단력, EN 지구력
브레인파워	RRLL(R20~R50, L20~50) *R은 우뇌, L은 좌뇌, 최소 20~최대 50

■ CREATIVITY(창의력)

 권력형 우뇌 C_1_R25 # 리더 # 독창적 # 철저함 # 권력 # 숲	 **통찰형 우뇌** C_2_R20 # 논리적 # 체계적 리더십 # 개척하는 # 집중력 # 분석	 **다재다능 우뇌** C_3_R15 # 유능함 # 열정적인 # 친화적 리더십 # 융통성 # 재미	 **총명한 우뇌** C_4_R10 # 꾸준함 # 상냥함 # 몰입과 만족감 # 끈기 # 안정적 성취
• 비언어적인 요소들을 다루고 직관, 이미지, 상상력 등을 활용하는 능력이 좋다. • 무의식적인 정보나 경험을 기반으로 문제를 인식하고 해결한다. • 다양한 정보와 개념들을 연결하고 유연하게 사고한다.	• 계획 수립, 목표 설정, 자기 조절에 능하다. • 일을 체계적으로 계획하고 조직하는 능력이 뛰어나다. • 윤리적인 가치와 도덕적인 원리를 고려하여 행동하며, 타인에 대한 존중과 공정성을 중요시한다.	• 다양한 상황과 사람들과 쉽게 적응할 수 있는 능력이 있다. • 사회적인 상호작용에 능숙하여 대화를 잘 이끌어 내며, 주변 사람과 원활하게 소통하고 연결한다. • 자신의 의견과 이익을 존중하면서도 타협과 협력을 통해 문제를 해결하려고 한다.	• 오랜 기간 동안 꾸준하게 노력하고 변화와 어려움에도 포기하지 않으며, 일관된 노력과 헌신으로 성과를 이뤄낸다. • 자신의 역할과 책임에 대해 자각하고 이를 자기주도적으로 성실히 수행한다. • 자신의 노력과 결과에 대해 자부심을 가지며, 안정적인 성취에 대한 성취감을 느낀다.

■ INSIGHT(통찰력)

 L_1_R25 # 상위 1% 성공 # 도전정신 # 효과적 리더십 # 목표달성 # 의지력과 결단력	 L_2_R20 # 직관력 # 뛰어난 두뇌 # 민첩성 # 순발력 # 실리실속	 L_3_R15 # 열린 사고 # 융통성 # 협업적 리더십 # 탁월한 의사소통 # 관계 중심	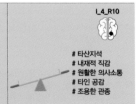 L_4_R10 # 타산지석 # 내재적 직감 # 원활한 의사소통 # 타인 공감 # 조용한 관종
• 복잡한 정보를 신속하게 분석하고 패턴이나 연관성을 파악하는 능력을 갖춘다. • 주어진 정보를 빠르게 처리하고, 상황에 대한 적절한 대응 방안을 신속하게 결정한다. • 주어진 상황에 있어서 주도권을 잡고, 상황을 주도하여 원하는 결과를 이끌어 낸다.	• 체계적으로 분석하고, 다양한 요소를 고려한 결정을 통해 문제를 해결한다. • 복잡한 정보를 신속하게 파악하고 패턴이나 연결점을 파악하는 능력이 있다. • 상황을 파악하고 목표를 설정한 뒤, 효율적인 전략과 계획을 세우는 것을 선호한다.	• 조직 내에서의 리더십과 협업 능력을 발휘한다. • 새로운 아이디어에 대해 열린 마음을 가지고 있으며, 다양한 관점을 고려한다. • 타인의 감정이나 의견을 읽고 이해하는 능력을 가지고 있으며, 이를 통해 사회적인 상황에서 적절한 반응을 보인다.	• 다른 사람의 감정을 읽고 이해하며, 공감과 동료애를 표현하는 능력이 뛰어나다. • 비언어적인 요소와 상황판단을 통해 의사소통을 수행하는 데 능숙하다. • 창의적인 활동이나 예술적인 분야에서 능력을 발휘하며, 다른 사람과의 인간관계 형성과 감정적인 연결에 능하다.

■ JUDGEMENT(판단력)

이순신 장군 J_1_L25	손정의 J_2_L20	봉준호 감독 J_3_L15	박세리 선수 J_4_L10
# 논리적 주도 # 결정력 # 해결책 탐구 # 이익 추구 # 데이터 활용	# 나만의 규칙 # 지적 호기심 # 까다로움 # 원리원칙 중시 # 전문직 성향	# 나만의 루틴 # 합리적 결정 # 공동의 이익 # 창의적 해결 # 새로움	# 사회적 인식 # 약방의 감초 # 능숙한 도구 사용 # 사회 문제 관심
• 정보를 체계적으로 정리하고 구조화하여 패턴을 파악하고 원칙을 도출한다. • 주관적인 편견이나 감정적인 요소를 배제하고 문제를 분석하며, 다양한 관점을 고려하여 결정한다. • 정확하고 명확하게 생각을 표현하며, 복잡한 개념도 간결하게 설명한다.	• 복잡한 문제를 간소화하거나 관련성 없는 세부사항을 제거하여 핵심을 집중적으로 다룬다. • 자신과 타인의 주장을 까다롭게 검토하며, 논리적 결함을 발견하려고 노력한다. • 새로운 정보와 아이디어에 호기심을 가지며 지식을 넓힌다.	• 아이디어를 결합하거나 변형시켜 문제를 해결하거나 목표를 달성하는 방법을 찾을 수 있다. • 편견을 피하고, 효과적인 결정을 내린다. • 한 가지 문제나 주제에 대해 여러 가지 관점에서 접근하며 새로운 아이디어를 발전시킨다.	• 복잡한 문제를 해결할 때 전체 구조와 세부사항 간의 상관관계를 파악하고 효율적인 전략을 개발하는 데 능숙하다. • 사회적으로 예민하고 타인과의 관계를 중요시한다. • 새로운 도전과 학습기회를 놓치지 않으며, 개인적으로 성장하는 데 관심이 있다.

■ ENDURANCE(지구력)

무궁화 (불굴의 의지) EN_1_L25	목련 (숭고한 정신) EN_2_L20	나팔꽃 (단단한 유대) EN_3_L15	제비꽃 (성실과 겸손) EN_4_L10
# 통제와 조절력 # 협업 리더십 # 목적의식 # 강인함 # 완벽주의	# 철두철미 # 디테일 중시 # 체계적 설명 # 완벽한 논리 # 높은 성과	# 합리적 판단 # 인맥관리 # 구조화 # 즐거운 업무수행 # 긍정적 판단	# 일정관리 # 꼼꼼한 기록 # 차분함 # 실수 최소화 # 정확한 수행
• 시간을 효율적으로 관리하며 우선순위를 정해서 업무를 수행한다. • 상황을 분석하고 장기적인 목표를 설정하는 능력이 뛰어나며, 이를 위해 자원을 효율적으로 배분한다. • 자기계발을 통해 더 나은 성과를 이루려고 노력한다.	• 세부사항에 대한 주의를 기울이며, 작은 차이나 오차를 발견하고 수정하는 능력이 있다. • 완벽한 논리적 사고능력을 가지며, 복잡한 문제를 분석하고 해결하는 데 능숙하다. • 자신의 성과를 지속적으로 평가하고 피드백을 받아들이려는 태도를 가지고 있다.	• 업무나 활동을 시간에 맞추어 수행하는 데 주의를 기울이며, 마감 기한을 지키는 데 능숙하다. • 관계를 중요하게 여기며, 효율적인 협력과 소통을 추구한다. • 감정적인 흥분을 최소화하고 합리적인 판단을 내리려고 노력한다.	• 주어진 업무 또는 임무에 대한 책임감이 강하며, 약속한 일을 지키고 신뢰성 있게 일을 수행한다. • 분노나 감정적인 반응보다는 조용하고 합리적인 대처를 선호한다. • 목표를 향해 꾸준한 노력과 인내심을 발휘하여 최종 목표를 달성하려는 의지가 있다.

⑤ 멘탈코드 5번(우뇌우위 혼합형)

멘탈분석표	C-O-E-Q *C 창의력, O 관찰력, E 공감력, Q 순발력
브레인파워	RLRR(R30~R75, L10~25) *R은 우뇌, L은 좌뇌, 최소 10~최대 75

■ CREATIVITY(창의력)

C_1_R25 권력형 우뇌	C_2_R20 통찰형 우뇌	C_3_R15 다재다능 우뇌	C_4_R10 총명한 우뇌
# 리더 # 독창적 # 철저함 # 권력 # 숲	 # 논리적 # 체계적 리더십 # 개척하는 # 집중력 # 분석	# 유능함 # 열정적인 # 친화적 리더십 # 융통성 # 재미	# 꾸준함 # 상냥함 # 몰입과 만족감 # 끈기 # 안정적 성취
• 비언어적인 요소들을 다루고 직관, 이미지, 상상력 등을 활용하는 능력이 좋다. • 무의식적인 정보나 경험을 기반으로 문제를 인식하고 해결한다. • 다양한 정보와 개념들을 연결하고 유연하게 사고한다.	• 계획 수립, 목표 설정, 자기 조절에 능하다. • 일을 체계적으로 계획하고 조직하는 능력이 뛰어나다. • 윤리적인 가치와 도덕적인 원리를 고려하여 행동하며, 타인에 대한 존중과 공정성을 중요시한다.	• 다양한 상황과 사람들과 쉽게 적응할 수 있는 능력이 있다. • 사회적인 상호작용에 능숙하여 대화를 잘 이끌어 내며, 주변 사람들과 원활하게 소통하고 연결한다. • 자신의 의견과 이익을 존중하면서도 타협과 협력을 통해 문제를 해결하려고 한다.	• 오랜 기간 동안 꾸준하게 노력하고 변화와 어려움에도 포기하지 않으며, 일관된 노력과 헌신으로 성과를 이뤄낸다. • 자신의 역할과 책임에 대해 자각하고 이를 자기주도적으로 성실히 수행한다. • 자신의 노력과 결과에 대해 자부심을 가지며, 안정적인 성취에 대한 성취감을 느낀다.

■ OBSERVATION(관찰력)

O_1_L25	O_2_L20	O_3_L15	O_4_L10
# 현실적인 판단 # 경험 중심의 학습 # 실용적 사고 # 다양한 감각 정보 # 위기 극복	# 친화적 분석력 # 합리적 결론 # 자료 수집 # 원활한 소통 # 근성	# 상황파악능력 # 친밀감 # 친화력 # 은근한 매력 # 재치	# 현실적 문제 해결 # 편안함 # 실용적 목표 # 명확한 판단 # 수용과 겸손
• 아이디어나 계획을 실제 행동으로 옮기는 데 능숙한 실천력과 실행력이 있다. • 이론적인 개념보다는 실제 상황에서의 경험을 통해 배우는 것을 선호하며, 실전적인 기술과 노하우를 강조한다. • 현실적인 목표를 설정하고 이를 위한 달성 가능한 단계와 일정 계획에 능숙하다.	• 상대방의 감정과 관점을 이해하고 존중하는 능력이 뛰어나다. • 문제 해결을 위해 분석적 접근 방법을 사용하여 효과적인 전략을 수립한다. • 다양한 관점과 정보를 종합하여 합리적인 결론을 도출한다.	• 서로에게 따뜻하게 지지적인 환경을 제공한다. • 재치 있고 매력적인 대화력으로 다른 사람들과의 대화에 적극적으로 참여한다. • 원활하게 소통하고 협력하는 데 큰 장점을 가지며, 사회적인 활동이나 리더십에서도 탁월한 성과를 보인다.	• 안정성과 신뢰성이 입증된 방법과 사실을 따르는 경향이 있다. • 실패와 성공을 통해 쌓은 경험을 바탕으로 지식과 노하우를 습득하며, 더 나은 결과를 얻기 위해 지속적으로 개선한다. • 이론적인 아이디어보다 실제 실행 가능한 목표를 우선시하며, 실제 성과를 추구한다.

■ EMPATHY(공감력)

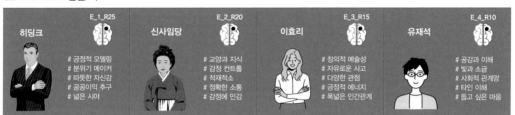

히딩크 E_1_R25	신사임당 E_2_R20	이효리 E_3_R15	유재석 E_4_R10
# 긍정적 모델링 # 분위기 메이커 # 따뜻한 자신감 # 공공이익 추구 # 넓은 시야	# 교양과 지식 # 감정 컨트롤 # 적재적소 # 정확한 소통 # 감정에 민감	# 창의적 예술성 # 자유로운 사고 # 다양한 관점 # 긍정적 에너지 # 폭넓은 인간관계	# 공감과 이해 # 빛과 소금 # 사회적 관계망 # 타인 이해 # 돕고 싶은 마음
• 자신감과 긍정성은 다른 사람들에게 영감을 주고 긍정적인 영향을 미친다. • 주변 사람들과의 관계를 형성하고 유지하는 데 있어서 특별한 매력이 있다. • 다른 사람들을 자연스럽게 이끌며, 긍정적인 모델링과 인간관계 능력으로 인해 주변 사람들에게 영향력을 행사한다.	• 주변 사람들에게 친절하게 대하고, 도움을 제공하려는 의지가 크다. • 예의를 중시하고 상대방을 불편하게 하거나 해를 끼치지 않도록 감정에 신경 쓴다. • 실수를 최소화하기 위해 행동하기 전에 신중하게 상황을 고려한다.	• 전통적인 틀에 얽매이지 않고 독특한 나의 삶을 추구한다. • 무한한 긍정과 낙천성으로 어려운 상황에서도 긍정적인 면을 찾으려고 노력한다. • 루틴에 얽매이지 않고 새로운 경험과 모험을 추구하며, 삶을 다양한 면에서 즐기려는 태도가 있다.	• 다른 사람의 입장과 감정을 존중하며, 이들이 느끼는 감정을 공감하는 능력이 있다. • 사회적인 규칙과 예절을 잘 따르며, 다양한 사회적 그룹에서 존중받는 태도를 보인다. • 타인들의 필요를 충족시키고 도움을 주며, 자신의 능력을 활용하여 사회적으로 긍정적인 영향을 미친다.

■ QUICKNESS(순발력)

빨간 장미 (열망) Q_1_R25	은방울꽃 (섬세) Q_2_R20	백합 (순수한 사랑) Q_3_R15	로즈마리 (행복) Q_4_R10
# 상황대처능력 # 통찰력 # 빠른 결정력 # 유연적 관계 # 강한 추진력	# 감각적 디테일 # 단호함 # 상황감지능력 # 냉정한 분석 # 전략적 대응	# 아이디어 구체화 # 감각적 재능 # 공감능력 # 혁신적 접근 # 독특한 해결책	# 안정감 # 평온함 # 적극적 경청자 # 이타적 성향 # 따뜻한 지지자
• 도전적인 상황에서도 두려워하지 않고 적극적으로 대응한다. • 새로운 아이디어나 접근법을 시도하고 탐구하는 것을 즐긴다. • 현재의 상황과 미래의 가능성을 고려하여 전략을 개발하고 이를 통해 조직 또는 팀의 방향을 명확하게 제시한다.	• 상황의 변화에 대한 감지와 대응 능력이 뛰어나, 불확실한 상황에서도 냉정하게 분석하고 적절한 대응전략을 수립한다. • 복잡한 정보나 분석 결과를 이해하기 쉽게 팀원들에게 전달하는 능력이 있다. • 데이터를 수집하고 이해하는 데 뛰어난 능력을 통해 문제의 핵심을 빠르게 파악한다.	• 문제를 다양한 관점에서 고려하며, 혁신적인 해결책을 찾는 데 열정적이다. • 다른 사람의 감정을 이해하고 공감하는 데 능숙하며, 이는 대인 관계를 향상시키고 협력을 촉진한다. • 새로운 경험과 지식을 추구하며, 자신의 능력을 향상시키는 데 열정이 있다.	• 자신의 가치관과 감정을 중시하는 성향을 가지고 있으며, 다른 사람들에게 따뜻한 지지와 이해를 제공한다. • 안정과 조화를 중시하여, 갈등을 피하려고 노력하고 화목한 환경을 선호한다. • 목표 달성을 위해 끈기 있게 노력하며, 어려운 상황에서도 인내심을 발휘한다.

⑥ 멘탈코드 6번(좌우뇌 혼합형)

멘탈분석표	C-O-E-EN *C 창의력, O 관찰력, E 공감력, EN 지구력
브레인파워	RLRL(R20~50, L20~50) *R은 우뇌, L은 좌뇌, 최소 20~최대 50

■ CREATIVITY(창의력)

C_1_R25 **권력형 우뇌** # 리더 # 독창적 # 철저함 # 권력 # 숲	**C_2_R20** **통찰형 우뇌** # 논리적 # 체계적 리더십 # 개척하는 # 집중력 # 분석	**C_3_R15** **다재다능 우뇌** # 유능함 # 열정적인 # 친화적 리더십 # 융통성 # 재미	**C_4_R10** **총명한 우뇌** # 꾸준함 # 상냥함 # 몰입과 만족감 # 끈기 # 안정적 성취
• 비언어적인 요소들을 다루고 직관, 이미지, 상상력 등을 활용하는 능력이 좋다. • 무의식적인 정보나 경험을 기반으로 문제를 인식하고 해결한다. • 다양한 정보와 개념들을 연결하고 유연하게 사고한다.	• 계획 수립, 목표 설정, 자기 조절에 능하다. • 일을 체계적으로 계획하고 조직하는 능력이 뛰어나다. • 윤리적인 가치와 도덕적인 원리를 고려하여 행동하며, 타인에 대한 존중과 공정성을 중요시한다.	• 다양한 상황과 사람들과 쉽게 적응할 수 있는 능력이 있다. • 사회적인 상호작용에 능숙하여 대화를 잘 이끌어 내며, 주변 사람들과 원활하게 소통하고 연결한다. • 자신의 의견과 이익을 존중하면서도 타협과 협력을 통해 문제를 해결하려고 한다.	• 오랜 기간 동안 꾸준하게 노력하고 변화와 어려움에도 포기하지 않으며, 일관된 노력과 헌신으로 성과를 이뤄낸다. • 자신의 역할과 책임에 대해 자각하고 이를 자기주도적으로 성실히 수행한다. • 자신의 노력과 결과에 대해 자부심을 가지며, 안정적인 성취에 대한 성취감을 느낀다.

■ OBSERVATION(관찰력)

O_1_L25 # 현실적인 판단 # 경험 중심의 학습 # 실용적 사고 # 다양한 감각 정보 # 위기 극복	**O_2_L20** # 친화적 분석력 # 합리적 결론 # 자료 수집 # 원활한 소통 # 근성	**O_3_L15** # 상황파악능력 # 친밀감 # 친화력 # 은근한 매력 # 재치	**O_4_L10** # 현실적 문제 해결 # 편안함 # 실용적 목표 # 명확한 판단 # 수용과 겸손
• 아이디어나 계획을 실제 행동으로 옮기는 데 능숙한 실천력과 실행력이 있다. • 이론적인 개념보다는 실제 상황에서의 경험을 통해 배우는 것을 선호하며, 실전적인 기술과 노하우를 강조한다. • 현실적인 목표를 설정하고 이를 위한 달성 가능한 단계와 일정 계획에 능숙하다.	• 상대방의 감정과 관점을 이해하고 존중하는 능력이 뛰어나다. • 문제 해결을 위해 분석적 접근 방법을 사용하여 효과적인 전략을 수립한다. • 다양한 관점과 정보를 종합하여 합리적인 결론을 도출한다.	• 서로에게 따뜻하게 지지적인 환경을 제공한다. • 재치 있고 매력적인 대화력으로 다른 사람들과의 대화에 적극적으로 참여한다. • 원활하게 소통하고 협력하는 데 큰 장점을 가지며, 사회적인 활동이나 리더십에서도 탁월한 성과를 보인다.	• 안정성과 신뢰성이 입증된 방법과 사실을 따르는 경향이 있다. • 실패와 성공을 통해 쌓은 경험을 바탕으로 지식과 노하우를 습득하며, 더 나은 결과를 얻기 위해 지속적으로 개선한다. • 이론적인 아이디어보다 실제 실행 가능한 목표를 우선시하며, 실제 성과를 추구한다.

■ EMPATHY(공감력)

히딩크 E_1_R25	신사임당 E_2_R20	이효리 E_3_R15	유재석 E_4_R10
# 긍정적 모델링 # 분위기 메이커 # 따뜻한 자신감 # 공공이익 추구 # 넓은 시야	# 교양과 지식 # 감정 컨트롤 # 적재적소 # 정확한 소통 # 감정에 민감	# 창의적 예술성 # 자유로운 사고 # 다양한 관점 # 긍정적 에너지 # 폭넓은 인간관계	# 공감과 이해 # 빛과 소금 # 사회적 관계망 # 타인 이해 # 돕고 싶은 마음

• 자신감과 긍정성은 다른 사람들에 게 영감을 주고 긍정적인 영향을 미친다. • 주변 사람들과의 관계를 형성하고 유지하는 데 있어서 특별한 매력이 있다. • 다른 사람들을 자연스럽게 이끌며, 긍정적인 모델링과 인간관계 능력으로 인해 주변 사람들에게 영향력을 행사한다.	• 주변 사람들에게 친절하게 대하고, 도움을 제공하려는 의지가 크다. • 예의를 중시하고 상대방을 불편하게 하거나 해를 끼치지 않도록 감정에 신경 쓴다. • 실수를 최소화하기 위해 행동하기 전에 신중하게 상황을 고려한다.	• 전통적인 틀에 얽매이지 않고 독특한 나의 삶을 추구한다. • 무한한 긍정과 낙천성으로 어려운 상황에서도 긍정적인 면을 찾으려고 노력한다. • 루틴에 얽매이지 않고 새로운 경험과 모험을 추구하며, 삶을 다양한 면에서 즐기려는 태도가 있다.	• 다른 사람의 입장과 감정을 존중하며, 이들이 느끼는 감정을 공감하는 능력이 있다. • 사회적인 규칙과 예절을 잘 따르며, 다양한 사회적 그룹에서 존중받는 태도를 보인다. • 타인들의 필요를 충족시키고 도움을 주며, 자신의 능력을 활용하여 사회적으로 긍정적인 영향을 미친다.

■ ENDURANCE(지구력)

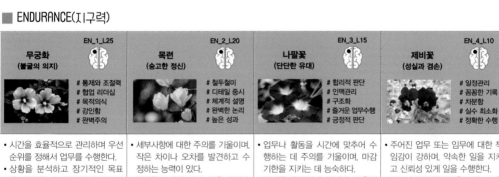

무궁화 (불굴의 의지) EN_1_L25	목련 (숭고한 정신) EN_2_L20	나팔꽃 (단단한 유대) EN_3_L15	제비꽃 (성실과 겸손) EN_4_L10
# 통제와 조절력 # 협업 리더십 # 목적의식 # 강인함 # 완벽주의	# 철두철미 # 디테일 중시 # 체계적 설명 # 완벽한 논리 # 높은 성과	# 합리적 판단 # 인맥관리 # 구조화 # 즐거운 업무수행 # 긍정적 판단	# 일정관리 # 꼼꼼한 기록 # 차분함 # 실수 최소화 # 정확한 수행

• 시간을 효율적으로 관리하며 우선순위를 정해서 업무를 수행한다. • 상황을 분석하고 장기적인 목표를 설정하는 능력이 뛰어나며, 이를 위해 자원을 효율적으로 배분한다. • 자기계발을 통해 더 나은 성과를 이루려고 노력한다.	• 세부사항에 대한 주의를 기울이며, 작은 차이나 오차를 발견하고 수정하는 능력이 있다. • 완벽한 논리적 사고능력을 가지며, 복잡한 문제를 분석하고 해결하는 데 능숙하다. • 자신의 성과를 지속적으로 평가하고 피드백을 받아들이려는 태도를 가지고 있다.	• 업무나 활동을 시간에 맞추어 수행하는 데 주의를 기울이며, 마감기한을 지키는 데 능숙하다. • 관계를 중요하게 여기며, 효율적인 협력과 소통을 추구한다. • 감정적인 흥분을 최소화하고 합리적인 판단을 내리려고 노력한다.	• 주어진 업무 또는 임무에 대한 책임감이 강하며, 약속한 일을 지키고 신뢰성 있게 일을 수행한다. • 분노나 감정적인 반응보다는 조용하고 합리적인 대처를 선호한다. • 목표를 향해 꾸준한 노력과 인내심을 발휘하여 최종 목표를 달성하려는 의지가 있다.

⑦ 멘탈코드 7번(좌우뇌 혼합형)

멘탈분석표	C-O-J-Q *C 창의력, O 관찰력, J 판단력, Q 순발력
브레인파워	RLLR(R20~50, L20~50) *R은 우뇌, L은 좌뇌, 최소 20~최대 50

■ CREATIVITY(창의력)

C_1_R25 권력형 우뇌	C_2_R20 통찰형 우뇌	C_3_R15 다재다능 우뇌	C_4_R10 총명한 우뇌
 # 리더 # 독창적 # 철저함 # 권력 # 숲	 # 논리적 # 체계적 리더십 # 개척하는 # 집중력 # 분석	 # 유능함 # 열정적인 # 친화적 리더십 # 융통성 # 재미	 # 꾸준함 # 상냥함 # 몰입과 만족감 # 끈기 # 안정적 성취
• 비언어적인 요소들을 다루고 직관, 이미지, 상상력 등을 활용하는 능력이 좋다. • 무의식적인 정보나 경험을 기반으로 문제를 인식하고 해결한다. • 다양한 정보와 개념들을 연결하고 유연하게 사고한다.	• 계획 수립, 목표 설정, 자기 조절에 능하다. • 일을 체계적으로 계획하고 조직하는 능력이 뛰어나다. • 윤리적인 가치와 도덕적인 원리를 고려하여 행동하며, 타인에 대한 존중과 공정성을 중요시한다.	• 다양한 상황과 사람들과 쉽게 적응할 수 있는 능력이 있다. • 사회적인 상호작용에 능숙하여 대화를 잘 이끌어 내며, 주변 사람들과 원활하게 소통하고 연결한다. • 자신의 의견과 이익을 존중하면서도 타협과 협력을 통해 문제를 해결하려고 한다.	• 오랜 기간 동안 꾸준하게 노력하고 변화와 어려움에도 포기하지 않으며, 일관된 노력과 헌신으로 성과를 이뤄낸다. • 자신의 역할과 책임에 대해 자각하고 이를 자기주도적으로 성실히 수행한다. • 자신의 노력과 결과에 대해 자부심을 가지며, 안정적인 성취에 대한 성취감을 느낀다.

■ OBSERVATION(관찰력)

O_1_L25	O_2_L20	O_3_L15	O_4_L10
 # 현실적인 판단 # 경험 중심의 학습 # 실용적 사고 # 다양한 감각 정보 # 위기 극복	 # 친화적 분석력 # 합리적 결론 # 자료 수집 # 원활한 소통 # 근성	# 상황파악능력 # 친밀감 # 친화력 # 은근한 매력 # 재치	 # 현실적 문제 해결 # 편안함 # 실용적 목표 # 명확한 판단 # 수용과 겸손
• 아이디어나 계획을 실제 행동으로 옮기는 데 능숙한 실천력과 실행력이 있다. • 이론적인 개념보다는 실제 상황에서의 경험을 통해 배우는 것을 선호하며, 실전적인 기술과 노하우를 강조한다. • 현실적인 목표를 설정하고 이를 위한 달성 가능한 단계와 일정 계획에 능숙하다.	• 상대방의 감정과 관점을 이해하고 존중하는 능력이 뛰어나다. • 문제 해결을 위해 분석적 접근 방법을 사용하여 효과적인 전략을 수립한다. • 다양한 관점과 정보를 종합하여 합리적인 결론을 도출한다.	• 서로에게 따뜻하게 지지적인 환경을 제공한다. • 재치 있고 매력적인 대화력으로 다른 사람들과의 대화에 적극적으로 참여한다. • 원활하게 소통하고 협력하는 데 큰 장점을 가지며, 사회적인 활동이나 리더십에서도 탁월한 성과를 보인다.	• 안정성과 신뢰성이 입증된 방법과 사실을 따르는 경향이 있다. • 실패와 성공을 통해 쌓은 경험을 바탕으로 지식과 노하우를 습득하며, 더 나은 결과를 얻기 위해 지속적으로 개선한다. • 이론적인 아이디어보다 실제 실행 가능한 목표를 우선시하며, 실제 성과를 추구한다.

■ JUDGEMENT(판단력)

이순신 장군 J_1_L25	손정의 J_2_L20	봉준호 감독 J_3_L15	박세리 선수 J_4_L10
# 논리적 주도 # 결정력 # 해결책 탐구 # 이익 추구 # 데이터 활용	# 나만의 규칙 # 지적 호기심 # 까다로움 # 원리원칙 중시 # 전문직 성향	# 나만의 루틴 # 합리적 결정 # 공동의 이익 # 창의적 해결 # 새로움	# 사회적 인식 # 약방의 감초 # 능숙한 도구 사용 # 사회 문제 관심
• 정보를 체계적으로 정리하고 구조화하여 패턴을 파악하고 원칙을 도출한다. • 주관적인 편견이나 감정적인 요소를 배제하고 문제를 분석하며, 다양한 관점을 고려하여 결정한다. • 정확하고 명확하게 생각을 표현하며, 복잡한 개념도 간결하게 설명한다.	• 복잡한 문제를 간소화하거나 관련성 없는 세부사항을 제거하여 핵심을 집중적으로 다룬다. • 자신과 타인의 주장을 까다롭게 검토하며, 논리적 결함을 발견하려고 노력한다. • 새로운 정보와 아이디어에 호기심을 가지며 지식을 넓힌다.	• 아이디어를 결합하거나 변형시켜 문제를 해결하거나 목표를 달성하는 방법을 찾을 수 있다. • 편견을 피하고, 효과적인 결정을 내린다. • 한 가지 문제나 주제에 대해 여러 가지 관점에서 접근하며 새로운 아이디어를 발전시킨다.	• 복잡한 문제를 해결할 때 전체 구조와 세부사항 간의 상관관계를 파악하고 효율적인 전략을 개발하는 데 능숙하다. • 사회적으로 예민하고 타인과의 관계를 중요시한다. • 새로운 도전과 학습기회를 놓치지 않으며, 개인적으로 성장하는 데 관심이 있다.

■ QUICKNESS(순발력)

빨간 장미 (열망) Q_1_R25	은방울꽃 (섬세) Q_2_R20	백합 (순수한 사랑) Q_3_R15	로즈마리 (행복) Q_4_R10
# 상황대처능력 # 통찰력 # 빠른 결정력 # 유연적 관계 # 강한 추진력	# 감각적 디테일 # 단호함 # 상황감지능력 # 냉정한 분석 # 전략적 대응	# 아이디어 구체화 # 감각적 재능 # 공감능력 # 혁신적 접근 # 독특한 해결책	# 안정감 # 평온함 # 적극적 경청자 # 이타적 성향 # 따뜻한 지지자
• 도전적인 상황에서도 두려워하지 않고 적극적으로 대응한다. • 새로운 아이디어나 접근법을 시도하고 탐구하는 것을 즐긴다. • 현재의 상황과 미래의 가능성을 고려하여 전략을 개발하고 이를 통해 조직 또는 팀의 방향을 명확하게 제시한다.	• 상황의 변화에 대한 감지와 대응능력이 뛰어나, 불확실한 상황에서도 냉정하게 분석하고 적절한 대응전략을 수립한다. • 복잡한 정보나 분석 결과를 이해하기 쉽게 팀원들에게 전달하는 능력이 있다. • 데이터를 수집하고 이해하는 데 뛰어난 능력을 통해 문제의 핵심을 빠르게 파악한다.	• 문제를 다양한 관점에서 고려하며, 혁신적인 해결책을 찾는 데 열정적이다. • 다른 사람의 감정을 이해하고 공감하는 데 능숙하며, 이는 대인 관계를 향상시키고 협력을 촉진한다. • 새로운 경험과 지식을 추구하며, 자신의 능력을 향상시키는 데 열정이 있다.	• 자신의 가치관과 감정을 중시하는 성향을 가지고 있으며, 다른 사람들에게 따뜻한 지지와 이해를 제공한다. • 안정과 조화를 중시하여, 갈등을 피하려고 노력하고 화목한 환경을 선호한다. • 목표 달성을 위해 끈기 있게 노력하며, 어려운 상황에서도 인내심을 발휘한다.

⑧ 멘탈코드 8번(약한 우뇌형)

멘탈분석표	C-O-J-EN *C 창의력, O 관찰력, J 판단력, EN 지구력
브레인파워	RLLL(R10~25, L30~75) *R은 우뇌, L은 좌뇌, 최소 10~최대 75

■ CREATIVITY(창의력)

권력형 우뇌 C_1_R25	통찰형 우뇌 C_2_R20	다재다능 우뇌 C_3_R15	총명한 우뇌 C_4_R10
# 리더 # 독창적 # 철저함 # 권력 # 숲	# 논리적 # 체계적 리더십 # 개척하는 # 집중력 # 분석	# 유능함 # 열정적인 # 친화적 리더십 # 융통성 # 재미	# 꾸준함 # 상냥함 # 몰입과 만족감 # 끈기 # 안정적 성취
• 비언어적인 요소들을 다루고 직관, 이미지, 상상력 등을 활용하는 능력이 좋다. • 무의식적인 정보나 경험을 기반으로 문제를 인식하고 해결한다. • 다양한 정보와 개념들을 연결하고 유연하게 사고한다.	• 계획 수립, 목표 설정, 자기 조절에 능하다. • 일을 체계적으로 계획하고 조직하는 능력이 뛰어나다. • 윤리적인 가치와 도덕적인 원리를 고려하여 행동하며, 타인에 대한 존중과 공정성을 중요시한다.	• 다양한 상황과 사람들과 쉽게 적응할 수 있는 능력이 있다. • 사회적인 상호작용에 능숙하여 대화를 잘 이끌어 내며, 주변 사람들과 원활하게 소통하고 연결한다. • 자신의 의견과 이익을 존중하면서도 타협과 협력을 통해 문제를 해결하려고 한다.	• 오랜 기간 동안 꾸준하게 노력하고 변화와 어려움에도 포기하지 않으며, 일관된 노력과 헌신으로 성과를 이룬다. • 자신의 역할과 책임에 대해 자각하고 이를 자기주도적으로 성실히 수행한다. • 자신의 노력과 결과에 대해 자부심을 가지며, 안정적인 성취에 대한 성취감을 느낀다.

■ OBSERVATION(관찰력)

O_1_L25	O_2_L20	O_3_L15	O_4_L10
# 현실적인 판단 # 경험 중심의 학습 # 실용적 사고 # 다양한 감각 정보 # 위기 극복	# 친화적 분석력 # 합리적 결론 # 자료 수집 # 원활한 소통 # 근성	# 상황파악능력 # 친밀감 # 친화력 # 온근한 매력 # 재치	# 현실적 문제 해결 # 편안함 # 실용적 목표 # 명확한 판단 # 수용과 겸손
• 아이디어나 계획을 실제 행동으로 옮기는 데 능숙한 실천력과 실행력이 있다. • 이론적인 개념보다는 실제 상황에서의 경험을 통해 배우는 것을 선호하며, 실전적인 기술과 노하우를 강조한다. • 현실적인 목표를 설정하고 이를 위한 달성 가능한 단계와 일정 계획에 능숙하다.	• 상대방의 감정과 관점을 이해하고 존중하는 능력이 뛰어나다. • 문제 해결을 위해 분석적 접근 방법을 사용하여 효과적인 전략을 수립한다. • 다양한 관점과 정보를 종합하여 합리적인 결론을 도출한다.	• 서로에게 따뜻하게 지지적인 환경을 제공한다. • 재치 있고 매력적인 대화력으로 다른 사람들과의 대화에 적극적으로 참여한다. • 원활하게 소통하고 협력하는 데 큰 장점을 가지며, 사회적인 활동이나 리더십에서도 탁월한 성과를 보인다.	• 안정성과 신뢰성이 입증된 방법과 사실을 따르는 경향이 있다. • 실패와 성공을 통해 쌓은 경험을 바탕으로 지식과 노하우를 습득하며, 더 나은 결과를 얻기 위해 지속적으로 개선한다. • 이론적인 아이디어보다 실제 실행 가능한 목표를 우선시하며, 실제 성과를 추구한다.

■ JUDGEMENT(판단력)

이순신 장군 J_1_L25	손정의 J_2_L20	봉준호 감독 J_3_L15	박세리 선수 J_4_L10
# 논리적 주도 # 결정력 # 해결책 탐구 # 이익 추구 # 데이터 활용	# 나만의 규칙 # 지적 호기심 # 까다로움 # 원리원칙 중시 # 전문직 성향	# 나만의 루틴 # 합리적 결정 # 공동의 이익 # 창의적 해결 # 새로움	# 사회적 인식 # 약방의 감초 # 능숙한 도구 사용 # 사회 문제 관심
• 정보를 체계적으로 정리하고 구조화하여 패턴을 파악하고 원칙을 도출한다. • 주관적인 편견이나 감정적인 요소를 배제하고 문제를 분석하며, 다양한 관점을 고려하여 결정한다. • 정확하고 명확하게 생각을 표현하며, 복잡한 개념도 간결하게 설명한다.	• 복잡한 문제를 간소화하거나 관련성 없는 세부사항을 제거하여 핵심을 집중적으로 다룬다. • 자신과 타인의 주장을 까다롭게 검토하며, 논리적 결함을 발견하려고 노력한다. • 새로운 정보와 아이디어에 호기심을 가지며 지식을 넓힌다.	• 아이디어를 결합하거나 변형시켜 문제를 해결하거나 목표를 달성하는 방법을 찾을 수 있다. • 편견을 피하고, 효과적인 결정을 내린다. • 한 가지 문제나 주제에 대해 여러 가지 관점에서 접근하며 새로운 아이디어를 발전시킨다.	• 복잡한 문제를 해결할 때 전체 구조와 세부사항 간의 상관관계를 파악하고 효율적인 전략을 개발하는 데 능숙하다. • 사회적으로 예민하고 타인과의 관계를 중요시한다. • 새로운 도전과 학습기회를 놓치지 않으며, 개인적으로 성장하는 데 관심이 있다.

■ ENDURANCE(지구력)

무궁화 (불굴의 의지) EN_1_L25	목련 (숭고한 정신) EN_2_L20	나팔꽃 (단단한 유대) EN_3_L15	제비꽃 (성실과 겸손) EN_4_L10
# 통제와 조절력 # 협업 리더십 # 목적의식 # 강인함 # 완벽주의	# 철두철미 # 디테일 중시 # 체계적 설명 # 완벽한 논리 # 높은 성과	# 합리적 판단 # 인맥관리 # 구조화 # 즐거운 업무수행 # 긍정적 판단	# 일정관리 # 꼼꼼한 기록 # 차분함 # 실수 최소화 # 정확한 수행
• 시간을 효율적으로 관리하며 우선순위를 정해서 업무를 수행한다. • 상황을 분석하고 장기적인 목표를 설정하는 능력이 뛰어나며, 이를 위해 자원을 효율적으로 배분한다. • 자기계발을 통해 더 나은 성과를 이루려고 노력한다.	• 세부사항에 대한 주의를 기울이며, 작은 차이나 오차를 발견하고 수정하는 능력이 있다. • 완벽한 논리적 사고능력을 가지며, 복잡한 문제를 분석하고 해결하는 데 능숙하다. • 자신의 성과를 지속적으로 평가하고 피드백을 받아들이려는 태도를 가지고 있다.	• 업무나 활동을 시간에 맞추어 수행하는 데 주의를 기울이며, 마감 기한을 지키는 데 능숙하다. • 관계를 중요하게 여기며, 효율적인 협력과 소통을 추구한다. • 감정적인 흥분을 최소화하고 합리적인 판단을 내리려고 노력한다.	• 주어진 업무 또는 임무에 대한 책임감이 강하며, 약속한 일을 지키고 신뢰성 있게 일을 수행한다. • 분노나 감정적인 반응보다는 조용하고 합리적인 대처를 선호한다. • 목표를 향해 꾸준한 노력과 인내심을 발휘하여 최종 목표를 달성하려는 의지가 있다.

⑨ 멘탈코드 9번(극좌뇌형)

멘탈분석표	CO-O-J-EN *CO 집중력, O 관찰력, J 판단력, EN 지구력
브레인파워	LLLL(L40~100) *L은 좌뇌, 최소 40~최대 100

CONCENTRATION(집중력)

우직한 좌뇌 CO_1_L25	전략적인 좌뇌 CO_2_L20	재치 있는 좌뇌 CO_3_L15	상냥한 자뇌 CO_4_L10
# 우직함 # 하나만 파는 # 변치 않는 # 의리 # 정의감	# 나무 # 순서와 계획 # 규칙 준수 # 논리적 문제 해결 # 전략적 사고	# 대화력 # 자기 해방감 # 언어적인 재치 # 긍정적 에너지 # 재치 있는 웃음	# 높은 감수성 # 내성적 사고 # 사회적 지각력 # 존중과 신뢰 # 이해심과 공감력
• 리더십 역할을 수행할 때 상대방의 감정과 의도를 파악하고 적절한 의사소통을 할 수 있다. • 강한 동기와 목표지향성을 가지고 묵묵하게 일을 추진한다. • 계획을 세우고 목표를 달성하기 위한 조직적이고 효과적인 대안을 제시한다.	• 명확한 목표와 방향을 설정하고, 규칙과 규제를 따르며 일을 수행한다. • 분석적 사고능력이 뛰어나며, 문제를 조각조각 쪼개어 각각의 세부 요소를 분석하고 해결책을 도출한다. • 계획 세우기, 일정 관리, 우선순위 정하기 등의 작업을 효율적으로 수행한다.	• 어색한 상황에서도 긴장을 푸는 능력과 사람들과의 관계를 편안하게 유지할 수 있는 자기 해방력이 있다. • 조용하게 있던 순간에도 예리한 관찰력으로 상황에 맞게 웃음을 선사한다. • 조용하게 주변을 관찰하고, 사람들의 행동과 말을 잘 알아차린다.	• 혼자만의 시간을 즐기며, 개인적인 활동이나 취미를 통해 에너지를 회복한다. • 다른 사람들의 입장과 관점을 이해하고 존중하는 능력이 뛰어나다. • 속으로 생각을 많이 하며 내성적인 사고를 통해 문제를 해결하고 창의적인 아이디어를 도출하고 협력한다.

OBSERVATION(관찰력)

O_1_L25	O_2_L20	O_3_L15	O_4_L10
# 현실적인 판단 # 경험 중심의 학습 # 실용적 사고 # 다양한 감각 정보 # 위기 극복	# 친화적 분석력 # 합리적 결론 # 자료 수집 # 원활한 소통 # 근성	# 상황파악능력 # 친밀감 # 친화력 # 은근한 매력 # 재치	# 현실적 문제 해결 # 편안함 # 실용적 목표 # 명확한 판단 # 수용과 겸손
• 아이디어나 계획을 실제 행동으로 옮기는 데 능숙한 실천력과 실행력이 있다. • 이론적인 개념보다는 실제 상황에서의 경험을 통해 배우는 것을 선호하며, 실전적인 기술과 노하우를 강조한다. • 현실적인 목표를 설정하고 이를 위한 달성 가능한 단계와 일정 계획에 능숙하다.	• 상대방의 감정과 관점을 이해하고 존중하는 능력이 뛰어나다. • 문제 해결을 위해 분석적 접근 방법을 사용하여 효과적인 전략을 수립한다. • 다양한 관점과 정보를 종합하여 합리적인 결론을 도출한다.	• 서로에게 따뜻하게 지지적인 환경을 제공한다. • 재치 있고 매력적인 대화력으로 다른 사람들과의 대화에 적극적으로 참여한다. • 원활하게 소통하고 협력하는 데 큰 장점을 가지며, 사회적인 활동이나 리더십에서도 탁월한 성과를 보인다.	• 안정성과 신뢰성이 입증된 방법과 사실을 따르는 경향이 있다. • 실패와 성공을 통해 쌓은 경험을 바탕으로 지식과 노하우를 습득하며, 더 나은 결과를 얻기 위해 지속적으로 개선한다. • 이론적인 아이디어보다 실제 실행 가능한 목표를 우선시하며, 실제 성과를 추구한다.

■ JUDGEMENT(판단력)

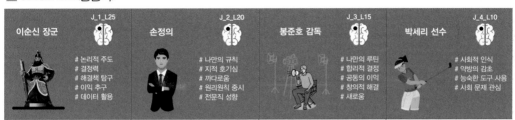

이순신 장군 J_1_L25	손정의 J_2_L20	봉준호 감독 J_3_L15	박세리 선수 J_4_L10
# 논리적 주도 # 결정력 # 해결책 탐구 # 이익 추구 # 데이터 활용	# 나만의 규칙 # 지적 호기심 # 까다로움 # 원리원칙 중시 # 전문직 성향	# 나만의 루틴 # 합리적 결정 # 공동의 이익 # 창의적 해결 # 새로움	# 사회적 인식 # 약방의 감초 # 능숙한 도구 사용 # 사회 문제 관심

- 정보를 체계적으로 정리하고 구조화하여 패턴을 파악하고 원칙을 도출한다.
- 주관적인 편견이나 감정적인 요소를 배제하고 문제를 분석하며, 다양한 관점을 고려하여 결정한다.
- 정확하고 명확하게 생각을 표현하며, 복잡한 개념도 간결하게 설명한다.

- 복잡한 문제를 간소화하거나 관련성 없는 세부사항을 제거하여 핵심을 집중적으로 다룬다.
- 자신과 타인의 주장을 까다롭게 검토하며, 논리적 결함을 발견하려고 노력한다.
- 새로운 정보와 아이디어에 호기심을 가지며 지식을 넓힌다.

- 아이디어를 결합하거나 변형시켜 문제를 해결하거나 목표를 달성하는 방법을 찾을 수 있다.
- 편견을 피하고, 효과적인 결정을 내린다.
- 한 가지 문제나 주제에 대해 여러 가지 관점에서 접근하며 새로운 아이디어를 발전시킨다.

- 복잡한 문제를 해결할 때 전체 구조와 세부사항 간의 상관관계를 파악하고 효율적인 전략을 개발하는 데 능숙하다.
- 사회적으로 예민하고 타인과의 관계를 중요시한다.
- 새로운 도전과 학습기회를 놓치지 않으며, 개인적으로 성장하는 데 관심이 있다.

■ ENDURANCE(지구력)

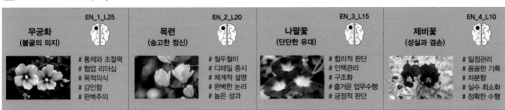

무궁화 (불굴의 의지) EN_1_L25	목련 (숭고한 정신) EN_2_L20	나팔꽃 (단단한 유대) EN_3_L15	제비꽃 (성실과 겸손) EN_4_L10
# 통제와 조절력 # 협업 리더십 # 목적의식 # 강인함 # 완벽주의	# 철두철미 # 디테일 중시 # 체계적 설명 # 완벽한 논리 # 높은 성과	# 합리적 판단 # 인맥관리 # 구조화 # 즐거운 업무수행 # 긍정적 판단	# 일정관리 # 꼼꼼한 기록 # 차분함 # 실수 최소화 # 정확한 수행

- 시간을 효율적으로 관리하며 우선순위를 정해서 업무를 수행한다.
- 상황을 분석하고 장기적인 목표를 설정하는 능력이 뛰어나며, 이를 위해 자원을 효율적으로 배분한다.
- 자기계발을 통해 더 나은 성과를 이루려고 노력한다.

- 세부사항에 대한 주의를 기울이며, 작은 차이나 오차를 발견하고 수정하는 능력이 있다.
- 완벽한 논리적 사고능력을 가지며, 복잡한 문제를 분석하고 해결하는 데 능숙하다.
- 자신의 성과를 지속적으로 평가하고 피드백을 받아들이려는 태도를 가지고 있다.

- 업무나 활동을 시간에 맞추어 수행하는 데 주의를 기울이며, 마감기한을 지키는 데 능숙하다.
- 관계를 중요하게 여기며, 효율적인 협력과 소통을 추구한다.
- 감정적인 흥분을 최소화하고 합리적인 판단을 내리려고 노력한다.

- 주어진 업무 또는 임무에 대한 책임감이 강하며, 약속한 일을 지키고 신뢰성 있게 일을 수행한다.
- 분노나 감정적인 반응보다는 조용하고 합리적인 대처를 선호한다.
- 목표를 향해 꾸준한 노력과 인내심을 발휘하여 최종 목표를 달성하려는 의지가 있다.

⑩ 멘탈코드 10번(강한 좌뇌형)

멘탈분석표	CO-O-J-Q *CO 집중력, O 관찰력, J 판단력, Q 순발력
브레인파워	LLLR(L30~75, R10~25) *L은 좌뇌, R은 우뇌, 최소 10~최대 75

■ CONCENTRATION(집중력)

우직한 좌뇌 CO_1_L25	전략적인 좌뇌 CO_2_L20	재치 있는 좌뇌 CO_3_L15	상냥한 자뇌 CO_4_L10
# 우직함 # 하나만 파는 # 변치 않는 # 의리 # 정의감	# 나무 # 순서와 계획 # 규칙 준수 # 논리적 문제 해결 # 전략적 사고	# 대화력 # 자기 해방감 # 언어적인 재치 # 긍정적 에너지 # 재치 있는 웃음	# 높은 감수성 # 내성적 사고 # 사회적 지각력 # 존중과 신뢰 # 이해심과 공감력
• 리더십 역할을 수행할 때 상대방의 감정과 의도를 파악하고 적절한 의사소통을 할 수 있다. • 강한 동기와 목표지향성을 가지고 묵묵하게 일을 추진한다. • 계획을 세우고 목표를 달성하기 위한 조직적이고 효과적인 대안을 제시한다.	• 명확한 목표와 방향을 설정하고, 규칙과 규제를 따르며 일을 수행한다. • 분석적 사고능력이 뛰어나며, 문제를 조각조각 쪼개어 각각의 세부 요소를 분석하고 해결책을 도출한다. • 계획 세우기, 일정 관리, 우선순위 정하기 등의 작업을 효율적으로 수행한다.	• 어색한 상황에서도 긴장을 푸는 능력과 사람들과의 관계를 편안하게 유지할 수 있는 자기 해방력이 있다. • 조용하게 있던 순간에도 예리한 관찰력으로 상황에 맞게 웃음을 선사한다. • 조용하게 주변을 관찰하고, 사람들의 행동과 말을 잘 알아차린다.	• 혼자만의 시간을 즐기며, 개인적인 활동이나 취미를 통해 에너지를 회복한다. • 다른 사람들의 입장과 관점을 이해하고 존중하는 능력이 뛰어나다. • 속으로 생각을 많이 하며 내성적인 사고를 통해 문제를 해결하고 창의적인 아이디어를 도출하고 협력한다.

■ OBSERVATION(관찰력)

O_1_L25	O_2_L20	O_3_L15	O_4_L10
# 현실적인 판단 # 경험 중심의 학습 # 실용적 사고 # 다양한 감각 정보 # 위기 극복	# 친화적 분석력 # 합리적 결론 # 자료 수집 # 원활한 소통 # 근성	# 상황파악능력 # 친밀감 # 친화력 # 은근한 매력 # 재치	# 현실적 문제 해결 # 편안함 # 실용적 목표 # 명확한 판단 # 수용과 겸손
• 아이디어나 계획을 실제 행동으로 옮기는 데 능숙한 실천력과 실행력이 있다. • 이론적인 개념보다는 실제 상황에서의 경험을 통해 배우는 것을 선호하며, 실전적인 기술과 노하우를 강조한다. • 현실적인 목표를 설정하고 이를 위한 달성 가능한 단계와 일정 계획에 능숙하다.	• 상대방의 감정과 관점을 이해하고 존중하는 능력이 뛰어나다. • 문제 해결을 위해 분석적 접근 방법을 사용하여 효과적인 전략을 수립한다. • 다양한 관점과 정보를 종합하여 합리적인 결론을 도출한다.	• 서로에게 따뜻하게 지지적인 환경을 제공한다. • 재치 있고 매력적인 대화력으로 다른 사람들과의 대화에 적극적으로 참여한다. • 원활하게 소통하고 협력하는 데 큰 장점을 가지며, 사회적인 활동이나 리더십에서도 탁월한 성과를 보인다.	• 안정성과 신뢰성이 입증된 방법과 사실을 따르는 경향이 있다. • 실패와 성공을 통해 쌓은 경험을 바탕으로 지식과 노하우를 습득하며, 더 나은 결과를 얻기 위해 지속적으로 개선한다. • 이론적인 아이디어보다 실제 실행 가능한 목표를 우선시하며, 실제 성과를 추구한다.

JUDGEMENT(판단력)

이순신 장군 J_1_L25	손정의 J_2_L20	봉준호 감독 J_3_L15	박세리 선수 J_4_L10
# 논리적 주도 # 결정력 # 해결책 탐구 # 이익 추구 # 데이터 활용	# 나만의 규칙 # 지적 호기심 # 까다로움 # 원리원칙 중시 # 전문직 성향	# 나만의 루틴 # 합리적 결정 # 공동의 이익 # 창의적 해결 # 새로움	# 사회적 인식 # 약방의 감초 # 능숙한 도구 사용 # 사회 문제 관심
• 정보를 체계적으로 정리하고 구조화하여 패턴을 파악하고 원칙을 도출한다. • 주관적인 편견이나 감정적인 요소를 배제하고 문제를 분석하며, 다양한 관점을 고려하여 결정한다. • 정확하고 명확하게 생각을 표현하며, 복잡한 개념을 간결하게 설명한다.	• 복잡한 문제를 간소화하거나 관련성 없는 세부사항을 제거하여 핵심을 집중적으로 다룬다. • 자신과 타인의 주장을 까다롭게 검토하며, 논리적 결함을 발견하려고 노력한다. • 새로운 정보와 아이디어에 호기심을 가지며 지식을 넓힌다.	• 아이디어를 결합하거나 변형시켜 문제를 해결하거나 목표를 달성하는 방법을 찾을 수 있다. • 편견을 피하고, 효과적인 결정을 내린다. • 한 가지 문제나 주제에 대해 여러 가지 관점에서 접근하며 새로운 아이디어를 발전시킨다.	• 복잡한 문제를 해결할 때 전체 구조와 세부사항 간의 상관관계를 파악하고 효율적인 전략을 개발하는 데 능숙하다. • 사회적으로 예민하고 타인과의 관계를 중요시한다. • 새로운 도전과 학습기회를 놓치지 않으며, 개인적으로 성장하는 데 관심이 있다.

QUICKNESS(순발력)

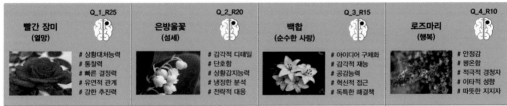

빨간 장미 (열망) Q_1_R25	은방울꽃 (섬세) Q_2_R20	백합 (순수한 사랑) Q_3_R15	로즈마리 (행복) Q_4_R10
# 상황대처능력 # 통찰력 # 빠른 결정력 # 유연적 관계 # 강한 추진력	# 감각적 디테일 # 단호함 # 상황감지능력 # 냉정한 분석 # 전략적 대응	# 아이디어 구체화 # 감각적 재능 # 공감능력 # 혁신적 접근 # 독특한 해결책	# 안정감 # 평온함 # 적극적 경청자 # 이타적 성향 # 따뜻한 지지자
• 도전적인 상황에서도 두려워하지 않고 적극적으로 대응한다. • 새로운 아이디어나 접근법을 시도하고 탐구하는 것을 즐긴다. • 현재의 상황과 미래의 가능성을 고려하여 전략을 개발하고 이를 통해 조직 또는 팀의 방향을 명확하게 제시한다.	• 상황의 변화에 대한 감지와 대응 능력이 뛰어나, 불확실한 상황에서도 냉정하게 분석하고 적절한 대응전략을 수립한다. • 복잡한 정보나 분석 결과를 이해하기 쉽게 팀원들에게 전달하는 능력이 있다. • 데이터를 수집하고 이해하는 데 뛰어난 능력을 통해 문제의 핵심을 빠르게 파악한다.	• 문제를 다양한 관점에서 고려하며, 혁신적인 해결책을 찾는 데 열정적이다. • 다른 사람의 감정을 이해하고 공감하는 데 능숙하며, 이는 대인 관계를 향상시키고 협력을 촉진한다. • 새로운 경험과 지식을 추구하며, 자신의 능력을 향상시키는 데 열정이 있다.	• 자신의 가치관과 감정을 중시하는 성향을 가지고 있으며, 다른 사람들에게 따뜻한 지지와 이해를 제공한다. • 안정과 조화를 중시하여, 갈등을 피하려고 노력하고 화목한 환경을 선호한다. • 목표 달성을 위해 끈기 있게 노력하며, 어려운 상황에서도 인내심을 발휘한다.

⑪ 멘탈코드 11번(좌우뇌 혼합형)

멘탈분석표	CO-O-E-Q *CO 집중력, O 관찰력, E 공감력, Q 순발력
브레인파워	LLRR(L20~50, R20~50) *L은 좌뇌, R은 우뇌, 최소 20~최대 50

■ CONCENTRATION(집중력)

CO_1_L25 **우직한 좌뇌**	CO_2_L20 **전략적인 좌뇌**	CO_3_L15 **재치 있는 좌뇌**	CO_4_L10 **상냥한 자뇌**
 # 우직함 # 하나만 파는 # 변치 않는 # 의리 # 정의감	 # 나무 # 순서와 계획 # 규칙 준수 # 논리적 문제 해결 # 전략적 사고	# 대화력 # 자기 해방감 # 언어적인 재치 # 긍정적 에너지 # 재치 있는 웃음	 # 높은 감수성 # 내성적 사고 # 사회적 지각력 # 존중과 신뢰 # 이해심과 공감력
• 리더십 역할을 수행할 때 상대방의 감정과 의도를 파악하고 적절한 의사소통을 할 수 있다. • 강한 동기와 목표지향성을 가지고 묵묵하게 일을 추진한다. • 계획을 세우고 목표를 달성하기 위한 조직적이고 효과적인 대안을 제시한다.	• 명확한 목표와 방향을 설정하고, 규칙과 규제를 따르며 일을 수행한다. • 분석적 사고능력이 뛰어나며, 문제를 조각조각 쪼개어 각각의 세부 요소를 분석하고 해결책을 도출한다. • 계획 세우기, 일정 관리, 우선순위 정하기 등의 작업을 효율적으로 수행한다.	• 어색한 상황에서도 긴장을 푸는 능력과 사람들과의 관계를 편안하게 유지할 수 있는 자기 해방력이 있다. • 조용하게 있던 순간에도 예리한 관찰력으로 상황에 맞게 웃음을 선사한다. • 조용하게 주변을 관찰하고, 사람들의 행동과 말을 잘 알아차린다.	• 혼자만의 시간을 즐기며, 개인적인 활동이나 취미를 통해 에너지를 회복한다. • 다른 사람들의 입장과 관점을 이해하고 존중하는 능력이 뛰어나다. • 속으로 생각을 많이 하며 내성적인 사고를 통해 문제를 해결하고 창의적인 아이디어를 도출하고 협력한다.

■ OBSERVATION(관찰력)

O_1_L25	O_2_L20	O_3_L15	O_4_L10
 # 현실적인 판단 # 경험 중심의 학습 # 실용적 사고 # 다양한 감각 정보 # 위기 극복	# 친화적 분석력 # 합리적 결론 # 자료 수집 # 원활한 소통 # 근성	# 상황파악능력 # 친밀감 # 친화력 # 은근한 매력 # 재치	 # 현실적 문제 해결 # 편안함 # 실용적 목표 # 명확한 판단 # 수용과 겸손
• 아이디어나 계획을 실제 행동으로 옮기는 데 능숙한 실천력과 실행력이 있다. • 이론적인 개념보다는 실제 상황에서의 경험을 통해 배우는 것을 선호하며, 실전적인 기술과 노하우를 강조한다. • 현실적인 목표를 설정하고 이를 위한 달성 가능한 단계와 일정 계획에 능숙하다.	• 상대방의 감정과 관점을 이해하고 존중하는 능력이 뛰어나다. • 문제 해결을 위해 분석적 접근 방법을 사용하여 효과적인 전략을 수립한다. • 다양한 관점과 정보를 종합하여 합리적인 결론을 도출한다.	• 서로에게 따뜻하게 지지적인 환경을 제공한다. • 재치 있고 매력적인 대화력으로 다른 사람들과의 대화에 적극적으로 참여한다. • 원활하게 소통하고 협력하는 데 큰 장점을 가지며, 사회적인 활동이나 리더십에서도 탁월한 성과를 보인다.	• 안정성과 신뢰성이 입증된 방법과 사실을 따르는 경향이 있다. • 실패와 성공을 통해 쌓은 경험을 바탕으로 지식과 노하우를 습득하며, 더 나은 결과를 얻기 위해 지속적으로 개선한다. • 이론적인 아이디어보다 실제 실행 가능한 목표를 우선시하며, 실제 성과를 추구한다.

■ EMPATHY(공감력)

히딩크 — E_1_R25
\# 긍정적 모델링
\# 분위기 메이커
\# 따뜻한 자신감
\# 공공이익 추구
\# 넓은 시야

신사임당 — E_2_R20
\# 교양과 지식
\# 감정 컨트롤
\# 적재적소
\# 정확한 소통
\# 감정에 민감

이효리 — E_3_R15
\# 창의적 예술성
\# 자유로운 사고
\# 다양한 관점
\# 긍정적 에너지
\# 폭넓은 인간관계

유재석 — E_4_R10
\# 공감과 이해
\# 빛과 소금
\# 사회적 관계망
\# 타인 이해
\# 돕고 싶은 마음

히딩크
- 자신감과 긍정성은 다른 사람들에게 영감을 주고 긍정적인 영향을 미친다.
- 주변 사람들과의 관계를 형성하고 유지하는 데 있어서 특별한 매력이 있다.
- 다른 사람들을 자연스럽게 이끌며, 긍정적인 모델링과 인간관계 능력으로 인해 주변 사람들에게 영향력을 행사한다.

신사임당
- 주변 사람들에게 친절하게 대하고, 도움을 제공하려는 의지가 크다.
- 예의를 중시하고 상대방을 불편하게 하거나 해를 끼치지 않도록 감정에 신경 쓴다.
- 실수를 최소화하기 위해 행동하기 전에 신중하게 상황을 고려한다.

이효리
- 전통적인 틀에 얽매이지 않고 독특한 나의 삶을 추구한다.
- 무한한 긍정과 낙천성으로 어려운 상황에서도 긍정적인 면을 찾으려고 노력한다.
- 루틴에 얽매이지 않고 새로운 경험과 모험을 추구하며, 삶을 다양한 면에서 즐기려는 태도가 있다.

유재석
- 다른 사람의 입장과 감정을 존중하며, 이들이 느끼는 감정을 공감하는 능력이 있다.
- 사회적인 규칙과 예절을 잘 따르며, 다양한 사회적 그룹에서 존중받는 태도를 보인다.
- 타인들의 필요를 충족시키고 도움을 주며, 자신의 능력을 활용하여 사회적으로 긍정적인 영향을 미친다.

■ QUICKNESS(순발력)

빨간 장미 (열망) — Q_1_R25
\# 상황대처능력
\# 통찰력
\# 빠른 결정력
\# 유연적 관계
\# 강한 추진력

은방울꽃 (섬세) — Q_2_R20
\# 감각적 디테일
\# 단호함
\# 상황감지능력
\# 냉정한 분석
\# 전략적 대응

백합 (순수한 사랑) — Q_3_R15
\# 아이디어 구체화
\# 감각적 재능
\# 공감능력
\# 혁신적 접근
\# 독특한 해결책

로즈마리 (행복) — Q_4_R10
\# 안정감
\# 평온함
\# 적극적 경청자
\# 이타적 성향
\# 따뜻한 지지자

빨간 장미
- 도전적인 상황에서도 두려워하지 않고 적극적으로 대응한다.
- 새로운 아이디어나 접근법을 시도하고 탐구하는 것을 즐긴다.
- 현재의 상황과 미래의 가능성을 고려하여 전략을 개발하고 이를 통해 조직 또는 팀의 방향을 명확하게 제시한다.

은방울꽃
- 상황의 변화에 대한 감지와 대응 능력이 뛰어나, 불확실한 상황에서도 냉정하게 분석하고 적절한 대응전략을 수립한다.
- 복잡한 정보나 분석 결과를 이해하기 쉽게 팀원들에게 전달하는 능력이 있다.
- 데이터를 수집하고 이해하는 데 뛰어난 능력을 통해 문제의 핵심을 빠르게 파악한다.

백합
- 문제를 다양한 관점에서 고려하며, 혁신적인 해결책을 찾는 데 열정적이다.
- 다른 사람의 감정을 이해하고 공감하는 데 능숙하며, 이는 대인 관계를 향상시키고 협력을 촉진한다.
- 새로운 경험과 지식을 추구하며, 자신의 능력을 향상시키는 데 열정이 있다.

로즈마리
- 자신의 가치관과 감정을 중시하는 성향을 가지고 있으며, 다른 사람들에게 따뜻한 지지와 이해를 제공한다.
- 안정과 조화를 중시하여, 갈등을 피하려고 노력하고 화목한 환경을 선호한다.
- 목표 달성을 위해 끈기 있게 노력하며, 어려운 상황에서도 인내심을 발휘한다.

⑫ 멘탈코드 12번(좌뇌우위 혼합형)

멘탈분석표	CO-O-E-EN *CO 집중력, O 관찰력, E 공감력, EN 지구력
브레인파워	LLRL(L30~75, R10~25) *L은 좌뇌, R은 우뇌, 최소 10~최대 75

■ CONCENTRATION(집중력)

CO_1_L25 우직한 좌뇌	CO_2_L20 전략적인 좌뇌	CO_3_L15 재치 있는 좌뇌	CO_4_L10 상냥한 자뇌
# 우직함 # 하나만 파는 # 변치 않는 # 의리 # 정의감	# 나무 # 순서와 계획 # 규칙 준수 # 논리적 문제 해결 # 전략적 사고	# 대화력 # 자기 해방감 # 언어적인 재치 # 긍정적 에너지 # 재치 있는 웃음	# 높은 감수성 # 내성적 사고 # 사회적 지각력 # 존중과 신뢰 # 이해심과 공감력
• 리더십 역할을 수행할 때 상대방의 감정과 의도를 파악하고 적절한 의사소통을 할 수 있다. • 강한 동기와 목표지향성을 가지고 묵묵하게 일을 추진한다. • 계획을 세우고 목표를 달성하기 위한 조직적이고 효과적인 대안을 제시한다.	• 명확한 목표와 방향을 설정하고, 규칙과 규제를 따르며 일을 수행한다. • 분석적 사고능력이 뛰어나며, 문제를 조각조각 쪼개어 각각의 세부 요소를 분석하고 해결책을 도출한다. • 계획 세우기, 일정 관리, 우선순위 정하기 등의 작업을 효율적으로 수행한다.	• 어색한 상황에서도 긴장을 푸는 능력과 사람들과의 관계를 편안하게 유지할 수 있는 자기 해방력이 있다. • 조용하게 있던 순간에도 예리한 관찰력으로 상황에 맞게 웃음을 선사한다. • 조용하게 주변을 관찰하고, 사람들의 행동과 말을 잘 알아차린다.	• 혼자만의 시간을 즐기며, 개인적인 활동이나 취미를 통해 에너지를 회복한다. • 다른 사람들의 입장과 관점을 이해하고 존중하는 능력이 뛰어나다. • 속으로 생각을 많이 하며 내성적인 사고를 통해 문제를 해결하고 창의적인 아이디어를 도출하고 협력한다.

■ OBSERVATION(관찰력)

O_1_L25	O_2_L20	O_3_L15	O_4_L10
# 현실적인 판단 # 경험 중심의 학습 # 실용적 사고 # 다양한 감각 정보 # 위기 극복	# 친화적 분석력 # 합리적 결론 # 자료 수집 # 원활한 소통 # 근성	# 상황파악능력 # 친밀감 # 친화력 # 은근한 매력 # 재치	# 현실적 문제 해결 # 편안함 # 실용적 목표 # 명확한 판단 # 수용과 겸손
• 아이디어나 계획을 실제 행동으로 옮기는 데 능숙한 실천력과 실행력이 있다. • 이론적인 개념보다는 실제 상황에서의 경험을 통해 배우는 것을 선호하며, 실전적인 기술과 노하우를 강조한다. • 현실적인 목표를 설정하고 이를 위한 달성 가능한 단계와 일정 계획에 능숙하다.	• 상대방의 감정과 관점을 이해하고 존중하는 능력이 뛰어나다. • 문제 해결을 위해 분석적 접근 방법을 사용하여 효과적인 전략을 수립한다. • 다양한 관점과 정보를 종합하여 합리적인 결론을 도출한다.	• 서로에게 따뜻하게 지지적인 환경을 제공한다. • 재치 있고 매력적인 대화력으로 다른 사람들과의 대화에 적극적으로 참여한다. • 원활하게 소통하고 협력하는 데 큰 장점을 가지며, 사회적인 활동이나 리더십에서도 탁월한 성과를 보인다.	• 안정성과 신뢰성이 입증된 방법과 사실을 따르는 경향이 있다. • 실패와 성공을 통해 쌓은 경험을 바탕으로 지식과 노하우를 습득하며, 더 나은 결과를 얻기 위해 지속적으로 개선한다. • 이론적인 아이디어보다 실제 실행 가능한 목표를 우선시하며, 실제 성과를 추구한다.

■ EMPATHY(공감력)

히딩크 E_1_R25	신사임당 E_2_R20	이효리 E_3_R15	유재석 E_4_R10
# 긍정적 모델링 # 분위기 메이커 # 따뜻한 자신감 # 공공이익 추구 # 넓은 시야	# 교양과 지식 # 감정 컨트롤 # 적재적소 # 정확한 소통 # 감정에 민감	# 창의적 예술성 # 자유로운 사고 # 다양한 관점 # 긍정적 에너지 # 폭넓은 인간관계	# 공감과 이해 # 빛과 소금 # 사회적 관계망 # 타인 이해 # 돕고 싶은 마음
• 자신감과 긍정성은 다른 사람들에게 영감을 주고 긍정적인 영향을 미친다. • 주변 사람들과의 관계를 형성하고 유지하는 데 있어서 특별한 매력이 있다. • 다른 사람들을 자연스럽게 이끌며, 긍정적인 모델링과 인간관계 능력으로 인해 주변 사람들에게 영향력을 행사한다.	• 주변 사람들에게 친절하게 대하고, 도움을 제공하려는 의지가 크다. • 예의를 중시하고 상대방을 불편하게 하거나 해를 끼치지 않도록 감정에 신경 쓴다. • 실수를 최소화하기 위해 행동하기 전에 신중하게 상황을 고려한다.	• 전통적인 틀에 얽매이지 않고 독특한 나의 삶을 추구한다. • 무한한 긍정과 낙천성으로 어려운 상황에서도 긍정적인 면을 찾으려고 노력한다. • 루틴에 얽매이지 않고 새로운 경험과 모험을 추구하며, 삶을 다양한 면에서 즐기려는 태도가 있다.	• 다른 사람의 입장과 감정을 존중하며, 이들이 느끼는 감정을 공감하는 능력이 있다. • 사회적인 규칙과 예절을 잘 따르며, 다양한 사회적 그룹에서 존중받는 태도를 보인다. • 타인들의 필요를 충족시키고 도움을 주며, 자신의 능력을 활용하여 사회적으로 긍정적인 영향을 미친다.

■ ENDURANCE(지구력)

무궁화 (불굴의 의지) EN_1_L25	목련 (숭고한 정신) EN_2_L20	나팔꽃 (단단한 유대) EN_3_L15	제비꽃 (성실과 겸손) EN_4_L10
# 통제와 조절력 # 협업 리더십 # 목적의식 # 강인함 # 완벽주의	# 철두철미 # 디테일 중시 # 체계적 설명 # 완벽한 논리 # 높은 성과	# 합리적 판단 # 인맥관리 # 구조화 # 즐거운 업무수행 # 긍정적 판단	# 일정관리 # 꼼꼼한 기록 # 차분함 # 실수 최소화 # 정확한 수행
• 시간을 효율적으로 관리하며 우선순위를 정해서 업무를 수행한다. • 상황을 분석하고 장기적인 목표를 설정하는 능력이 뛰어나며, 이를 위해 자원을 효율적으로 배분한다. • 자기계발을 통해 더 나은 성과를 이루려고 노력한다.	• 세부사항에 대한 주의를 기울이며, 작은 차이나 오차를 발견하고 수정하는 능력이 있다. • 완벽한 논리적 사고능력을 가지며, 복잡한 문제를 분석하고 해결하는 데 능숙하다. • 자신의 성과를 지속적으로 평가하고 피드백을 받아들이려는 태도를 가지고 있다.	• 업무나 활동을 시간에 맞추어 수행하는 데 주의를 기울이며, 마감기한을 지키는 데 능숙하다. • 관계를 중요하게 여기며, 효율적인 협력과 소통을 추구한다. • 감정적인 흥분을 최소화하고 합리적인 판단을 내리려고 노력한다.	• 주어진 업무 또는 임무에 대한 책임감이 강하며, 약속한 일을 지키고 신뢰성 있게 일을 수행한다. • 분노나 감정적인 반응보다는 조용하고 합리적인 대처를 선호한다. • 목표를 향해 꾸준한 노력과 인내심을 발휘하여 최종 목표를 달성하려는 의지가 있다.

⑬ 멘탈코드 13번(좌뇌우위 혼합형)

멘탈분석표	CO-I-J-EN *CO 집중력, I 통찰력, J 판단력, EN 지구력
브레인파워	LRLL(L30~75, R10~25) *L은 좌뇌, R은 우뇌, 최소 10~최대 75

■ CONCENTRATION(집중력)

CO_1_L25 우직한 좌뇌	CO_2_L20 전략적인 좌뇌	CO_3_L15 재치 있는 좌뇌	CO_4_L10 상냥한 자뇌
 # 우직함 # 하나만 파는 # 변치 않는 # 의리 # 정의감	 # 나무 # 순서와 계획 # 규칙 준수 # 논리적 문제 해결 # 전략적 사고	 # 대화력 # 자기 해방감 # 언어적인 재치 # 긍정적 에너지 # 재치 있는 웃음	 # 높은 감수성 # 내성적 사고 # 사회적 지각력 # 존중과 신뢰 # 이해심과 공감력
• 리더십 역할을 수행할 때 상대방의 감정과 의도를 파악하고 적절한 의사소통을 할 수 있다. • 강한 동기와 목표지향성을 가지고 묵묵하게 일을 추진한다. • 계획을 세우고 목표를 달성하기 위한 조직적이고 효과적인 대안을 제시한다.	• 명확한 목표와 방향을 설정하고, 규칙과 규제를 따르며 일을 수행한다. • 분석적 사고능력이 뛰어나며, 문제를 조각조각 쪼개어 각각의 세부 요소를 분석하고 해결책을 도출한다. • 계획 세우기, 일정 관리, 우선순위 정하기 등의 작업을 효율적으로 수행한다.	• 어색한 상황에서도 긴장을 푸는 능력과 사람들과의 관계를 편안하게 유지할 수 있는 자기 해방력이 있다. • 조용하게 있던 순간에도 예리한 관찰력으로 상황에 맞게 웃음을 선사한다. • 조용하게 주변을 관찰하고, 사람들의 행동과 말을 잘 알아차린다.	• 혼자만의 시간을 즐기며, 개인적인 활동이나 취미를 통해 에너지를 회복한다. • 다른 사람들의 입장과 관점을 이해하고 존중하는 능력이 뛰어나다. • 속으로 생각을 많이 하며 내성적인 사고를 통해 문제를 해결하고 창의적인 아이디어를 도출하고 협력한다.

■ INSIGHT(통찰력)

I_1_R25	I_2_R20	I_3_R15	I_4_R10
# 상위 1% 성공 # 도전정신 # 효과적 리더십 # 목표달성 # 의지력과 결단력	# 직관력 # 뛰어난 두뇌 # 민첩성 # 순발력 # 실리실속	# 열린 사고 # 융통성 # 협업적 리더십 # 탁월한 의사소통 # 관계 중심	# 타산지석 # 내재적 직감 # 원활한 의사소통 # 타인 공감 # 조용한 관종
• 복잡한 정보를 신속하게 분석하고 패턴이나 연관성을 파악하는 능력을 갖춘다. • 주어진 정보를 빠르게 처리하고, 상황에 대한 적절한 대응 방안을 신속하게 결정한다. • 주어진 상황에 있어서 주도권을 잡고, 상황을 주도하여 원하는 결과를 이끌어 낸다.	• 체계적으로 분석하고, 다양한 요소를 고려한 결정을 통해 문제를 해결한다. • 복잡한 정보를 신속하게 파악하고 패턴이나 연결점을 파악하는 능력이 있다. • 상황을 파악하고 목표를 설정한 뒤, 효율적인 전략과 계획을 세우는 것을 선호한다.	• 조직 내에서의 리더십과 협업 능력을 발휘한다. • 새로운 아이디어에 대해 열린 마음을 가지고 있으며, 다양한 관점을 고려한다. • 타인의 감정이나 의견을 읽고 이해하는 능력을 가지고 있으며, 이를 통해 사회적인 상황에서 적절한 반응을 보인다.	• 다른 사람의 감정을 읽고 이해하며, 공감과 동료애를 표현하는 능력이 뛰어나다. • 비언어적인 요소와 상황판단을 통해 의사소통을 수행하는 데 능숙하다. • 창의적인 활동이나 예술적인 분야에서 능력을 발휘하며, 다른 사람과의 인간관계 형성과 감정적인 연결에 능하다.

■ JUDGEMENT(판단력)

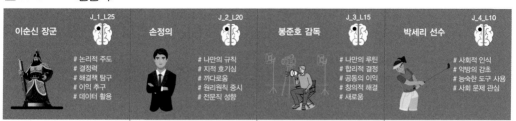

이순신 장군 J_1_L25	손정의 J_2_L20	봉준호 감독 J_3_L15	박세리 선수 J_4_L10
# 논리적 주도 # 결정력 # 해결책 탐구 # 이익 추구 # 데이터 활용	# 나만의 규칙 # 지적 호기심 # 까다로움 # 원리원칙 중시 # 전문직 성향	# 나만의 루틴 # 합리적 결정 # 공동의 이익 # 창의적 해결 # 새로움	# 사회적 인식 # 약방의 감초 # 능숙한 도구 사용 # 사회 문제 관심
• 정보를 체계적으로 정리하고 구조화하여 패턴을 파악하고 원칙을 도출한다. • 주관적인 편견이나 감정적인 요소를 배제하고 문제를 분석하며, 다양한 관점을 고려하여 결정한다. • 정확하고 명확하게 생각을 표현하며, 복잡한 개념도 간결하게 설명한다.	• 복잡한 문제를 간소화하거나 관련성 없는 세부사항을 제거하여 핵심을 집중적으로 다룬다. • 자신과 타인의 주장을 까다롭게 검토하며, 논리적 결함을 발견하려고 노력한다. • 새로운 정보와 아이디어에 호기심을 가지며 지식을 넓힌다.	• 아이디어를 결합하거나 변형시켜 문제를 해결하거나 목표를 달성하는 방법을 찾을 수 있다. • 편견을 피하고, 효과적인 결정을 내린다. • 한 가지 문제나 주제에 대해 여러 가지 관점에서 접근하며 새로운 아이디어를 발전시킨다.	• 복잡한 문제를 해결할 때 전체 구조와 세부사항 간의 상관관계를 파악하고 효율적인 전략을 개발하는 데 능숙하다. • 사회적으로 예민하고 타인과의 관계를 중요시한다. • 새로운 도전과 학습기회를 놓치지 않으며, 개인적으로 성장하는 데 관심이 있다.

■ ENDURANCE(지구력)

무궁화 (불굴의 의지) EN_1_L25	목련 (숭고한 정신) EN_2_L20	나팔꽃 (단단한 유대) EN_3_L15	제비꽃 (성실과 겸손) EN_4_L10
# 통제와 조절력 # 협업 리더십 # 목적의식 # 강인함 # 완벽주의	# 철두철미 # 디테일 중시 # 체계적 설명 # 완벽한 논리 # 높은 성과	# 합리적 판단 # 인맥관리 # 구조화 # 즐거운 업무수행 # 긍정적 판단	# 일정관리 # 꼼꼼한 기록 # 차분함 # 실수 최소화 # 정확한 수행
• 시간을 효율적으로 관리하며 우선순위를 정해서 업무를 수행한다. • 상황을 분석하고 장기적인 목표를 설정하는 능력이 뛰어나며, 이를 위해 자원을 효율적으로 배분한다. • 자기계발을 통해 더 나은 성과를 이루려고 노력한다.	• 세부사항에 대한 주의를 기울이며, 작은 차이나 오차를 발견하고 수정하는 능력이 있다. • 완벽한 논리적 사고능력을 가지며, 복잡한 문제를 분석하고 해결하는 데 능숙하다. • 자신의 성과를 지속적으로 평가하고 피드백을 받아들이려는 태도를 가지고 있다.	• 업무나 활동을 시간에 맞추어 수행하는 데 주의를 기울이며, 마감기한을 지키는 데 능숙하다. • 관계를 중요하게 여기며, 효율적인 협력과 소통을 추구한다. • 감정적인 흥분을 최소화하고 합리적인 판단을 내리려고 노력한다.	• 주어진 업무 또는 임무에 대한 책임감이 강하며, 약속한 일을 지키고 신뢰성 있게 일을 수행한다. • 분노나 감정적인 반응보다는 조용하고 합리적인 대처를 선호한다. • 목표를 향해 꾸준한 노력과 인내심을 발휘하여 최종 목표를 달성하려는 의지가 있다.

⑭ 멘탈코드 14번(좌우뇌 혼합형)

멘탈분석표	CO-I-J-Q *CO 집중력, I 통찰력, J 판단력, Q 순발력
브레인파워	LRLR(L20~50, R20~50) *L은 좌뇌, R은 우뇌, 최소 20~최대 50

■ CONCENTRATION(집중력)

우직한 좌뇌 CO_1_L25	전략적인 좌뇌 CO_2_L20	재치 있는 좌뇌 CO_3_L15	상냥한 자뇌 CO_4_L10
# 우직함 # 하나만 파는 # 변치 않는 # 의리 # 정의감	# 나무 # 순서와 계획 # 규칙 준수 # 논리적 문제 해결 # 전략적 사고	# 대화력 # 자기 해방감 # 언어적인 재치 # 긍정적 에너지 # 재치 있는 웃음	# 높은 감수성 # 내성적 사고 # 사회적 지각력 # 존중과 신뢰 # 이해심과 공감력
• 리더십 역할을 수행할 때 상대방의 감정과 의도를 파악하고 적절한 의사소통을 할 수 있다. • 강한 동기와 목표지향성을 가지고 묵묵하게 일을 추진한다. • 계획을 세우고 목표를 달성하기 위한 조직적이고 효과적인 대안을 제시한다.	• 명확한 목표와 방향을 설정하고, 규칙과 규제를 따르며 일을 수행한다. • 분석적 사고능력이 뛰어나며, 문제를 조각조각 쪼개어 각각의 세부 요소를 분석하고 해결책을 도출한다. • 계획 세우기, 일정 관리, 우선순위 정하기 등의 작업을 효율적으로 수행한다.	• 어색한 상황에서도 긴장을 푸는 능력과 사람들과의 관계를 편안하게 유지할 수 있는 자기 해방력이 있다. • 조용하게 있던 순간에도 예리한 관찰력으로 상황에 맞게 웃음을 선사한다. • 조용하게 주변을 관찰하고, 사람들의 행동과 말을 잘 알아차린다.	• 혼자만의 시간을 즐기며, 개인적인 활동이나 취미를 통해 에너지를 회복한다. • 다른 사람들의 입장과 관점을 이해하고 존중하는 능력이 뛰어나다. • 속으로 생각을 많이 하며 내성적인 사고를 통해 문제를 해결하고 창의적인 아이디어를 도출하고 협력한다.

■ INSIGHT(통찰력)

상위 1% 성공 I_1_R25	직관력 I_2_R20	열린 사고 I_3_R15	타산지석 I_4_R10
 # 상위 1% 성공 # 도전정신 # 효과적 리더십 # 목표달성 # 의지력과 결단력	  # 직관력 # 뛰어난 두뇌 # 민첩성 # 순발력 # 실리실속	# 열린 사고 # 융통성 # 협업적 리더십 # 탁월한 의사소통 # 관계 중심	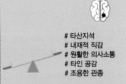 # 타산지석 # 내재적 직감 # 원활한 의사소통 # 타인 공감 # 조용한 관종
• 복잡한 정보를 신속하게 분석하고 패턴이나 연관성을 파악하는 능력을 갖춘다. • 주어진 정보를 빠르게 처리하고, 상황에 대한 적절한 대응 방안을 신속하게 결정한다. • 주어진 상황에 있어서 주도권을 잡고, 상황을 주도하여 원하는 결과를 이끌어 낸다.	• 체계적으로 분석하고, 다양한 요소를 고려한 결정을 통해 문제를 해결한다. • 복잡한 정보를 신속하게 파악하고 패턴이나 연결점을 파악하는 능력이 있다. • 상황을 파악하고 목표를 설정한 뒤, 효율적인 전략과 계획을 세우는 것을 선호한다.	• 조직 내에서의 리더십과 협업 능력을 발휘한다. • 새로운 아이디어에 대해 열린 마음을 가지고 있으며, 다양한 관점을 고려한다. • 타인의 감정이나 의견을 읽고 이해하는 능력을 가지고 있으며, 이를 통해 사회적인 상황에서 적절한 반응을 보인다.	• 다른 사람의 감정을 읽고 이해하며, 공감과 동료애를 표현하는 능력이 뛰어나다. • 비언어적인 요소와 상황판단을 통해 의사소통을 수행하는 데 능숙하다. • 창의적인 활동이나 예술적인 분야에서 능력을 발휘하며, 다른 사람과의 인간관계 형성과 감정적인 연결에 능하다.

■ JUDGEMENT(판단력)

이순신 장군 J_1_L25	손정의 J_2_L20	봉준호 감독 J_3_L15	박세리 선수 J_4_L10
# 논리적 주도 # 결정력 # 해결책 탐구 # 이익 추구 # 데이터 활용	# 나만의 규칙 # 지적 호기심 # 까다로움 # 원리원칙 중시 # 전문직 성향	# 나만의 루틴 # 합리적 결정 # 공동의 이익 # 창의적 해결 # 새로움	# 사회적 인식 # 약방의 감초 # 능숙한 도구 사용 # 사회 문제 관심

- 정보를 체계적으로 정리하고 구조화하여 패턴을 파악하고 원칙을 도출한다.
- 주관적인 편견이나 감정적인 요소를 배제하고 문제를 분석하며, 다양한 관점을 고려하여 결정한다.
- 정확하고 명확하게 생각을 표현하며, 복잡한 개념도 간결하게 설명한다.

- 복잡한 문제를 간소화하거나 관련성 없는 세부사항을 제거하여 핵심을 집중적으로 다룬다.
- 자신과 타인의 주장을 까다롭게 검토하며, 논리적 결함을 발견하려고 노력한다.
- 새로운 정보와 아이디어에 호기심을 가지며 지식을 넓힌다.

- 아이디어를 결합하거나 변형시켜 문제를 해결하거나 목표를 달성하는 방법을 찾을 수 있다.
- 편견을 피하고, 효과적인 결정을 내린다.
- 한 가지 문제나 주제에 대해 여러 가지 관점에서 접근하며 새로운 아이디어를 발전시킨다.

- 복잡한 문제를 해결할 때 전체 구조와 세부사항 간의 상관관계를 파악하고 효율적인 전략을 개발하는 데 능숙하다.
- 사회적으로 예민하고 타인과의 관계를 중요시한다.
- 새로운 도전과 학습기회를 놓치지 않으며, 개인적으로 성장하는 데 관심이 있다.

■ QUICKNESS(순발력)

빨간 장미 (열망) Q_1_R25	은방울꽃 (섬세) Q_2_R20	백합 (순수한 사랑) Q_3_R15	로즈마리 (행복) Q_4_R10
# 상황대처능력 # 통찰력 # 빠른 결정력 # 유연적 관계 # 강한 추진력	# 감각적 디테일 # 단호함 # 상황감지능력 # 냉정한 분석 # 전략적 대응	# 아이디어 구체화 # 감각적 재능 # 공감능력 # 혁신적 접근 # 독특한 해결책	# 안정감 # 평온함 # 적극적 경청자 # 이타적 성향 # 따뜻한 지지자

- 도전적인 상황에서도 두려워하지 않고 적극적으로 대응한다.
- 새로운 아이디어나 접근법을 시도하고 탐구하는 것을 즐긴다.
- 현재의 상황과 미래의 가능성을 고려하여 전략을 개발하고 이를 통해 조직 또는 팀의 방향을 명확하게 제시한다.

- 상황의 변화에 대한 감지와 대응 능력이 뛰어나, 불확실한 상황에서도 냉정하게 분석하고 적절한 대응전략을 수립한다.
- 복잡한 정보나 분석 결과를 이해하기 쉽게 팀원들에게 전달하는 능력이 있다.
- 데이터를 수집하고 이해하는 데 뛰어난 능력을 통해 문제의 핵심을 빠르게 파악한다.

- 문제를 다양한 관점에서 고려하며, 혁신적인 해결책을 찾는 데 열정적이다.
- 다른 사람의 감정을 이해하고 공감하는 데 능숙하며, 이는 대인 관계를 향상시키고 협력을 촉진한다.
- 새로운 경험과 지식을 추구하며, 자신의 능력을 향상시키는 데 열정이 있다.

- 자신의 가치관과 감정을 중시하는 성향을 가지고 있으며, 다른 사람들에게 따뜻한 지지와 이해를 제공한다.
- 안정과 조화를 중시하여, 갈등을 피하려고 노력하고 화목한 환경을 선호한다.
- 목표 달성을 위해 끈기 있게 노력하며, 어려운 상황에서도 인내심을 발휘한다.

⑮ 멘탈코드 15번(약한 좌뇌형)

멘탈분석표	CO-I-E-Q *CO 집중력, I 통찰력, E 공감력, Q 순발력
브레인파워	LRRR(L10~25, R30~75) *L은 좌뇌, R은 우뇌, 최소 10~최대 75

■ CONCENTRATION(집중력)

우직한 좌뇌 CO_1_L25	전략적인 좌뇌 CO_2_L20	재치 있는 좌뇌 CO_3_L15	상냥한 자뇌 CO_4_L10
# 우직함 # 하나만 파는 # 변치 않는 # 의리 # 정의감	# 나무 # 순서와 계획 # 규칙 준수 # 논리적 문제 해결 # 전략적 사고	# 대화력 # 자기 해방감 # 언어적인 재치 # 긍정적 에너지 # 재치 있는 웃음	# 높은 감수성 # 내성적 사고 # 사회적 지각력 # 존중과 신뢰 # 이해심과 공감력
• 리더십 역할을 수행할 때 상대방의 감정과 의도를 파악하고 적절한 의사소통을 할 수 있다. • 강한 동기와 목표지향성을 가지고 묵묵하게 일을 추진한다. • 계획을 세우고 목표를 달성하기 위한 조직적이고 효과적인 대안을 제시한다.	• 명확한 목표와 방향을 설정하고, 규칙과 규제를 따르며 일을 수행한다. • 분석적 사고능력이 뛰어나며, 문제를 조각조각 쪼개어 각각의 세부 요소를 분석하고 해결책을 도출한다. • 계획 세우기, 일정 관리, 우선순위 정하기 등의 작업을 효율적으로 수행한다.	• 어색한 상황에서도 긴장을 푸는 능력과 사람들과의 관계를 편안하게 유지할 수 있는 자기 해방력이 있다. • 조용하게 있던 순간에도 예리한 관찰력으로 상황에 맞게 웃음을 선사한다. • 조용하게 주변을 관찰하고, 사람들의 행동과 말을 잘 알아차린다.	• 혼자만의 시간을 즐기며, 개인적인 활동이나 취미를 통해 에너지를 회복한다. • 다른 사람들의 입장과 관점을 이해하고 존중하는 능력이 뛰어나다. • 속으로 생각을 많이 하며 내성적인 사고를 통해 문제를 해결하고 창의적인 아이디어를 도출하고 협력한다.

■ INSIGHT(통찰력)

I_1_R25	I_2_R20	I_3_R15	I_4_R10
 # 상위 1% 성공 # 도전정신 # 효과적 리더십 # 목표달성 # 의지력과 결단력	# 직관력 # 뛰어난 두뇌 # 민첩성 # 순발력 # 실리실속	# 열린 사고 # 융통성 # 협업적 리더십 # 탁월한 의사소통 # 관계 중심	# 타산지석 # 내재적 직감 # 원활한 의사소통 # 타인 공감 # 조용한 관종
• 복잡한 정보를 신속하게 분석하고 패턴이나 연관성을 파악하는 능력을 갖춘다. • 주어진 정보를 빠르게 처리하고, 상황에 대한 적절한 대응 방안을 신속하게 결정한다. • 주어진 상황에 있어서 주도권을 잡고, 상황을 주도하여 원하는 결과를 이끌어 낸다.	• 체계적으로 분석하고, 다양한 요소를 고려한 결정을 통해 문제를 해결한다. • 복잡한 정보를 신속하게 파악하고 패턴이나 연결점을 파악하는 능력이 있다. • 상황을 파악하고 목표를 설정한 뒤, 효율적인 전략과 계획을 세우는 것을 선호한다.	• 조직 내에서의 리더십과 협업 능력을 발휘한다. • 새로운 아이디어에 대해 열린 마음을 가지고 있으며, 다양한 관점을 고려한다. • 타인의 감정이나 의견을 읽고 이해하는 능력을 가지고 있으며, 이를 통해 사회적인 상황에서 적절한 반응을 보인다.	• 다른 사람의 감정을 읽고 이해하며, 공감과 동료애를 표현하는 능력이 뛰어나다. • 비언어적인 요소와 상황판단을 통해 의사소통을 수행하는 데 능숙하다. • 창의적인 활동이나 예술적인 분야에서 능력을 발휘하며, 다른 사람과의 인간관계 형성과 감정적인 연결에 능하다.

■ EMPATHY(공감력)

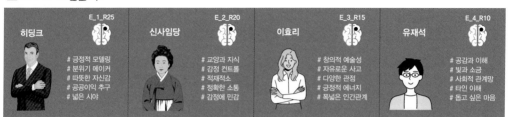

히딩크 E_1_R25	신사임당 E_2_R20	이효리 E_3_R15	유재석 E_4_R10
# 긍정적 모델링 # 분위기 메이커 # 따뜻한 자신감 # 공공이익 추구 # 넓은 시야	# 교양과 지식 # 감정 컨트롤 # 적재적소 # 정확한 소통 # 감정에 민감	# 창의적 예술성 # 자유로운 사고 # 다양한 관점 # 긍정적 에너지 # 폭넓은 인간관계	# 공감과 이해 # 빛과 소금 # 사회적 관계망 # 타인 이해 # 돕고 싶은 마음

- 자신감과 긍정성은 다른 사람들에게 영감을 주고 긍정적인 영향을 미친다.
- 주변 사람들과의 관계를 형성하고 유지하는 데 있어서 특별한 매력이 있다.
- 다른 사람들을 자연스럽게 이끌며, 긍정적인 모델링과 인간관계 능력으로 인해 주변 사람들에게 영향력을 행사한다.

- 주변 사람들에게 친절하게 대하고, 도움을 제공하려는 의지가 크다.
- 예의를 중시하고 상대방을 불편하게 하거나 해를 끼치지 않도록 감정에 신경 쓴다.
- 실수를 최소화하기 위해 행동하기 전에 신중하게 상황을 고려한다.

- 전통적인 틀에 얽매이지 않고 독특한 나의 삶을 추구한다.
- 무한한 긍정과 낙천성으로 어려운 상황에서도 긍정적인 면을 찾으려고 노력한다.
- 루틴에 얽매이지 않고 새로운 경험과 모험을 추구하며, 삶을 다양한 면에서 즐기려는 태도가 있다.

- 다른 사람의 입장과 감정을 존중하며, 이들이 느끼는 감정을 공감하는 능력이 있다.
- 사회적인 규칙과 예절을 잘 따르며, 다양한 사회적 그룹에서 존중받는 태도를 보인다.
- 타인들의 필요를 충족시키고 도움을 주며, 자신의 능력을 활용하여 사회적으로 긍정적인 영향을 미친다.

■ QUICKNESS(순발력)

빨간 장미 (열망) Q_1_R25	은방울꽃 (섬세) Q_2_R20	백합 (순수한 사랑) Q_3_R15	로즈마리 (행복) Q_4_R10
# 상황대처능력 # 통찰력 # 빠른 결정력 # 유연적 관계 # 강한 추진력	# 감각적 디테일 # 단호함 # 상황감지능력 # 냉정한 분석 # 전략적 대응	# 아이디어 구체화 # 감각적 재능 # 공감능력 # 혁신적 접근 # 독특한 해결책	# 안정감 # 평온함 # 적극적 경청자 # 이타적 성향 # 따뜻한 지지자

- 도전적인 상황에서도 두려워하지 않고 적극적으로 대응한다.
- 새로운 아이디어나 접근법을 시도하고 탐구하는 것을 즐긴다.
- 현재의 상황과 미래의 가능성을 고려하여 전략을 개발하고 이를 통해 조직 또는 팀의 방향을 명확하게 제시한다.

- 상황의 변화에 대한 감지와 대응 능력이 뛰어나, 불확실한 상황에서도 냉정하게 분석하고 적절한 대응전략을 수립한다.
- 복잡한 정보나 분석 결과를 이해하기 쉽게 팀원들에게 전달하는 능력이 있다.
- 데이터를 수집하고 이해하는 데 뛰어난 능력을 통해 문제의 핵심을 빠르게 파악한다.

- 문제를 다양한 관점에서 고려하며, 혁신적인 해결책을 찾는 데 열정적이다.
- 다른 사람의 감정을 이해하고 공감하는 데 능숙하며, 이는 대인 관계를 향상시키고 협력을 촉진한다.
- 새로운 경험과 지식을 추구하며, 자신의 능력을 향상시키는 데 열정이 있다.

- 자신의 가치관과 감정을 중시하는 성향을 가지고 있으며, 다른 사람들에게 따뜻한 지지와 이해를 제공한다.
- 안정과 조화를 중시하여, 갈등을 피하려고 노력하고 화목한 환경을 선호한다.
- 목표 달성을 위해 끈기 있게 노력하며, 어려운 상황에서도 인내심을 발휘한다.

⑯ 멘탈코드 16번(좌우뇌 혼합형)

멘탈분석표	CO-I-E-EN *CO 집중력, I 통찰력, E 공감력, EN 지구력
브레인파워	LRRL(L20~50, R20~50) *L은 좌뇌, R은 우뇌, 최소 20~최대 50

■ CONCENTRATION(집중력)

CO_1_L25 우직한 좌뇌	CO_2_L20 전략적인 좌뇌	CO_3_L15 재치 있는 좌뇌	CO_4_L10 상냥한 자뇌
# 우직함 # 하나만 파는 # 변치 않는 # 의리 # 정의감	# 나무 # 순서와 계획 # 규칙 준수 # 논리적 문제 해결 # 전략적 사고	# 대화력 # 자기 해방감 # 언어적인 재치 # 긍정적 에너지 # 재치 있는 웃음	# 높은 감수성 # 내성적 사고 # 사회적 지각력 # 존중과 신뢰 # 이해심과 공감력
• 리더십 역할을 수행할 때 상대방의 감정과 의도를 파악하여 적절한 의사소통을 할 수 있다. • 강한 동기와 목표지향성을 가지고 묵묵하게 일을 추진한다. • 계획을 세우고 목표를 달성하기 위한 조직적이고 효과적인 대안을 제시한다.	• 명확한 목표와 방향을 설정하고, 규칙과 규제를 따르며 일을 수행한다. • 분석적 사고능력이 뛰어나며, 문제를 조각조각 쪼개어 각각의 세부 요소를 분석하고 해결책을 도출한다. • 계획 세우기, 일정 관리, 우선순위 정하기 등의 작업을 효율적으로 수행한다.	• 어색한 상황에서도 긴장을 푸는 능력과 사람들과의 관계를 편안하게 유지할 수 있는 자기 해방력이 있다. • 조용하게 있던 순간에도 예리한 관찰력으로 상황에 맞게 웃음을 선사한다. • 조용하게 주변을 관찰하고, 사람들의 행동과 말을 잘 알아차린다.	• 혼자만의 시간을 즐기며, 개인적인 활동이나 취미를 통해 에너지를 회복한다. • 다른 사람들의 입장과 관점을 이해하고 존중하는 능력이 뛰어나다. • 속으로 생각을 많이 하며 내성적인 사고를 통해 문제를 해결하고 창의적인 아이디어를 도출하고 협력한다.

■ INSIGHT(통찰력)

I_1_R25 	I_2_R20	I_3_R15	I_4_R10 
# 상위 1% 성공 # 도전정신 # 효과적 리더십 # 목표달성 # 의지력과 결단력	# 직관력 # 뛰어난 두뇌 # 민첩성 # 순발력 # 실리실속	# 열린 사고 # 융통성 # 협업적 리더십 # 탁월한 의사소통 # 관계 중심	# 타산지석 # 내재적 직감 # 원활한 의사소통 # 타인 공감 # 조용한 관종
• 복잡한 정보를 신속하게 분석하고 패턴이나 연관성을 파악하는 능력을 갖춘다. • 주어진 정보를 빠르게 처리하고, 상황에 대한 적절한 대응 방안을 신속하게 결정한다. • 주어진 상황에 있어서 주도권을 잡고, 상황을 주도하여 원하는 결과를 이끌어 낸다.	• 체계적으로 분석하고, 다양한 요소를 고려한 결정을 통해 문제를 해결한다. • 복잡한 정보를 신속하게 파악하고 패턴이나 연결점을 파악하는 능력이 있다. • 상황을 파악하고 목표를 설정한 뒤, 효율적인 전략과 계획을 세우는 것을 선호한다.	• 조직 내에서의 리더십과 협업 능력을 발휘한다. • 새로운 아이디어에 대해 열린 마음을 가지고 있으며, 다양한 관점을 고려한다. • 타인의 감정이나 의견을 읽고 이해하는 능력을 가지고 있으며, 이를 통해 사회적인 상황에서 적절한 반응을 보인다.	• 다른 사람의 감정을 읽고 이해하며, 공감과 동료애를 표현하는 능력이 뛰어나다. • 비언어적인 요소와 상황판단을 통해 의사소통을 수행하는 데 능숙하다. • 창의적인 활동이나 예술적인 분야에서 능력을 발휘하며, 다른 사람과의 인간관계 형성과 감정적인 연결에 능하다.

■ EMPATHY(공감력)

히딩크 E_1_R25	신사임당 E_2_R20	이효리 E_3_R15	유재석 E_4_R10
# 긍정적 모델링 # 분위기 메이커 # 따뜻한 자신감 # 공공이익 추구 # 넓은 시야	# 교양과 지식 # 감정 컨트롤 # 적재적소 # 정확한 소통 # 감정에 민감	# 창의적 예술성 # 자유로운 사고 # 다양한 관점 # 긍정적 에너지 # 폭넓은 인간관계	# 공감과 이해 # 빛과 소금 # 사회적 관계망 # 타인 이해 # 돕고 싶은 마음
• 자신감과 긍정성은 다른 사람들에게 영감을 주고 긍정적인 영향을 미친다. • 주변 사람들과의 관계를 형성하고 유지하는 데 있어서 특별한 매력이 있다. • 다른 사람들을 자연스럽게 이끌며, 긍정적인 모델링과 인간관계 능력으로 인해 주변 사람들에게 영향력을 행사한다.	• 주변 사람들에게 친절하게 대하고, 도움을 제공하려는 의지가 크다. • 예의를 중시하고 상대방을 불편하게 하거나 해를 끼치지 않도록 감정에 신경 쓴다. • 실수를 최소화하기 위해 행동하기 전에 신중하게 상황을 고려한다.	• 전통적인 틀에 얽매이지 않고 독특한 나의 삶을 추구한다. • 무한한 긍정과 낙천성으로 어려운 상황에서도 긍정적인 면을 찾으려고 노력한다. • 루틴에 얽매이지 않고 새로운 경험과 모험을 추구하며, 삶을 다양한 면에서 즐기려는 태도가 있다.	• 다른 사람의 입장과 감정을 존중하며, 이들이 느끼는 감정을 공감하는 능력이 있다. • 사회적인 규칙과 예절을 잘 따르며, 다양한 사회적 그룹에서 존중받는 태도를 보인다. • 타인들의 필요를 충족시키고 도움을 주며, 자신의 능력을 활용하여 사회적으로 긍정적인 영향을 미친다.

■ ENDURANCE(지구력)

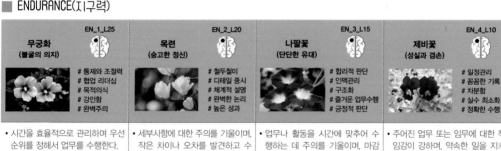

무궁화 (불굴의 의지) EN_1_L25	목련 (숭고한 정신) EN_2_L20	나팔꽃 (단단한 유대) EN_3_L15	제비꽃 (성실과 겸손) EN_4_L10
# 통제와 조절력 # 협업 리더십 # 목적의식 # 강인함 # 완벽주의	# 철두철미 # 디테일 중시 # 체계적 설명 # 완벽한 논리 # 높은 성과	# 합리적 판단 # 인맥관리 # 구조화 # 즐거운 업무수행 # 긍정적 판단	# 일정관리 # 꼼꼼한 기록 # 차분함 # 실수 최소화 # 정확한 수행
• 시간을 효율적으로 관리하며 우선순위를 정해서 업무를 수행한다. • 상황을 분석하고 장기적인 목표를 설정하는 능력이 뛰어나며, 이를 위해 자원을 효율적으로 배분한다. • 자기계발을 통해 더 나은 성과를 이루려고 노력한다.	• 세부사항에 대한 주의를 기울이며, 작은 차이나 오차를 발견하고 수정하는 능력이 있다. • 완벽한 논리적 사고능력을 가지며, 복잡한 문제를 분석하고 해결하는 데 능숙하다. • 자신의 성과를 지속적으로 평가하고 피드백을 받아들이려는 태도를 가지고 있다.	• 업무나 활동을 시간에 맞추어 수행하는 데 주의를 기울이며, 마감 기한을 지키는 데 능숙하다. • 관계를 중요하게 여기며, 효율적인 협력과 소통을 추구한다. • 감정적인 흥분을 최소화하고 합리적인 판단을 내리려고 노력한다.	• 주어진 업무 또는 임무에 대한 책임감이 강하며, 약속한 일을 지키고 신뢰성 있게 일을 수행한다. • 분노나 감정적인 반응보다는 조용하고 합리적인 대처를 선호한다. • 목표를 향해 꾸준한 노력과 인내심을 발휘하여 최종 목표를 달성하려는 의지가 있다.

2) 도미넌스 찾기(EEHF - 눈, 귀, 손, 발의 편측지배성 진단)

두뇌와 신체 간의 신경학적인 의사소통 채널은 사람마다 달라서 개인마다 신경학적인 고유 패턴을 가지고 있으며, 이러한 개인적 차이를 분류하는 것이 EEHF이다. EEHF는 지배적 대뇌반구와 눈, 귀, 손, 발의 편측 우성과 연관시켜 개인의 유형을 파악하여 16가지로 분류한다.

두뇌 편측성과 지배성은 개인마다 내부적으로 정보를 처리하는 방식과 그에 따라 자신이 선호하는 종류의 학습활동에 큰 영향을 미친다. 따라서 좌뇌, 우뇌 중에 어느 쪽이 지배(Dominance)하고 있는지를 반드시 알아야 한다. EEHF를 통해 지배성이 어떤 성향인지 알게 되면 개인의 특성과 장단점을 평가할 수 있다.

① 눈(Eye)
- 두 눈의 지배성 평가 방법(감각)
- 종이에 구멍을 뚫고 정중앙에서 전방의 대상물을 동시에 본다.
- CD를 들고 가운데로 보이는 사물을 보면, 지배성 눈이 그 CD 가운데로 보인다.
- 오른손, 왼손을 포개서 작은 삼각형을 만든 후 그 삼각형 안으로 목표물을 넣어본다. 검사자 반대편 쪽에서 보면 그 삼각형 사이에 있는 눈이 지배성 눈이다.

② 귀(Ear)
- 보이지 않는 곳에서 소리를 자극하고 어느 쪽 귀로 확인하는지 평가한다.
- 주로 진지한 전화를 받을 때 사용하는 귀가 도미넌스이다(Mobile Phone Test).

- 소리 자극을 주고 머리가 돌아가는 방향을 관찰한다. 소리 자극을 준 뒤 오른쪽으로 머리를 돌리면 오른쪽 귀가 도미넌스이고, 왼쪽으로 머리를 돌리면 왼쪽 귀가 도미넌스이다.
- 일반적으로 지배적인 귀와 지배적인 눈이 동일한 경우가 많다.

③ 손(Hand)

- 평상시 쓰는 손을 생각하라. (오른손잡이, 왼손잡이)
- 손바닥이 보이게 팔을 앞으로 내민 상태에서 손목 위 근육 크기를 측정한다. 근육이 많이 있는 팔에 지배성이 있다.
- 악력기를 사용하여 측정한다. 오른쪽 악력과 왼쪽 악력 중 높은 쪽에 지배성이 있다.

④ 발(Foot)

- 정면을 보고 바로 선 다음 한 발 서기 동작을 한다. 한 발로 오래 서 있는 다리가 지배성을 가진 발이다.
- 정면을 보고 서 있는 상태에서 눈을 감고 계단 오르기 동작을 한다. 먼저 계단을 오르는 발이 지배성이 있는 발이다.
- 정면을 보고 서 있는 상태에서 가상의 공을 던져 준다. 공을 차는 발이 지배성이 있는 발이다.

좌전뇌
- 논리적, 분석적
- 객관적, 수학적
- 경쟁 본능
- 기획력, 조직화 기능 우수

4번 영역   1번 영역

우전뇌
- 직관적, 시간적, 공간적 통찰
- 호기심, 모험심
- 위기 대처, 융통성
- 유머감각

목표지향적   변화/창조 지향적

관계/안정   화합/감성 지향성

좌후뇌
- 순차적, 절차적
- 질서정연, 정확함
- 일관성, 근면함
- 책임감, 믿음성
- 세밀함

3번 영역   2번 영역

우후뇌
- 정서적, 인간적, 영감적
- 격려와 화합
- 배려심
- 친화력, 공감
- 영적, 종교적

• 브레인 주 사용 4가지 영역 •

해석 방법

32개의 카드 중 선택한 4개 카드의 오른쪽 상단에 쓰여 있는 숫자를 확인한다.

ex) 1111 → 브레인 주사용은 1번 영역(우전뇌)

1133 → 브레인 주사용은 1번 영역과 3번 영역(우전뇌, 좌후뇌)

4411 → 브레인 주사용은 4번 영역과 1번 영역(좌전뇌, 우전뇌)

## CHAPTER 03

멘탈유형 해석

1) 멘탈코드 1번(극우뇌형)

① 우위 멘탈력: **창의력, 통찰력, 공감력, 순발력**

② 멘탈 특징

- 새로운 것을 생각해 내는 능력이 뛰어나다.
- 사물이나 현상을 꿰뚫어 보는 능력이 탁월하다.
- 상대방의 가치관으로 세상을 보는 것이 가능하다.
- 순간적으로 판단하는 능력이 뛰어나다.

③ 일반적 특징

- 자유로운 사고를 가졌으며, 정열적 활기가 넘치는 성격으로 모임에서 종종 분위기 메이커 역할을 한다.
- 타인에게 관심을 쏟고 사회적·정서적으로 깊은 유대 관계를 맺음으로써 행복감을 느낀다.
- 창의적이고 상상력이 풍부하며 문제 해결 속도가 빨라 관심 있는 일에 대한 수행능력이 뛰어나다.
- 한 가지 일을 끝내기도 전에 몇 가지 다른 일을 벌이는 경향을 가지고 있다. 하지만 지나치게 예민하고 감정적일 수 있으며 다른 사람의 관심과 인정을 요구하며 타인과 자신을 끊임없이 비교하고 쉽게 우울해지기도 한다.

④ 대인관계

- 사람들과 관심을 주고받는 것을 매우 좋아하며 정서적인 교류를 중요하게 생각한다.
- 갈등이 있을 경우 회피하려는 성향으로 싫은 사람은 천천히 멀리한다.
- 낙천적인 성격으로 사람들로 인해 상처를 받아도 금방 이겨내고 다시 사람들로부터 힘을 얻는다.

⑤ 학습성향

- 탐구하는 것에 흥미를 느끼며 인문계보다는 자연계 과목에 강점을 가지고 있다.
- 호기심이 많아 상상력을 자극하는 새로운 관심사를 찾아 열정적으로 공부하는 것을 좋아한다.
- 짧은 시간에 높은 집중력을 발휘하여 벼락치기에 능하다.
- 지적 호기심으로 가득 차 있어 질문을 많이 하고 틀에서 벗어난 문제 해결을 좋아한다.
- 여러 명과 함께 공부할 때 학습 능률이 올라가는 경향이 있어 스터디 그룹을 형성하는 것이 좋다.

⑥ 학습관리

- 관심 있는 분야의 공부를 먼저 하면서 공부 자체에 대한 흥미를 키워나가며, 집중력을 끝까지 유지하는 인내력을 기르는 것이 좋다.
- 관심 있는 일은 무엇이든 시도하다가 정작 중요한 일을 미뤄 일정 내에 마무리를 못할 수 있다.
- 일의 우선순위를 정하여 어떤 것에 집중해야 할지 스스로 계획하는 것이 좋다.

- 철저하게 계획을 정하기보다는 최종 목표와 마감 기한을 정한 후 그 안에서 자율적으로 공부하는 것이 좋다.
- 자기를 신뢰하고 지지해 주는 사람이 주변에 있을 때 더욱 노력하게 되므로 긍정적인 피드백을 받을 수 있는 환경을 만드는 것이 중요하다.

⑦ 진로적성
- 재미있고 자극적이며 변화가 많고 자유로운 환경에서 할 수 있는 일에 적합하다.
- 다양한 사람들과 함께 일하고 새로운 사람을 많이 만나며 발전하는 일에 적합하다.
- 창의력, 상상력, 열정 등을 발휘하여 사람들에게 도움이 되는 아이디어, 상품, 서비스 등을 개발하는 일에 적합하다.
- 적합한 직업으로는 홍보 마케터, 카피라이터, 디자이너, 작곡가, 작가, 프로듀서, 편집자, 감독, 연예인, 공인중개사, 강사, 상담사, 레크리에이션 강사, 예체능 교사, 이벤트 관련 종사자, 컨설턴트, 헤드헌터 등이 있다.

⑧ 스트레스 관리
- 심한 스트레스를 받으면 열정이 식고 즐거움을 느끼지 못하며 에너지가 떨어지고 우울감, 무력감 등을 느낄 수 있다.
- 운동을 꾸준하게 해야 하며, 생각을 멈출 수 있는 탁구, 배드민턴, 수영 등의 운동이 스트레스에 도움이 된다.

2) 멘탈코드 2번(강한 우뇌형)

① 우위 멘탈력: 창의력, 통찰력, 공감력, 지구력

② 멘탈 특징

- 감수성이 풍부하고 열정이 높다.
- 자신의 가치관과 도덕적 신념을 중요시하며, 주변 사람들에게 영감을 줄 수 있는 리더십이 있다.
- 사회적 상호작용, 주변 사람들과의 관계, 자신의 가치관을 통해 성공하고자 하는 의지가 강하다.

③ 일반적 특징

- 사람을 만나는 것을 즐기며, 친절하고 사교적인 성향을 가지고 있다. 다른 사람들과의 상호작용을 통해 에너지를 얻는 경향이 있다.
- 자신의 목표나 가치에 대해 열정적으로 행동하며, 다양한 활동과 프로젝트에 적극적으로 참여한다.
- 자신의 비전과 열정을 통해 주변 사람들을 동기부여하고, 팀을 이끌어가는 데 능숙하다. 사람들을 이끄는 데 탁월한 리더십 능력을 가지고 있다.
- 다른 사람들의 감정을 민감하게 인식하고 이해하는 경향이 있다. 공감력이 뛰어나며, 타인의 감정에 귀 기울이며 도움을 주려 한다.
- 자신의 가치관과 도덕적인 신념을 중요시하며, 타인을 돕고 사회적 책임을 다하는 것을 중요하게 생각한다.
- 갈등을 피하고 조화를 추구하는 경향이 있다. 다른 사람들 간의 관계를 유지하고 갈등을 해결하는 데 능숙하다.

④ 대인관계

- 강한 우뇌형이 매우 중요하게 여기는 부분은 대인관계이다. 이들은 다른 사람들과의 관계를 통해 자신의 성장과 행복을 느끼며, 주변 사람들에게 영향을 끼치고 돕는 것을 즐긴다.
- 다른 사람들을 이해하고 도와주는 것을 즐기며, 친절하고 이해심이 많아 주변 사람들이 자신을 편안하게 느낄 수 있도록 노력한다.
- 주변 사람들에게 자신의 비전과 열정을 전파하고, 그들을 동기부여하여 성공을 이루도록 격려한다. 이는 친구, 가족, 동료 또는 팀원과의 관계에서 모두 나타날 수 있다.
- 솔직하고 개방적인 대화를 즐긴다. 자신의 감정과 생각을 솔직하게 표현하며, 이를 통해 깊은 관계를 형성하려고 한다.
- 자신의 가치, 목표를 주변 사람들과 공유하며 함께 성장하고 발전하는 것을 중요하게 생각한다. 이는 진정한 연결과 지지를 형성하는 데 도움이 된다.
- 갈등을 피하지 않고 직면하며, 상대방과의 갈등을 해결하기 위해 노력한다. 타협을 통해 상호 간의 이해와 조화를 이루는 데 기여한다.

⑤ 학습성향

- 다른 사람들과의 상호작용을 통해 가장 효과적으로 학습하는 경향이 있다. 그룹 활동, 토론, 그리고 다른 사람들과의 협업을 통해 새로운 개념을 이해하고 익히는 것을 선호한다.
- 감성적이고 감정 중심의 학습 경향을 가지고 있어, 감정적으로 연결되어 있는 주제나 체험을 통해 학습하는 것을 선호한다.
- 학습한 내용을 현실 세계에 적용하는 것을 선호하며, 이론적인 지식보다는 실제적인 문제 해결과 현실적인 상황에서의 능력 향상에 초점을 맞추는 경향이 있다.

- 다른 사람들과의 대화와 설명을 통해 개념을 이해하고 습득하는 것을 선호하며, 다른 사람들에게 가르치는 것을 통해 스스로도 더 깊이 있는 이해를 얻을 수 있다.
- 칭찬과 인정을 받으면서 학습하는 것을 선호한다. 즉, 자신의 성과에 대해 칭찬받고, 다른 사람들로부터 인정받는 것을 통해 자신의 자신감을 높이고 학습 동기를 유지한다.
- 사회적 성향과 감성적인 성향을 반영하면서도 실제적인 문제 해결과 현실적인 적용에 중점을 두며, 대화와 협업을 통해 다른 사람들과 함께 학습하는 것을 선호하며, 공감과 인정을 통해 동기부여를 받는다.

⑥ 학습관리

- 명확하고 구체적인 학습 목표를 설정하여 학습을 계획하고 추적하는 것이 중요하다. 목표를 세우고 그에 맞는 작은 단계를 계획함으로써 학습 과정을 구체화할 수 있다.
- 학습 일정을 잘 관리하여 시간을 효율적으로 활용하는 것이 중요하며, 학습할 내용을 정확히 파악하고, 일정에 따라 공부 시간을 할당하여 일관된 학습 패턴을 유지하는 것이 도움이 된다.
- 학습하는 동안 주변 사람들의 지원을 활용하는 것이 중요하다. 스터디 그룹에 참여하거나 친구나 가족과 학습 경험을 공유함으로써 학습 동기를 높일 수 있다.
- 다양한 학습 방법을 시도하고 자신에게 가장 잘 맞는 방법을 찾는 것이 중요하다. 강의, 독서, 실습, 토론, 그룹 프로젝트 등 다양한 학습 경험을 통해 자신의 학습 스타일을 발견할 수 있다.
- 자기 관리와 스트레스 관리를 통해 학습 효율성을 높일 수 있다. 충분한 휴식과 운동을 통해 건강을 유지하고, 스트레스를 관리하여 학습에 집중할 수 있도록 한다면 성공적으로 학습을 이어나갈 수 있다.

⑦ 진로적성

- 다양한 진로 및 직업 영역에서 성공할 수 있는데, 그들의 사회적, 감성적, 그리고 리더십 능력을 바탕으로 다양한 분야에서 빛을 발할 수 있다.

- 다른 사람들에게 도움을 주는 것을 즐기고, 다른 사람들의 복지에 관심이 많기에, 의사, 간호사, 상담사, 사회복지사 등의 직업에서 자신의 열정을 발휘할 수 있다.

- 다른 사람들과의 상호작용을 통해 에너지를 얻기에, 이러한 성향은 교육 분야에서 특히 유용하다. 교사, 교육 컨설턴트, 교육 관리자 등의 직업에서 자신의 리더십과 동기부여능력을 발휘할 수 있다.

- 리더십 능력이 뛰어나며, 팀을 이끌어가고 동료들을 동기부여하는 데 능숙하다. 이들은 경영자, 조직 발전 컨설턴트, 프로젝트 매니저 등의 직업에서 성공할 수 있다.

- 감성적이고 창의적인 면이 강하기 때문에 예술 분야에서도 성공할 수 있다. 배우, 작가, 아티스트, 뮤지션 등의 직업에서 자신의 감성을 표현하고 타인과 연결할 수 있다.

- 타인과의 관계를 중시하고, 감성적인 커뮤니케이션 능력이 뛰어나다. 이러한 성향은 마케팅, 홍보, 인사, 고객 서비스 등의 분야에서 유용하게 활용될 수 있다.

⑧ 스트레스 관리

- 주변 사람들을 돕고 돌보는 것에 집중하는 경향이 있기 때문에 자신의 필요를 무시하지 않고 자기 관리에 시간을 투자하는 것이 중요하다. 충분한 휴식, 영양 섭취, 운동, 수면 등을 통해 신체적으로 건강을 유지하고, 정신적으로 안정을 찾는 것이 스트레스 관리의 핵심이다.

- 종종 여러 가지 책임과 요구사항에 집중하다 보면 스트레스를 받을 수 있

다. 시간 관리 기술을 사용하여 작업을 조직하고 우선순위를 정하는 것이 중요하다. 계획적이고 효율적인 방식으로 일을 처리함으로써 스트레스를 감소시킬 수 있다.

- 주변 사람들과의 상호작용을 통해 에너지를 얻는 경향이 있기에, 스트레스를 겪을 때는 가족, 친구, 동료들과 솔직하게 대화하고 감정을 터놓을 수 있는 시간을 갖는 것이 중요하다.

- 종종 자신의 필요를 배려하지 않고 다른 사람들을 돌보는 데 집중하는 경향이 있다. 하지만 스트레스를 관리하기 위해서는 자신의 한계를 인식하고, 필요할 때는 '아니오'라고 말할 수 있는 능력을 갖추는 것이 중요하다.

- 스트레스를 관리하는 데 도움이 되는 활동은 명상, 요가, 미술, 음악, 자연 산책 등의 활동을 통해 마음을 진정시키고 긍정적인 에너지를 얻을 수 있다.

3) 멘탈코드 3번(우뇌우위 혼합형)

① 우위 멘탈력: 창의력, 통찰력, 판단력, 순발력

② 멘탈 특징

- 새로운 아이디어를 생각해 내는 능력이 뛰어나며, 사물의 내적 본성에 대한 이해가 탁월하다.

- 무엇이 옳고 그른지에 대한 정확한 판단이 가능하며, 환경의 변화에 재빠르게 적응하는 능력이 뛰어나다.

- 규칙과 제약을 싫어하며, 자유로운 사고와 행동을 추구한다.

③ 일반적 특징

- 쾌활한 성격으로 어느 환경에서도 적응을 잘한다.

- 본인이 구상하는 것을 실현하고 싶어하고 토론을 좋아하며 발명가적이고 혁명가적인 성향을 가지고 있다.

- 다재다능하고 위풍당당한 자신감 넘치는 태도로 소신 있는 성격이며 임기응변에 뛰어나고 논리적이며 재치가 있다.
- 주변 사람들에게 인기가 많고 분위기를 주도하는 스타일이다.
- 위계질서가 엄격하거나 매우 경직된 분위기를 못 견뎌 한다.
- 관심이 가는 분야라도 쉽게 질려하는 경향이 있어 여러 분야에 다양하게 손댈 가능성이 높다.
- 문제의 본질을 잘 파악하고 논리적이며 논쟁에 강하다.

④ 대인관계
- 자신에게 잘해주는 사람에게는 정말 잘해주지만, 자신에게 잘 못하는 사람은 마음속에서 단절시키는 경향이 있다. 자신의 사람과 아닌 사람에 대한 구분이 명확하다.
- 무시당하는 것을 싫어하고 가식적인 사람을 매우 싫어하며 한 번 사람을 끊어 내면 여간해서는 회복되지 않는다.
- 조언해 주는 것을 좋아하고 상대방을 설득하려 할 때가 많다.
- 친구를 사귀는 것에 어려움이 별로 없으며 밝은 모습으로 대인관계를 주도하는 것을 좋아한다.
- 배울 수 있는 사람과 친해지고 싶어 하고 나이가 들수록 지적 능력이 높은 사람을 친구로 두려는 경향이 있다.
- 권위적이고 규칙을 중시하는 사람을 싫어하여 강압적인 분위기에서는 본 모습을 잘 드러내지 않는다.
- 답답한 것을 못 참기에 소극적이고 조용하거나 재미없는 사람들과는 잘 맞지 않는다.
- 성격이 급한 편이고 져주는 것을 못한다.

⑤ **학습성향**: 여러 사람과의 상호 교류를 통한 학습을 추구하여 스터디 그룹을 만들거나, 조별 과제를 하는 데서 학습 능률을 높일 수 있다.

⑥ **학습관리**

- 철저하게 계획을 정하기보다는 큰 목표와 마감 기한을 정하고 그 안에서 자율적으로 공부해 나가는 것이 좋다.
- 벼락치기 성향이 있기 때문에 목표와 필요한 시간을 함께 정하고 지키는 것이 필요하다.
- 논리적이고 분석적이며 전체적인 흐름을 보는 것에 능숙하지만, 세부적인 사항을 놓치는 경우가 많아 자세한 사항을 짚어 나가며 과제의 완성도를 높이는 것이 필요하다.
- 활동적이고 생각을 말로 표현하는 것을 좋아하므로 토론, 발표, 스터디 등 적극적으로 활동하는 학습이 잘 맞는다.
- 처음 시도하는 것은 좋아하지만 끝마무리가 부족할 수 있어 끈기를 가지고 완수하는 것이 중요하다.
- 관심사가 많아 한 가지 공부만 하게 하면 쉽게 싫증을 낼 수 있기 때문에 계획을 세울 때 적절한 변화를 주고, 주어진 시간 내에 목표한 공부 분량을 끝내야 좋은 결과를 얻을 수 있고 다른 새로운 관심사를 해볼 수 있다는 것을 인식시키는 것이 좋다.

⑦ **진로적성**: 대인관계에 있어서 뛰어난 적응력과 융통성을 가지고 있어 업무적으로 관계를 주도하는 역할이 적합하다.

⑧ **스트레스 관리**

- 과도한 스트레스를 받으면 열정과 동기를 잃고 즐거움을 찾지 못하며 에너지가 떨어지고 무력감을 느낄 수 있다.

- 자신의 아이디어나 행동에 대해 긍정적으로 도전하는 모습이 사라진다.
- 몸에 나타난 작은 증상을 과잉 해석하여 건강염려증이 나타난다.
- 가까운 사람과의 대화를 통해 객관적인 태도와 균형을 찾는 것이 필요하다. 또한 새로운 계획을 세우기 전에 해야 할 일의 우선순위를 정하고 상황의 현실적인 면을 상황을 검토하는 것이 좋다.
- 혼자 휴식을 취하면서 명상 등으로 자신을 돌아보고, 식습관, 운동, 마사지 등의 방법으로 신체적인 상태에 필요한 도움을 얻는 것도 좋다.

4) 멘탈코드 4번(좌우뇌 혼합형)

① 우위 멘탈력: **창의력, 통찰력, 판단력, 지구력**

② 멘탈 특징

- 결정력이 뛰어나 카리스마와 자신감으로 목표지향적이다.
- 목표를 향해 나아가는 냉철한 판단력을 가졌다.
- 성공 추구 동기가 높고, 성공에 대한 열망이 강하다.

③ 일반적 특징

- 타고난 지도자형이다.
- 조직적, 체계적, 계획적이다.
- 일은 일대로 하고 욕은 욕대로 먹을 수 있다.
- 너무 완벽을 추구하기 때문에 남이 비집고 들어갈 틈이 없다.
- 상상을 많이 한다.
- 일반적으로 혼자 있는 것을 싫어하는 편이다.
- 사람과 소통할 때 감정 교류보다는 아이디어를 나누고 협력해서 무언가를 이루는 것을 좋아한다.

- 고집이 센 것처럼 보이지만 자신의 생각이 잘못된 것이 확인되면 바로 수긍한다.
- 호기심이 많다.
- 지적 욕구가 강하다.

④ 대인관계
- 감정 표현이 솔직해서 타인이 상처를 받을 수 있다.
- 사람보다 일을 중시한다.
- 가까운 사람에게 헌신적이지만 멀어지면 뒤돌아 보지 않는다.
- 가장 좋아하는 사람은 일 잘하는 사람이고, 반대로 무능한 사람을 특히 싫어한다.
- 항상 계획을 세우고 실행한다.
- 일상적인 일이나 반복되는 일을 싫어한다.
- 변화 있는 생활을 즐긴다.
- 어려운 일을 만나도 자극이 되어 쉽게 처리한다.
- 권위적이지 않고 아랫사람들과도 의논을 잘한다. 오히려 부조리하고 비합리적인 것을 혐오한다.

⑤ 학습성향
- 자신의 능력을 발휘하도록 도전을 받는 업무나 학습에서 최상의 학습효과를 낼 수 있다.
- 처음부터 학습목표와 학습 스케줄이 계획되어 있는 것을 선호하여 계획부터 세우고 시작한다.
- 계획을 세우게 되면 해결해야 할 문제에 대해 자유롭게 집중하고, 각 단계를 완성해 나가는 것에 대한 만족함을 얻는다. 또 계획에 따라 꾸준히 일을 진행하는 것을 통해 앞으로 나아갈 힘을 얻는다.

- 자기 자신의 성취를 알아볼 수 있는 피드백이 매우 중요하다.

⑥ 학습관리

- 타임스케줄을 세우고 지켜나가는 것이 훨씬 수월하다.
- 스스로 주도하고, 스스로 학습할 수 있는 기회를 제공하는 과제를 선호하며, 자신만의 방식을 만드는 것을 좋아하기 때문에 실력이 없다고 생각되는 사람의 조언을 달가워하지 않는다.
- 실력이 있다고 신뢰가 가는 사람을 주변에 두어 학습을 바른 방향으로 이끄는 것이 중요하다.

⑦ 진로적성

- 기획, 지도 및 통솔을 할 수 있으며 다른 사람을 감독하고 관리하는 일이 적합하다.
- 장기적인 계획 수립과 창조적인 문제 해결이 필요한 일이 적합하다.
- 다양한 문제에 대해 혁신적이고 논리적인 해결책을 생각해 내는 일이 적합하다.
- 지적인 호기심을 자극하는 일을 좋아한다.
- 재미있고 유능하며 힘 있는 다양한 사람들과 만날 수 있는 일이 좋다.
- 자신의 능력을 개발하고 발휘하며, 조직 내에서 발전 기회가 있는 일이 맞다.
- 단계에 맞게 목표를 세우고 달성할 수 있는 일이 수월하다.
- 적합한 직업으로는 사회과학 계열 대학교수, 변리사, 변호사, 판사, 심리학자, 외과 의사, 정신과 의사, 프로젝트 관리자, 네트워크 관리자, 인공지능&빅데이터 전문가 등이 있다.

⑧ 스트레스 관리

- 마음을 진정시킬 수 있는 특정한 장소나 자리를 마련한다.
- 화가 났을 때는 마음이 진정될 때까지 기다렸다가 말을 한다.

- 해결로 이어질 수 있는 방법이나 정보를 공유한다.
- 동정을 삼가고 감정적으로 대응하지 않는다.
- 기분 전환할 수 있는 산책을 자주 한다.
- "괜찮다"라는 말을 자주 한다.

5) 멘탈코드 5번(우뇌우위 혼합형)

① 우위 멘탈력: 창의력, 관찰력, 공감력, 순발력

② 멘탈 특징
- 대체로 어떤 상황이든 자신감이 높은 편이라, 우울증이나 번아웃의 위험은 적다. 하지만 스트레스나 압박감이 높아지면 갑작스레 격앙된 표현을 한다.
- 갑작스러운 감정기복과 분노를 다스릴 줄 알아야 한다.

③ 일반적 특징
- 사교적이고 활발하다.
- 센스와 유머가 뛰어나다.
- 사람들에게 친절하고, 낙천적인 성격이다.
- 어떤 상황에서도 잘 적응하고, 현실적이다.
- 주변에 관심이 많으며, 사람들 다루는 능력이 뛰어나다.
- 어떤 조직에서든 분위기 메이커이다.
- 다소 충동적이다.
- 문제가 생기면 깊게 고민하기보다는, 쉽게 넘기려고 한다.
- 다소 수다스럽고, 진지함이 결여되어 보인다.
- 마무리를 등한시하는 경향이 크다.

④ 대인관계

- 누구와도 잘 지내며, 다른 사람들과의 관계를 매우 소중하게 여긴다. 친밀한 관계에서는 다른 사람의 감정에 매우 민감하게 반응하며, 이를 표현하는 것도 잘한다.
- 상대방의 감정을 이해하고 존중하는 것이 큰 장점이다. 하지만 때로는 감정 표현이 과장될 수도 있기에 자신의 감정을 솔직하게 표현하는 것이 중요하고, 상대방의 반응을 잘 살피는 것도 필요하다.
- 새로운 사람들과 잘 어울리기 위해서는 처음부터 친밀하고 솔직한 대화를 하는 것이 좋다.
- 사람들과 함께하며 삶을 즐기는 유형으로 다양한 활동을 사람들과 하는 것이 좋다.

⑤ 학습성향

- 학습하려는 내용에 대해 열정과 관심을 가지게 하는 것이 효과적이다.
- 자신의 관심 분야와 관련된 내용을 학습하는 것이 좋다.

⑥ 학습관리

- 감각적인 학습을 한다. 감각에 많이 의지하기에 TV, 영화, 시청각기구, 실험 재료 등 실제적으로 이용할 수 있는 직접적 경험을 선호한다. 읽기를 즐기기 위해서는 다중 감각적이고 사교적인 방법을 사용하여 도전해야 하는 흥미로운 과제로써 받아들이게 해야 한다.
- 사람들과 함께하는 스터디를 만든다. 관계를 통해 배우는 것을 좋아하고, 이야기하기를 좋아하기에 말하면서 생각이 정리되는 스타일이다. 학업에 도움이 되는 친구를 사귐으로써 많은 도움을 받을 수 있다.

- 세부사항을 잘 관찰하고, 기억하는 능력을 사용하는 학습 과제에 능숙하다. 관심과 에너지가 꾸준하지 않고 충동적으로 학습하더라도 지식을 단계적으로 쌓아가기를 좋아한다.
- 호기심을 끄는 것이라면 어떤 주제든지 에너지를 발휘하는 자발적인 학습 성향을 지니고 있다. 학습에 대한 의욕이 언제 생길지 예측하기 어렵지만, 관심을 가지게 되면 주의가 산만해지는 것을 막고, 집중할 수 있다.
- 문제를 해결해 가는 수업을 선호한다. 자신만의 방식으로 문제를 해결하기를 원하기 때문에 과제가 놀이처럼 느껴질 때 최상의 학습을 할 수 있다.
- 선생님이 좋아야 그 과목을 잘할 수 있다.

⑦ 진로적성
- 사람들 앞에서 본인의 매력을 뽐낼 수 있는 분야가 적합하다.
- 의사소통 업무가 중심인 분야가 적합하다.
- 사람들에게 도움을 주는 업무가 좋다.
- 적합한 직업은 각종 예능 관련 종사자(연예인, 엔터테이너, 뮤지션, 이벤트 진행자), 영업사원, 딜러, 각종 서비스 업종 종사자 등이 있다.

⑧ 스트레스 관리
- 운동하는 것이 스트레스 해소에 가장 좋은 방법이다.
- 음악을 듣거나 다른 사람의 연극이나 퍼포먼스를 보는 것도 좋다.
- 혼자 곰곰이 생각하고 내면을 정리하는 것도 중요하다. 그 후에, 에너지 넘치는 외부활동을 하는 것을 권장한다.

6) 멘탈코드 6번(좌우뇌 혼협형)

① 우위 멘탈력: **창의력, 관찰력, 공감력, 지구력**

② 멘탈 특징

- 갈등을 싫어하고 성향이 쉽게 바뀌지 않으나, 주변 사람들이 자신에 대해 부정적으로 이야기하거나 자신의 의견을 비판할 경우 멘탈이 크게 흔들리고 영향을 많이 받는다.
- 자신의 신념에 대한 방어 기질이 매우 높아 행동에 대한 긍정적 피드백을 원한다.

③ 일반적 특징

- 사람을 무지 좋아한다.
- 어색한 것을 참지 못한다.
- 자기 주변의 사람을 잘 챙긴다.
- 리액션을 잘한다.
- 공감 능력이 뛰어나다.
- 인싸 능력이 다분하다.
- 변화를 싫어한다.
- 단순한 성격을 가지고 있다.
- 스트레스를 받으면 누군가를 만나야 한다.
- 대화를 이해하지 못했음에도 고개를 끄덕인다.
- 가식적인 공감도 잘해준다.

④ 대인관계

- 사랑스럽고 매력적이며 외모와 상관없이 성격이 좋으면 만나기 때문에 사람들이 좋아하고 인기가 많다.

- 적극적으로 소통하고 개인적으로도 친밀하게 지내려고 하며 동시에 과제를 완수하려고 한다. 계획적인 사람이며 충동적이거나 추상적인 아이디어에 대해 이야기하는 것을 좋아하지 않는다.
- 새로운 상황에서도 적정한 절차를 밟고 싶어 하고 사례에 따라 일하고 싶어 한다.
- 가까운 사람들에게 충성하며 그들이 다치거나 힘들 때 말하지 않아도 나서 준다. 충성하는 사람들과의 약속, 일과를 중요하게 여기고 헌신하지만 이를 당연하게 여긴다면 떠나게 된다.
- 처음부터 심각한 이야기를 하기보다는 가벼운 이야기로 시작하며 그들에게 중요한 것이 무엇인지까지 천천히 알아가는 것이 좋다.

⑤ 학습성향
- 활동 중심의 학습을 선호한다.
- 다른 학생들과 상호작용하며, 친구들과 함께 공부하고, 그룹토의하며 교사와 일대일로 앉아 공부하는 것을 좋아하고, 말하면서 생각을 정리하는 스타일이다.
- 감각을 통한 학습, 즉 보고 듣고 만질 수 있는 감각기능을 통해 학습하며, 도움이 필요 없을 때까지 반복 연습을 시켜주기를 바란다. 시청각 수업과 구체적이고 직접적인 경험을 통해 학습할 때 가장 잘 학습한다. 시각만을 활용하는 읽기는 선호하지 않는다.
- 목표지향적이다. 즉, 목표를 미리 설정하고 분명하게 하기를 원한다. 충분하게 이해하고 완벽하게 학습하기를 원하며 시간에 쫓기는 것을 원하지 않는다.
- 구체적인 상황을 반복함으로써 추상적인 개념에 도달하게 된다.
- 학습이 실용적일 때 최상의 학습효과를 낸다.

⑥ 학습관리

- 문제 해결 방식으로 학습관리를 해야 한다.
- 사람들과의 관계나 과거의 경험, 사실들에 대한 기억으로 머릿속이 가득 차 있기 때문에 과거의 경험을 통해 자신의 가치와 사람들의 관심과 필요를 고려한 결정을 내리기를 선호한다.
- 활발하고 친절하며 분위기를 밝게 만들어 주는 성향이므로 공부를 실생활에 필요한 놀이로 인식하면 학습효과를 높일 수 있다.

⑦ 진로적성

- 보건 관련 직업이나 교사가 적합하다.
- 적합한 직업으로는 비즈니스, 홍보 책임자, 프로젝트 관리자, 판매 서비스 관련 종사자, 보건·복지 관련 종사자, 교사, 운동코치, 감독, 상담가 등이 있다.

⑧ 스트레스 관리

- 과도한 스트레스를 받으면 극단적이고 비논리적이며 강박적인 생각에 사로잡히고 다른 사람을 비난하거나 심한 행동을 하기도 한다. 또한 자신에 대해 비난하고 비관주의에 빠지며, 우울과 외로움에 사로잡힐 수 있다.
- 문제 상황과 관련이 없고 다른 관점을 가진 사람과 자신의 스트레스 상황에 대해 충분히 대화 나누는 것이 좋다.
- 혼자 공부를 하거나 일기를 쓰면서 혼자만의 시간을 가지고 자신을 돌아보는 것도 필요하다. 또한 세밀하고 체계적인 주의가 필요한 과제에 집중하면서 의욕을 얻는 것이 좋다.

7) 멘탈코드 7번(좌우뇌 혼합형)

① 우위 멘탈력: 창의력, 관찰력, 판단력, 순발력

② 멘탈 특징

- 현실적이고 실용적인 해결책을 가장 우선순위에 두기를 원하며 즉흥적이고 자유로운 사고를 가지고 있다.
- 사람들과 상호작용을 즐기고 긍정적인 마인드로 변화에 유연하고 도전에 대처하는 방법을 찾는 것을 선호한다.

③ 일반적 특징

- 내기를 좋아한다.
- 매 순간의 삶을 즐기며 산다.
- 스릴을 좋아한다.
- 매우 빠르게 생각과 행동을 하고 현실적이기 때문에, 감정적이거나 우유부단한 사람을 답답해하는 경향이 있다.
- 본인의 경험을 바탕으로 따져보았을 때 이해가 되어야만 수긍한다.
- 사교적이고 외향적인 경향이 있다.
- 타고난 해결사로서 문제를 해결하는 능력이 타의 추종을 불허한다. 사람들 사이에서 에너지를 얻는다.
- 새로운 아이디어나 활동에 대해 열린 마음을 가지고 있으며, 예기치 않은 상황에 잘 적응한다.
- 개방적이고 자유를 추구하며, 억압당하는 것을 견디지 못한다.
- 흔히 오감이라고 부르는 시각, 청각, 후각, 미각, 촉각의 신경이 전부 예민하게 잘 발달되어 있어 이를 통한 촉이 정말 좋다.
- 사전의 이론 공부보다는 상황에 직접 뛰어들어 체험을 통해 경험하는 것을 더 선호하는 활동적인 성격이다. 인터넷의 커뮤니티 공간에서는 가장

만나기 어려운 유형이며, 야외의 공간에서 가장 만나기 쉬운 유형이다.

④ 대인관계

- 사람들을 잘 파악하는 편이고, 자신들의 이익을 위해 필요한 경우 이러한 능력을 잘 활용한다.
- 대인관계를 게임이나 경쟁으로 보는 경향이 있다. 관계를 형성하는 것보다 이기는 것이 더 중요하다.
- 미묘한 인간적인 단서를 놓칠 수 있기 때문에, 사람들의 감정이나 관점을 정확하게 감지하지 못할 수도 있다.
- 다른 사람들의 욕구에 대해 항상 공감하거나 고려하지는 않는다.
- 대인관계에서의 문제 원인이나 지속되는 근원을 너무 깊게 파헤치는 것을 좋아하지 않는다.

⑤ 학습성향

- 어린 시절에는 호기심이 가득하여 모든 것을 만지고 싶어 하며 신체적인 탐험을 좋아한다.
- 낙천적이고 적응력이 있으며, 평생 새로운 것을 시도하고, 새로운 경험을 얻으며 새로운 자극에 빠지는 것을 선호한다.
- 감각적이고 활동적인 학습을 지향하고, TV, 영상자료, 시청각기구, 실험 재료, 직접적 경험을 선호한다.
- 논리적 추론을 잘한다. 세부사항을 잘 관찰하고 그것을 기억하는 능력을 사용하는 학습과제를 선호한다.
- 암기 능력이 탁월하다.
- 흥미 있는 주제들을 공부할 때, 내용을 신중하고 완벽하게 학습하고, 확실하고 정확하게 이해한다. 관심과 에너지가 충동적으로 움직여도 지식을 단계적으로 쌓는 것을 좋아한다.

⑥ 학습관리

- 자발적으로 학습관리를 해야 한다. 호기심을 끄는 것이라면 어떤 주제이든 스스럼 없이 에너지를 발휘하므로 자발적인 학습스타일이 적합하다.
- 계획적이고 틀에 짜인 학습지도는 맞지 않는다.
- 비형식적인 문제 해결을 강조하는 수업을 높이 평가하며 재치 있고 융통성 있는 문제 해결사의 역할을 즐기기 때문에 학습을 놀이처럼 접근하기를 좋아한다.

⑦ 진로적성

- 활동적이며, 다양한 상황에 대처해야 하는 서비스 분야가 적합하다.
- 변화가 많은 상황에서 신속하게 대처하는 일이 적합하다.
- 적합한 직업으로는 수사관, 교도관, 경찰관, 소방관, 응급구조원, 보험조사관, 정보요원, 보호감찰관, 범죄학자, 의료보조원, 스포츠 의학자, 기술 분야 종사자, 건설업자, 항공기 정비사, 토목기술자, 기술교육 전문가, 기업가, 경영 컨설턴트, 재무상담사, 투자가, 금융분석가, 공인중개사 등이 있다.

⑧ 스트레스 관리

- 장기적인 계획을 세우는 것이 유리하다.
- 솔직하고 현실적이기 때문에 하고 싶은 말이 있을 때는 차분히 말을 다 해야 한다.
- 문제를 해결하는 것에 중요한 의미를 두기 때문에 욕구불만이 생기지 않도록 유의한다.
- 빠르게 움직이는 스타일이고 느린 전개를 싫어하므로 빠르게 결론을 맺어야 한다.

8) 멘탈코드 8번(약한 우뇌형)

① 우위 멘탈력: 창의력, 관찰력, 판단력, 지구력

② 멘탈 특징
- 누구에게도 지고 싶어 하지 않아, 앞만 보고 달리는 스타일이다. 휴식하는 것이 뒤쳐진다고 생각하기에 멘탈이 복잡하다.
- 일에만 차우친 삶을 살 수 있고 그런 삶에 가치를 높이 두기 때문에 자학하지 않는 것이 바람직하다.
- 충분한 휴식으로도 업무 생산성을 끌어 올릴 수 있음을 기억해야 하는 강한 멘탈의 소유자이다.

③ 일반적 특징
- 자기 외부에 주의를 집중한다.
- 외부 활동을 좋아하고 적극성이 있다.
- 정열적이고 활동적이다.
- 글보다는 말로 표현하는 편이다.
- 경험한 다음에 이해한다.
- 폭넓은 인간관계를 원하고 사교적이며 정열적이고 활동적이다.
- 쉴 때나 일할 때나 주변을 깨끗이 하고, 질서를 잘 지킨다.

④ 대인관계
- 일적으로 다른 사람에게 인정받는 것을 좋아한다.
- 일 못하면 나쁜 사람, 일 잘하면 좋은 사람으로 여긴다.
- 누군가 고민 상담을 하면 객관적으로 판단한다.
- 이성적이고 직설적이며, 호불호가 확실하다.
- 주변 사람들에게 팩폭을 자주 한다.

- 시간 약속, 규칙을 어기는 사람들을 싫어한다.
- 겉과 속이 일치해서 다른 사람들에 대해 얘기하는 것을 싫어한다.
- 싸우는 것을 싫어하지만 싸워서 지는 것을 더 싫어한다.

⑤ 학습성향

- 목표가 분명하고 세워진 구조화된 상태에서 잘 학습한다. 미리 계획할 수 있는 스케줄이나 짜여진 일정을 좋아한다.
- 예습을 많이 하여 미리 많은 것을 알고 수업에 참여하는 것을 좋아하고 수업계획이 변하는 것을 싫어한다.
- 일관성 있고 공정하며 적용을 잘하는 선생님을 좋아한다.

⑥ 학습관리

- 명확한 목표를 설정하고 달성한다. 그러면 학습효율을 높일 수 있다.
- 계획적인 학습방법을 활용한다. 학습계획을 수립하여 목표를 정하고, 계획에 따라 학습을 진행하면 학습효율을 높일 수 있다.
- 경험 중심의 학습방법을 활용한다. 실제 경험을 바탕으로 학습하고, 경험을 통해 새로운 아이디어를 발굴하는 것이 효과적이다.
- 실제 문제 해결을 통해 학습하는 것이 효과적이다.
- 집중력을 높이는 방법을 활용한다. 타이머를 이용하여 시간을 관리하거나, 안정된 주변환경을 조성한다.

⑦ 진로적성

- 책임감이 강하고 실용적이며, 구체적인 세부사항에 주의를 기울이므로 그에 맞는 직업이 적합하다.
- 적합한 직업으로는 경영자, 관리자, 공무원, 회계사, 세무사, 법률가, 군인, 경찰관 등이 있다.

⑧ 스트레스 관리

- 예상치 못한 상황이나 일정 지연 등의 상황이 발생할 때 스트레스를 받고, 다른 사람들의 비효율적인 행동이나 결정의 지연 등으로도 스트레스를 받는다.

- 스트레스를 줄이기 위해서는, 일의 우선순위를 정하고 적절한 계획을 세우는 것이 중요하다. 일이 예상치 못한 방향으로 진행될 때에도, 계획을 수정하거나 새로운 계획을 수립하여 대처할 수 있도록 해야 한다.

- 스트레스를 관리하기 위해 운동이나 걷기 등의 물리적인 활동을 꾸준히 유지하는 것이 좋다.

- 다른 사람들과 자신의 생각이나 감정을 솔직하게 나누는 것이 중요하다. 또한 대화를 통해 문제를 해결하거나 다른 사람들의 의견을 수렴하여 문제를 해결하는 것이 도움이 된다.

- 일처리에 대한 책임감이 강하기 때문에, 자신의 건강이나 복지에 대한 관심이 부족할 수 있다. 스트레스를 관리하기 위해서는 충분한 휴식과 수면, 적절한 식습관을 유지하는 것이 중요하다.

9) 멘탈코드 9번(극좌뇌형)

① 우위 멘탈력: 집중력, 관찰력, 판단력, 지구력

② 멘탈 특징

- 멘탈 장인이다.
- 한 번 정한 일은 끝을 맺고야 마는 청렴결백한 완벽주의자이다.
- 본인들의 멘탈력을 타인에게도 기대하기에 대인관계가 원만하지는 않다.
- 신중하고 체계적인 사고를 가지고 있다.
- 틀은 논리적, 분석적, 합리적인 근거를 멘탈의 기본 틀로 삼는다.

③ 일반적 특징

- 자신이 맡은 바 책임을 다하며 본인의 일에 대해 자부심이 강하다.
- 목표를 달성하기 위해 시간과 에너지를 낭비하지 않고 필요한 업무를 정확하고 신중하게 처리한다.
- 사실에 입각하여 현실적으로 실행 가능한 목표를 세우는 것을 선호한다.
- 우유부단한 것을 몹시 싫어하며 선입견이 강하다.
- 예고 없는 갑작스러운 변화를 무척 싫어하는 편이다.
- 겉으로 보기에는 차가워 보인다는 말을 많이 듣기도 한다.
- 잘못했다는 것을 인정하는 편이지만 미안하다는 표현은 잘 못하는 편이다.
- 남의 일에 관심이 없고 남한테 자신의 이야기를 잘하려고도 하지 않는다.
- 휴일에는 집에서 쉬는 것을 가장 즐겨하며 정리정돈에도 능하다.
- 본인의 실수에 민감한 편이며 시간 낭비하는 것을 싫어한다.

④ 대인관계

- 나름의 기준에서 정리하고 정리해서 딱 그 안에 들어오는 사람하고만 교류하기를 원한다. 대신 자기와 교류하는 사람들과는 아주 깊고 친근한 관계를 유지한다.
- 친구들과의 문제 발생 시 갈등을 해소하려 하기보다는 친구를 차단하거나, 제명하기에 남아 있는 친구들과 지인들이 많지는 않다.

⑤ 학습성향

- 사실적인 사건을 자신의 경험을 빗대어 사고하고 조용히 혼자 공부하며 한 번 시작한 학습은 끝마무리까지 지어야 성에 찬다.
- 명백하고 감각적인 수업을 선호하여 분명한 수업목표가 제시되기를 원하고, 감각적이고 구체적인 학습방법을 선호한다.

- 구체적이고 직접적인 경험으로 추상적인 원리와 개념을 배우는 스타일이다. 분명하고 직접적이며 서론－본론－결론이 있는, 구체적인 사실을 다루는 읽기 자료를 선호한다.
- 교사가 제시하는 틀 속에서 개인적으로 학습하는 것의 효율성을 선호한다.
- 계획된 목표와 일정들은 집중력을 높여주고, 꾸준하고 규칙적인 학습과정에서 에너지를 얻는다. 학습을 마무리할 때 작은 성취로부터 즐거움을 얻는 것을 선호한다.

⑥ 학습관리
- 신중하고 철저하게 학습하기를 원하고 확실한 이해를 지향하기에 충분한 학습시간이 확보되어야 한다.
- 선행 학습보다는 현행 학습이 적합하고, 예습－수업－복습을 철처히 관리하는 것이 바람직하다.
- 구조화되고 논리적이며 규칙적인 수업을 선호하기에 잘 짜여진 교육현장을 찾는 것이 유리하다.
- 구체적인 플래너를 작성하는 것이 학습관리 효율을 높여준다.

⑦ 진로적성
- 집중력이 뛰어나고 논리력, 관찰력이 좋기 때문에 정부 및 공공서비스 관련 종사자 또는 관리직에서 일하면 좋은 성과를 낼 수 있다.
- 과업지향적이고 현실에 기반을 둔 직업에 매력을 느낀다.
- 적합한 직업은 관리, 회계, 인사, 노무, 컴퓨터 조작과 분석, 기술, 무역 관련 종사자, 교사, 경찰, 교정직, 숙련직, 기능직, 전기·전자 엔지니어, 교육행정가, 화학자, 은행원, 공학자, 과학 기술자 등이 있다.

⑧ 스트레스 관리

- 스트레스에 노출되어 있을 때 반드시 혼자만의 시간이 필요하다. 자기만의 시간을 가짐으로써 생각을 정리할 수 있고 눈 앞에 있는 문제에 집중할 수 있다.
- 중요하지 않는 약속이나 일은 취소하거나 거부해야 한다. 누군가의 부탁이나 만나기 싫은 사람들을 만나면 극도의 스트레스가 오기 때문에 차단해야 한다. 불가피한 상황으로 만남이 이루어지거나 일 부탁이 오더라도 거부 의사는 확실히 해야 한다.
- 과한 운동을 삼가고 적당한 운동을 해주어야 한다.

10) 멘탈유형 10번(강한 좌뇌형)

① 우위 멘탈력: 집중력, 관찰력, 판단력, 순발력

② 멘탈 특징

- 현실적인 문제 해결, 독립적인 사고, 상황에 대한 유연한 대응 등에 능하다. 한마디로 강하다.
- 실용적인 접근법을 선호하므로 자료와 정보를 기반으로 결정을 내린다.
- 독립적이고 자기주도성이 강하다.
- 새로운 활동이나 모험을 선호한다.

③ 일반적 특징

- 실용적이고 공정하며, 분석적인 모습을 보인다.
- 문제 해결 시 높은 논리력을 바탕으로 논리적 접근을 한다.
- 자신만의 방식으로 사물을 처리하고 높은 수준의 자기주도성을 가진다.
- 추상적인 개념보다는 구체적이고 실제적인 것을 원한다.

④ 대인관계

- 독립적이고 매사에 논리적인 성향을 가지고 있어 주변 사람들의 문제상황을 해결해 주는 것에 만족감을 느낀다.
- 개인적인 공간과 자유를 중요시하므로 다른 사람의 공간에 쉽게 들어가지 않는다.
- 타인의 관점을 파악하는 것에는 탁월하지만, 감정적인 이슈는 불편해한다.
- 직설적인 의사소통방식에 불편감을 느끼는 사람이 많을 수 있다.
- 정직하고 친절하고 유순하므로 그에 맞는 친구들을 좋아한다.

⑤ 학습성향

- 조용하게 관찰하고 분석하며 사실에 근거한 논리적 원칙들을 다룰 때 최상의 학습효과를 경험한다.
- 보고 듣고 만질 수 있는 감각기능을 사용하는 것을 선호한다. 자신이 중요하다고 생각하는 학습자료로 자신의 속도에 맞춰 처리하는 것이 유리하다.
- 다른 흥미 있는 작업과 같이 연결시켜 읽기를 가르칠 때 쉽게 배울 수 있다. 내용이 분명하고, 사실적이며 경험을 바탕으로 한 직접적인 표현이 있는 책을 선호한다.
- 논리적 분석에 의해 적용한 원리를 가지고 사고의 세계를 구축하고자 하는 성향이 있다.

⑥ 학습관리

- 교과서 자체가 어려울 수 있으므로 구체적인 설명이 들어간 교재를 사용해야 한다.
- 단계적이며 사실 중심적인 학습을 할 수 있도록 세부사항을 관찰하는 암기를 선호하고 느긋하게 조용히 충분한 시간을 가지는 것이 중요하다.

- 능력 있는 선생님보다는 기다려 주고 참을성 있는 선생님이 더 맞다.
- 계획되고 틀에 짜인 학습지도는 맞지 않아, 호기심을 끌고 어떤 주제든 스스로 에너지를 발휘할 수 있는 학습 위주로 하는 것이 바람직하다.
- 한 번에 한 과제를 다루는 것을 추천한다.

⑦ 진로적성
- 실질적인 결과를 도출할 수 있는 활동적이며, 독립적인 직업이 유리하다.
- 반복적인 업무나 절차가 없는 일에 뛰어나며 문제 해결을 할 수 있는 직무가 좋다.
- 냉정하고, 이성적인 사람들이므로 감정에 기반한 성향의 사람들과는 업무 협력이 어렵다.
- 적합한 직업으로는 엔지니어, 기계공, 피아니스트, 의사, 컴퓨터 프로그래머, 시스템 분석가, 변호사, 파일럿, 증권분석가, 지질학자 등이 있다.

⑧ 스트레스 관리
- 무언가를 직접 만지고 조작하다 보면 스트레스를 줄일 수 있으므로 물리적인 활동을 통해 스트레스를 관리할 수 있다.
- 혼자만의 시간이 꼭 필요하다. 자신의 생각과 감정을 정리하고 재충전하는 시간을 가져야 한다. 혼자 음악을 듣거나 책을 읽는 것이 효과적이다.
- 문제를 해결해야 마음이 편하기 때문에 문제의 구체적인 해결책을 찾는 것이 스트레스 해소에 도움이 된다.
- 감정 표현이 어려워 자신의 불편함과 필요성을 명확히 말하는 행동치료가 도움이 된다.
- 문제를 너무 심각하게 받아들이지 말고, 일상에서 작은 즐거움을 찾아본다.

11) 멘탈코드 11번(좌우뇌 혼합형)

① 우위 멘탈력: **집중력, 관찰력, 공감력, 순발력**

② 멘탈 특징 본인만의 특유의 감정과 인식을 가지고 있다. 그러나 자신의 생각을 바탕으로 상대방의 깊은 이해를 통해 사람들과 어울리고 맞추려는 특징이 있다.

③ 일반적 특징
- 친절하고 배려심 있고 조용한 사람들이다.
- 사람이나 상황을 쉽게 판단하려 하지 않고, 사람들과의 차이를 인정하고 모든 사람들이 행복하기를 원한다.
- 리더, 통제자가 되길 원하지 않는다.
- 예술적인 성향이 강하다.

④ 대인관계
- 갈등을 피한다.
- 자신의 관점을 강요하지 않고 타인의 의견을 존중하는 것을 선호한다.
- 일반적으로 온화하고 차분한 사람들이다.
- 자신의 감정을 공유하는 것을 좋아하므로 사람들과 깊고 의미 있는 관계를 맺는 것을 선호한다.

⑤ 학습성향
- 감각적으로 풍부한 학습활동에 조용히 몰입할 때 최상의 학습경험을 한다.
- 시청각기구, 실험실, 컴퓨터를 이용한 수업과 직접적인 경험을 선호한다.
- 자기성찰지능이 높은 편이므로 자기 계발서나 실용적인 학문을 학습하는 것을 선호한다.

- 독립적인 학습을 좋아하지 않고 교사가 정해준 테두리 안에서 개별적인 학습을 선호한다.
- 교사들의 피드백에 영향을 많이 받으므로 교사와의 관계가 돈독해야 개인적인 관심에 부응하고자 더욱 열심히 공부한다.

⑥ 학습관리
- 개인적인 가치로 문제를 해결하는 것을 선호하므로 논리적이고 객관적인 분석을 제외하고 문제를 해결할 수 있도록 해야 한다.
- 학습과제가 자신의 흥미와 일치할 때 큰 에너지와 집중력을 발휘한다.
- 학습에 대한 의욕이 언제 생길지 예측하기 어렵지만, 흥미를 일으키는 것에 깊이 몰입할 수 있으므로 자신의 흥미와 가치에 맞는 것을 찾는 것이 제일 중요하다.
- 서두르고 통제하는 것을 싫어하므로 조용한 환경에 충분한 시간을 확보해야 한다.
- 과제가 실제적이고 '지금, 여기'에서의 유용성을 분명히 확인할 수 있는 학습이 이루어질 수 있도록 해야 한다.

⑦ 진로적성
- 예술적인 경향과 사람에 대한 따뜻한 이해를 통해 다양한 직업 분야에서 능력을 발휘할 수 있다.
- 사람들을 돕는 데 강점을 가지고 있어 적합한 직업으로는 간호사, 치료사, 수의사, 작업치료사, 물리치료사, 상담가, 사무관리자, 아동보육사, 보건학의료기사, 요식업, 구조원, 교도관, 안내원, 공원관리인, 공학기술자, 전기기술자, 교사, 언론인 등이 있다.

⑧ 스트레스 관리

- 공연, 미술, 공예, 요리, 조경, 음악 등을 통해 감정을 표현하고 창의적인 표현을 하면 스트레스를 관리할 수 있다.
- 자연과 가까워지는 것을 통해 스트레스를 관리하고 줄일 수 있다. 산책하거나 야외활동을 늘린다.
- 혼자만의 시간이 필요하며, 이 시간을 통해 에너지를 회복하고 생각을 정리할 수 있다.
- 자신의 감정을 안정적으로 표현하고, 신뢰할 수 있는 사람에게 자신의 생각과 느낌을 공유하는 것만으로도 스트레스를 관리할 수 있다.
- 예측할 수 없는 상황에 스트레스를 느낄 수 있으므로 유연성을 기억한다.

12) 멘탈코드 12번(좌뇌우위 혼합형)

① 우위 멘탈력: 집중력, 관찰력, 공감력, 지구력

② 멘탈 특징

- 본인들의 멘탈이 유리멘탈이라고 생각하는 경향이 있는데, 스스로 너무 낮춰서 생각하는 경향 때문인 것이고 회복탄력성이 좋은 유형이다.
- 책임감이 강하고 주변 사람들의 감정을 민감하게 살피고 그들을 도우려는 성향이 강하다.

③ 일반적 특징

- 자기 내부에 주의를 집중한다.
- 내부 활동을 좋아하고, 집중력이 강하다.
- 조용하고 신중하다.
- 말보다는 글로 표현하는 편이다.

- 이해한 다음에 경험한다.
- 서서히 알려지는 편이다.

④ 대인관계
- 일대일 관계에 기초한 개인적인 관계를 선호한다.
- 자신이 말하기보다는 다른 사람의 말을 듣는 편이다.
- 말보다는 행동으로 다른 사람에 대한 관심을 표현하는 편이다.
- 다른 사람에게 실제적으로 도움이 되는 정보를 공유하고자 한다.
- 사생활을 보호받고 싶어 하며, 사교적인 상황에서는 다소 수줍어한다.

⑤ 학습성향
- 경험을 관찰하고 조직화하며 조용히 집중할 때 최상의 학습을 경험한다.
- 교사가 사례를 제시하고 배운 것에 대해 보여준 후 더 이상의 도움이 필요하지 않을 때까지 연습하는 것을 도와주는 학습방법을 선호한다.
- 한꺼번에 많이 배우기보다는 차근차근 정확하고 단계적으로 배워나가는 것을 선호한다.
- 도움이 필요하더라도 도움을 잘 청하지 않기 때문에 일대일 코칭이 적합하다.
- 이해하고 완벽하게 학습하기를 원하므로 목표를 미리 설정하고 분명한 학습성향을 가진다.

⑥ 학습관리
- 시간에 쫓기는 것을 원하지 않으므로 학습시간이 많이 확보되어야 한다.
- 선행 학습은 자칫하면 학습을 포기하기 쉽게 만들기 때문에 현행 학습 위주로 하여야 한다.
- 구체적이고 명확한 것을 개념화한 후 추상적 개념으로 발전시켜 나갈 수 있도록 관리해야 한다.

- 하나하나 세밀하게 차근차근 이해할 때까지 배려해 주는 교사가 적합하다.

⑦ 진로적성

- 깊은 집중력과 사실에 대한 확신, 따뜻한 공감력, 조직화하는 능력이 활용되는 분야에서 흥미와 만족을 찾는다.
- 타인을 돌보는 것과 관련된 분야 또는 정신적인 직업이 적합하다.
- 적합한 직업으로는 교사, 환자와 자주 접촉하는 의료 분야 종사자, 종교적인 직업, 도서관 사서, 사무직, 서기, 사회봉사직, 치과위생사, 행정가, 보호관찰관, 아동보육사, 물리치료사, 헤어디자이너, 전기기사, 형사, 컨설턴트, 방사선기사 등이 있다.

⑧ 스트레스 관리

- 타인과의 관계에서 자신에게 무엇이 중요한지를 먼저 파악해야 한다.
- 두려움과 염려를 타인과 공유하며 자신의 감정을 살펴야 한다.
- 타인의 말에 대한 신경 끄기를 해야 한다.
- 자신 내면의 이해도를 높이는 것이 스트레스 해소에 도움이 된다.
- 혼자만의 감정을 되돌아 볼 수 있는 공간과 시간이 충분해야 한다.

13) 멘탈유형 13번(좌뇌우위 혼합형)

① 우위 멘탈력: **집중력, 통찰력, 판단력, 지구력**

② 멘탈 특징

- 강한 멘탈의 소유자이다. 그러나 현실과 적당히 타협해야 할 때, 납득이 되지 않는 지시를 수긍해야 할 때 멘탈이 무너질 수 있다.
- 자신만의 기준을 고집하기보다는 타인을 있는 그대로 이해하고 공감하면서 받아들이는 것이 필요한 유형이다.

③ 일반적 특징

- 내성적이며 혼자 있는 것을 선호한다.
- 구체적인 세부사항보다는 큰 그림, 추상적인 정보에 집중한다.
- 주관적인 감정보다는 논리와 객관적인 정보에 더 중점을 둔다.
- 통제, 질서가 있다고 느끼는 것을 좋아하므로 미리 계획을 세우는 것을 선호한다.
- 신중함, 근면함, 자신감이 있고 논리적이며 체계적이다.
- 분석적인 문제 해결사로 혁신적인 아이디어를 발휘할 수 있다.

④ 대인관계

- 스스로 사회성이 부족하고 인간관계에서 피로감을 많이 느낀다는 것을 잘 알기 때문에 사람을 사귈 때 몹시 신중한 편이다.
- 나에게 중요하지 않은 일에 관심을 두는 것은 시간과 에너지 낭비라고 생각해서 타인에게 무신경하다는 소리를 듣는다.
- 나에게 피해를 줄 것 같은 사람은 애초에 거리를 두고 나머지는 어떤 사람인지 오랫동안 지켜본 다음 확신이 들면 조금씩 마음을 연다.
- 웬만해서는 사람에 대해서는 별로 흥미를 느끼거나 의미 부여를 못하는 편이고 사람들과의 관계 속에서 얻을 수 있는 부분이 크지 않다고 여긴다.
- 기대치가 지나치게 높은데 자신뿐만 아니라 타인에게도 높아서 이 기대치를 만족시키기가 어렵다.
- 마인드가 워낙 강해 나약하거나 핑계를 대는 사람을 매우 싫어한다.
- 독립적이고 개인적인 성향이 강하다 보니 사람들과는 적당한 거리를 유지하려고 한다.
- 목적이 없는 인간관계에 시간과 감정과 비용을 허비하지 않는다.

⑤ 학습성향

- 조용히 새로운 아이디어와 가능성들을 추구하며 열중할 때 최상의 학습을 경험한다.
- 매우 독립적이기 때문에 스스로 알 필요가 있다고 생각되면 무엇이든지 스스로 배우기를 선호한다.
- 혁신적이고 독창적이며, 특별한 과정과 결과를 좋아하고 자신에 대한 높은 수준을 설정한다.
- 스스로 열심히 하도록 압력을 넣으며, 결과가 기대에 미치지 못할 때 자신에게 비판적이다.
- 독서를 통해 스스로 배우기를 선호한다.
- 주의 깊은 관찰보다 직관적 통찰에 의존할 때 가장 공부를 잘할 수 있는 유형이다.
- 사실적인 기억력보다 개념과 언어적인 기술에 의지하는 성향이 있다.

⑥ 학습관리

- 숲을 보는 학습관리를 하는 것이 유리하다. 즉, 목차부터 시작하여 세부적인 사항으로 좁혀서 정리하는 학습법이 맞다.
- 백지복습, 구조화 기억법, 키워드 학습 등의 학습관리법이 유리하다.
- 분석적이고 비판적인 사고를 문제에 자연스럽게 적용할 수 있도록 하고, 반대 의견을 잘 받아들이게 하는 것이 학습관리에 도움이 된다.
- 한 분야에 관심이 꽂히면 그 분야를 숙달하기 위해 장기간 몰입하고 학습을 할 수 있다.

⑦ 진로적성

- 오랫동안 혼자 집중하고, 강한 정신력으로 분석하는 것을 요하는 학술, 과학, 이론, 공학 등의 분야에서 쉽게 적성을 찾을 수 있다.

- 적합한 직업으로는 법률, 공학, 의학, 건축, 물리, 생명과학, 심리학, 사회과학, 컴퓨터, 저술, 편집, 예술 분야 종사자, 컨설턴트 등이 있다.

⑧ 스트레스 관리
- 강한 멘탈이지만 스트레스에는 민감하다.
- 혼자만의 시간을 확보한다.
- 감각 자극을 최대한 줄인다.
- 조용하면서 경청을 잘하는 좋은 친구를 사귄다.
- 중요하지 않은 일은 거절할 용기를 가진다.
- 잠을 충분히 잔다.
- 자연을 만끽하러 야외로 나간다.
- 하나의 작은 문제를 해결한다.
- 책을 읽거나 영화를 보고 음악을 연주한다.
- 카페인을 최대한 줄인다.

14) 멘탈코드 14번(좌우뇌 혼합형)

① 우위 멘탈력: **집중력, 통찰력, 판단력, 순발력**

② 멘탈 특징: 눈치가 빠르고 머리가 굉장히 좋으며 특유의 관찰력으로 분석적 사고를 가지고 있기에 멘탈이 강하다.

③ 일반적 특징
- 깊이 있는 대인관계를 유지하며 조용하고 신중하다.
- 자기 내부에 주의를 집중한다.
- 내부 활동을 좋아하고 집중력이 높다.
- 조용하고 신중하다.

- 말보다는 글로 표현하는 편이다.

- 이해한 다음에 경험한다.

- 그룹에 있을 때 처음에는 눈에 띄지 않지만 서서히 자신의 빛을 발휘한다.

④ 대인관계

- 개인적인 인간관계에는 관심이 없고 분석적이고 논리적이며 객관적인 비평을 잘한다.

- 타인에게 관심이 없고 개인주의 성향이 강해 혼자서 시간 보내는 것을 좋아한다.

- 정서적 표현이 없어 친해지기 전에는 이를 이해하기 어렵다.

- 자신의 지적 능력을 과시하는 때가 있어 거만하게 보일 수 있다.

- 친한 친구라도 특별한 일이 아니면 연락을 잘 하지 않는다.

- 뻔한 이야기나 서론이 긴 것은 참기 어려워한다.

- 다른 이들의 감정 섞인 불평이나 불만을 전혀 이해하지 못한다.

- 입에 발린 말을 못하고 공감 능력이 떨어져 영혼 없는 리액션을 자주한다.

⑤ 학습성향

- 흥미 있는 문제에 조용히 몰두하여 분석할 때 최상의 학습을 경험한다.

- 머리가 아이디어와 가능성으로 넘쳐흐르며 전체적인 개념을 파악하고 통찰과 개념에 의존하는 것을 선호한다.

- 객관적이고 분석적인 태도로 학습에 접근하며 남들이 포기한 어렵고 심오한 추상적인 문제를 다루기를 선호한다.

- 정서적인 관여 없이 논리적인 분석을 통해 선택한 추상 원리로 사고작용을 넓히는 시간과 기회를 확보하는 것을 선호한다.

- 읽기는 중요한 학습통로이며 읽기를 통해 스스로 배우기를 선호한다.

⑥ 학습관리

- 호기심을 자극하는 것에 스스로 에너지를 발휘하는 자발적 학습이 유리하다.
- 자유롭게 과제를 수행해야 한다.
- 실력 있는 강의를 선호하며 천천히 결과를 도출해 낼 수 있도록 관리해야 한다.
- 학습은 개인적인 과정이며 다른 사람들이 개입되는 것을 꺼려 하는 유형임을 기억해야 한다.
- 독특한 방법으로 문제를 해결하고 독립적으로 공부하는 것을 선호한다.
- 일대일로 수업하는 것을 선호하고 자신의 선택을 존중해 주어야 한다.

⑦ 진로적성

- 집중력, 가능성을 포착하는 능력, 논리와 분석 그리고 적응력을 활용할 수 있는 직업에서 흥미와 만족을 찾을 수 있다.
- 오랫동안 혼자 집중을 요하며 강인한 정신력으로 분석을 요하는 학술, 이론, 공학 등의 분야에서 종종 볼 수 있다.
- 아이디어에 대한 관심, 도전감을 불러일으키는 새로운 문제와 상황이 있는 직업에 끌린다.
- 적합한 직업으로는 물리학, 생명과학, 컴퓨터 과학, 사회과학, 건축, 법률을 포함하여 예술과 예능, 사진, 저술과 언론 관련 종사자, 기술자 그리고 약사 등이 있다.

⑧ 스트레스 관리

- 생각할 때 너무 많은 선택지가 있으면 스트레스를 많이 받는다.
- 메모장을 사용하여 우선순위를 적어보고 하위의 선택지를 지워야 한다. 집중해야 하는 선택지에 에너지를 쏟는 것이 스트레스를 줄일 수 있다.

- 감정이 우선되지 않으므로 감정적으로 들어오는 사건이나 사람들은 스트레스가 되는 원인이다. 항상 거리를 두는 것이 바람직하다.
- 작은 것에 최선을 다하는 습관을 길러야 본인의 마음이 편해진다.
- 마감기한의 압박감이나 불안감이 높으니 되도록 매일매일 미리하는 계획을 세워 일하는 것이 스트레스 감소에 도움이 된다.
- 타인들은 유머러스하게 볼 수 있으나 본인의 에너지를 방출하는 것이니, 스스로 외부 자극을 줄이는 것이 바람직하다.

15) 멘탈코드 15번(약한 좌뇌형)

① 우위 멘탈력: 집중력, 통찰력, 공감력, 순발력

② 멘탈 특징
- 멘탈이 약하다.
- 타인의 시선에 민감하고 감정 변동이 있는 편으로 우울증에 빠지기 싶고 때로는 고집이 강해 혼자만의 세계에 빠지기 싶다.
- 지켜야 하는 선이 뚜렷하다.

③ 일반적 특징
- 개인적 성향이 강하다.
- 사회의 보편적인 정서에 크게 의존하지 않는다.
- 낭만적이고 내적 신념이 강하다.
- 자신이 지향하는 이상에 대해서는 정열적인 신념을 가지고 있다.
- 대의명분을 옹호하고, 예술을 창조하며 같은 생각을 가진 사람들의 커뮤니티를 찾는 것을 좋아한다.
- 공감 능력이 좋고, 항상 다른 사람의 이야기를 편견 없이 들을 준비가 되어

있어 상대방에게 도움이 될 수 있다는 사실에 만족감을 느낀다.

- 진정성을 중시하기에 가식적인 것을 싫어한다.
- 창의력이 뛰어나고 새로운 아이디어와 정보를 잘 수용하는 편이다.
- 분쟁을 피하는 데 철저하다.
- 다른 사람을 도와야 한다는 사명감이 있다.
- 혼자 있고 싶을 때가 많지만 오랫동안 혼자 있으면 외로움을 느낀다.
- 사업과는 인연이 멀다.
- 타인과 구별되는 개성에 집착하는 경우가 많다.

④ 대인관계

- 깊고 의미 있는 인간관계를 원한다.
- 자신의 삶이 의미가 있다고 느끼고 싶어하므로 도움이 필요한 사람들을 선호한다.
- 인간관계에 충실하며 친구와 동반자를 신중하게 선택한다.
- 타인에 대한 배려심이 깊으며 자신에게 의미 있는 사람들에게 충성한다.
- 구속받는 것을 싫어해 자신이 친구가 필요할 때 연락한다.
- 배움이 있는 친구들을 선호한다.

⑤ 학습성향

- 관심 있고 추구하는 생각에 조용히 몰입하고, 가능성과 연관성을 볼 때 최상의 학습을 한다.
- 알 필요가 있다고 생각하는 것은 스스로 깨우치는 것을 선호한다.
- 스스로 배우고 표현할 수 있는 기회가 주어지는 개인적인 학습과제를 선호한다.
- 자신만의 독특하고 개인적인 방법으로 조용히 탐구하기를 원한다.

⑥ 학습관리

- 선천적으로 자기비판기능이 높아 주의 깊게 경청해 주고 구체적인 제안들을 제시해 주는 교사를 만나면 학습 효율을 높일 수 있다.
- 인간의 가치 문제들과 관계에 대한 생각이 많아 자신의 깊이 있는 신념과 개인의 중요성의 맥락에서 문제를 해결하고자 하므로 글쓰기를 통해 학습관리를 하는 것이 바람직하다.
- 자신만의 방법으로 새로운 학습자료를 통해 학습을 관리하는 것이 유리하다.
- 독립적인 학습환경이 맞다. 조직적으로 잘 짜인 수업을 높게 평가하지만, 자신의 방법대로 할 수 있는 학습환경을 만드는 것이 중요하다.

⑦ 진로적성

- 집중력, 가능성을 포착하는 능력, 따뜻한 공감력, 적응력을 활용할 수 있는 직업에 흥미와 만족감을 느낀다.
- 창의력과 의사소통능력을 발휘할 수 있고, 타인을 조력할 수 있는 직업이 좋다.
- 삶에 대한 인간적인 접근, 사람에 대한 민감성, 그리고 지금 현재에 드러나는 것의 이면을 보려 하는 점들은 직업을 찾는 데 중요한 요소가 된다.
- 적합한 직업으로는 순수예술가, 저술 및 언론인, 심리학 및 정신과 의사, 사회과학, 상담, 건축, 교육 관련 종사가, 도서관 사서, 연극인, 연예인 등이 있다.

⑧ 스트레스 관리

- 혼자 있는 시간을 충분히 확보한다.
- 정시에 출근하고 정시에 퇴근하는 직장을 선택해야 스트레스를 받지 않는다.
- 자주 뜨거운 물로 샤워를 한다.
- 음악을 들으며 멍 때리는 시간을 많이 확보해야 한다.

- 책도 흥미가 있는 것만 읽는다.
- 글쓰기를 취미로 삼는다.
- 반려동물을 키우면서 보호해 주고 안정감을 공유한다.

16) 멘탈코드 16번(좌우뇌 혼합형)

① 우위 멘탈력: 집중력, 통찰력, 공감력, 지구력

② 멘탈 특징: 성숙한 멘탈을 가지고 있다. 다만, 생각이 너무 많고 모든 원인을 자기에게 향하기 때문에 머리가 항상 복잡하다.

③ 일반적 특징
- 이중성과 양면성을 가지고 있으므로 사회적 가면이 많은 사람이다.
- 완벽주의를 추구하지만 이상적 가치관을 가진 사람이다.
- 자신에 대한 이해도가 높고 개인주의적 성향이 강하다.
- 타인에게 따뜻하고 헌신적이며 진실되고 생각이 깊다. 때로는 차갑고 가식적으로 변하기도 한다.

④ 대인관계
- 타인의 감정을 이해하고 공감하는 능력으로 인해 친밀한 인간관계에서 높은 지지를 제공한다.
- 이상적인 세상을 만들기 위해 노력하므로 비슷한 가치관과 이상을 가진 사람들과의 관계에서는 서로 적합하다.
- 자신보다 타인을 우선시하는 경향으로 자신의 필요를 소홀히 하다 갈등이 발생할 수 있다.

⑤ 학습성향

- 새로운 생각이나 가능성을 추구하며 조용히 몰입할 때 최상의 학습을 경험한다.
- 매우 독립적이어서 무엇이든 스스로 배우기를 좋아하고 학습은 개인적인 문제라고 여긴다.
- 자기주도 학습이 최상의 학습관리가 된다.
- 자신의 관심 분야에 깊이 있는 독서로 틀을 넓혀 나가는 학습을 하는 것이 유리하다.
- 주의 깊은 관찰보다 통찰에 의지하며 사실적인 기억보다 언어적인 기술에 의지한다.

⑥ 학습관리

- 인성 좋은 선생님 옆에서 친구들의 도우미를 한다면 가장 높은 학습효과를 낼 수 있다.
- 학습하는 이유가 문제 해결의 방안을 찾고, 사람들에게 개별적인 관심을 보여 주는 학습환경이라면 학습을 최상으로 끌어낼 수 있다.
- 비난이나 비평이 아닌 제안이나 설득으로 지도하는 선생님을 만나는 것이 최상의 학습관리이다.

⑦ 진로적성

- 변화를 만들고 본인이 가지고 있는 핵심가치에 맞게 일할 수 있는 직업을 선호한다.
- 성취감과 의미를 찾을 수 있는 일이 적합하다.
- 적합한 직업으로는 의사, 간호사, 상담사, 사회사업가, 작가, 기업가 코칭, 치료사, 의료 종사자, 과학 분야의 연구직 등이 있다.

⑧ 스트레스 관리

- 잔잔하면서도 생산적인 취미활동으로 스트레스를 푸는 것이 바람직하다.
- 알코올, 카페인 등의 자극적인 음식은 피한다.
- 작은 행동을 습관화하는 것에 마음이 놓이는 편이므로 가장 중요한 스트레스 관리 방법이다.
- 감정을 표현하는 것을 연습한다.
- 중간중간 자주 휴식을 취한다.
- 요가, 요리, 화분 키우기 등 나만의 취미를 꼭 만들어야 한다.

도미넌스 해석

1) 눈-오, 귀-오, 손-오, 발-오

이 유형은 가장 공부를 잘할 수 있는 유형이다. 교육청 주관으로 대구광역시에 있는 OO고등학교 학생을 대상으로 검사를 실시했을 때 전교 10등 안에 있는 아이들 중 6명이 이 유형으로 나왔다. 이 유형은 좌뇌를 도미넌스로 사용하므로 언어가 강하다. 단, 스트레스를 받으면 문제 해결을 위해 지나치게 세부사항에만 열중하므로 디테일에는 강하나 청사진을 그리지는 못한다.

모든 지배성이 한 쪽에 있기 때문에 학습 면에서 유리하고 시청각 교육, 감각적 시각, 언어의 이해력 및 구사력 등의 문해력이 뛰어나다. 손과 발을 동시에 쓰는 운동, 즉 펜싱이나 탁구, 배드민턴 등과 같은 운동이 적합하다.

2) 눈-왼, 귀-오, 손-오, 발-오

이 유형은 눈을 제외하고 모두 오른쪽에 지배성이 있으므로 시각형 또는 청각형으로 나눌 수 있다. 시각형인 경우 책으로 학습하는 것을 선호하고 청각형인 경우 귀로 듣는 것을 선호한다. 눈과 귀가 다른 지배성을 가지고 있어 시청각 교육, 즉 동영상 학습으로는 학습효과를 높일 수 없다. 눈이 왼쪽 지배성일 때는 책을 읽을 때 크게 보거나 빠르게 스캔하므로 글자가 많은 책을 선호하지 않는다. 시각형인 경우 그림이 많은 책이나 색깔이 다양하게 있는 책들로 학습할 때 유리하다.

귀와 손발이 같은 지배성이기에 귀로 듣고 실행하는 일은 빠르게 실행력을 높일 수 있다. 예를 들어 군대에서 지시를 듣고 빠르게 행동하거나 부모의 요구에 가장 빨리 행동하는 자녀가 이 유형일 가능성이 높다.

3) 눈-왼, 귀-왼, 손-오, 발-오

이 유형은 입력과 출력이 지배성의 달라 이해 과정이 오래 걸린다. 따라서 정보를 입력하고 행동하는 데 시간이 걸린다. 눈과 귀로 입력된 것은 우뇌의 지배성을 받기 때문에 창의적이고 통찰적인 사고를 하지만 결과적으로는 꼼꼼하게 실행하려 하기 때문에 실천력이 빠르지 않을 수 있다. 순발력보다는 지구력을 발휘할 수 있기에 마라톤, 자전거 타기와 같은 한 동작을 계속하는 운동이 효과적이다.

학습에 있어서는 보고 들은 것을 혼자 정리하고 자기만의 학습노트를 만들면 학습효과를 높일 수 있는 유형이다.

4) 눈-왼, 귀-왼, 손-왼, 발-오

이 유형은 눈, 귀, 손은 같은 지배성이나 발이 다른 지배성을 가지고 있다. 따라서 눈으로 보고 귀로 들은 것을 손으로 정리하는 것은 빠르나 발로 직접 이동을 할 경우 시간차를 두고 실행력이 나온다. 예를 들어 방금 보고 들은 것은 답을 바로 찾을 수 있으나 시간이 지난 후 이해한 내용을 풀어내는 것에는 어려움이 있다. 학습에는 유리하지 않는 유형이지만 그림을 그리거나 소설이나 시를 쓰는 사람에게는 유리하다. 그 이유는 창의력이 높기 때문이다. 운동 종목의 경우 당구, 볼링 등이 유리하다.

5) 눈-오, 귀-오, 손-왼, 발-왼

이 유형은 3번 유형과 입력과 출력이 다른 유형이다. 입력은 좌뇌 지배성을 받고 출력은 우뇌 지배성을 받는다. 따라서 논리적이고 분석적인 정보 입력을 하지만 출력은 자유롭고 개별적으로 한다. 말하고 생각하는 것과 행동이 다를 수 있다. 생각은 많으나 실천이 잘 되지 않는 유형일 수 있다. 생각은 많으나 행동으로 이어지는 과정이 오래 걸리고 생각한 대로 행동이 잘 이루어지지 않는 경우가 발생된다.

생각을 정리하는 것에 시간을 정하고 실행을 바로 하는 습관을 기르는 것이 좋다.

6) 눈-오, 귀-오, 손-오, 발-왼

이 유형은 손으로 조작하는 것을 좋아한다. 기계를 만지거나 전기 부품을 만지는 일에 능숙하다. 눈과 발의 협응력이 높지 않기 때문에 축구, 농구 등 눈으로 공의 움직임을 파악하고 그를 대처하는 운동은 맞지 않다. 손과 발의 협응력 또한 민첩하지 않기 때문에 손과 발을 같이 사용하는 운동보다는 손으로만 하는 운동이 더 적합하다.

7) 눈-왼, 귀-오, 손-왼, 발-왼

이 유형은 눈과 귀가 다른 지배형을 가지고 있어 시청각 교육이 어렵다. 시각적으로 공부하는 것보다 청각형 공부 방법이 맞다. 창의력이나 예술성이 뛰어날 수 있으며 독특하고 개성 있는 사람일 가능성이 크다. 눈과 손, 발의 협응력이 좋아 왼손잡이 야구 선수나 왼발잡이 축구 선수로 재능을 발휘할 수 있다. 엉뚱하고, 예술적인 성향이 강하다.

8) 눈-오, 귀-왼, 손-왼, 발-왼

독특하고 개성 있는 것에 대한 취향이 높지만 학습이나 운동을 잘하기는 어렵다. 자기만의 사고체계를 가질 수 있으나 다양한 사고를 받아들이기에는 무리가 있다. 책 읽기를 하더라도 시간이 오래 걸리고 무엇인가를 배워 실행하는 것에도 오랜 시간이 걸린다.

언어 구사력도 남들과 다른 방향성으로 구사하는 경향이 있고 눈과 귀의 협응력이 떨어져 종종 다른 사람들의 말귀를 못 알아 듣거나 자의적으로 해석하는 경우가 있다.

9) 눈-왼, 귀-왼, 손-왼, 발-왼

이 유형은 입력과 출력이 모두 왼쪽이므로 우뇌 지배를 받는다. 우뇌는 창의적이고 통찰력이 강하므로 자유로운 사고와 자유로운 실행력이 발현된다. 자유로운 행동과 사고를 하는 유형이라고 볼 수 있다. 본인만의 특징이 강하고 개성이 강한 사람이다.

10) 눈-왼, 귀-왼, 손-왼, 발-오

이 유형은 6번 유형과 반대 유형이다. 창의적인 그림을 그리거나 판타지 같은 글을 쓰는 것을 좋아한다. 앉아서 하는 일을 좋아하고 움직이는 것을 좋아하지 않는다. 책을 읽거나 영화를 보아도 나만의 해석을 좋아하고 그것을 사람들과 공유하기를 원한다. 공감받는 것을 좋아한다.

11) 눈-왼, 귀-왼, 손-오, 발-오

이 유형은 입력은 우뇌, 출력은 좌뇌의 지배를 받는다. 입출력 간에 시간차가 있어 실행력이 빠르지 않다. 말로는 대충하자고 하지만 일은 꼼꼼하게 한다. 입력을 하는 정보는 자기만의 해석을 하는 과정을 거치기 때문에 책을 읽거나 다른 사람이 말한 것을 꼭 다시 한번 확인해 보는 과정이 있으면 좋다.

12) 눈-왼, 귀-오, 손-왼, 발-오

이 유형은 입력과 출력에도 충돌이 있고 입력기관 내에서도, 출력기관 내에서도 혼돈이 있다. 생각한 것과 표현되는 언어는 다를 수 있고 글로 쓴 것과 실행 방법은 다를 수 있다. 이 유형은 사고와 행동이 산만할 수 있다. 학습하는 것에 유리하지 않고 운동하는 것도 쉽지 않다.

13) 눈-오, 귀-왼, 손-오, 발-왼

이 유형 또한 입력과 출력에 충돌이 있고 입력기관 내에서도, 출력기관 내에서도 혼돈이 있다. 책을 통해 정보를 얻고 시각적인 자극을 통해 지식과 정보를 얻는 것이 유리하다. 시청각 교육이 어렵고 학생 수가 많은 다집단에서의 학습은 최악의 결과를 볼 수 있어, 일대일로 학습하는 것이 유리하다. 필사하면서 학습하거나 손과 눈의 협응력을 이용해 집중력을 높이는 것을 추천한다.

14) 눈-오, 귀-오, 손-왼, 발-오

이 유형은 게으른 천재 스타일이다. 필기하는 것을 싫어하고 머릿속에 저장하거나 기억하는 것을 좋아한다. 이런 유형은 다이어리를 쓰는 습관을 기르면 학습이나 행동에 도움이 된다. 움직이는 것을 싫어할 수 있으니 학습공간을 깨끗하게 하고, 생활공간을 깔끔하게 하는 것이 도움이 된다.

15) 눈-오, 귀-왼, 손-오, 발-오

이 유형은 눈으로 정보를 입력하려는 타입이다. 눈과 귀로 입력되는 정보가 다르다 보니, 상사나 친구가 말을 하면 글로 적어 확인하는 습관을 기르면 의사소통에 도움이 된다. 수업을 받을 때는 정리를 하면서 듣는 것이 학습효과를 높일 수 있다.

조용한 환경으로 장소를 옮겨 자신이 본 것과 들은 것을 자신만의 스타일로 정리해 보는 것이 소통과 학습에 도움이 된다.

16) 눈-오, 귀-왼, 손-왼, 발-왼

이 유형은 눈으로 인식되는 작은 정보만으로 모든 것을 판단하고 행동하는 유형이다. 책을 읽고 그것을 다시 인식해 보는 습관을 들이는 것이 학습과 행동을 결정하는 데 도움이 된다. 자아의식이 높지만 자기수용이 다른 사람에 비해 주관적일 가능성이 높다.

CHAPTER

05 나의 멘탈지도 그리기

"멘탈력"은 어떤 상황에서도 정신적으로 강인하거나 강한 태도를 유지하는 능력을 말한다. 일반적으로 어려운 상황이나 스트레스, 혹은 역경에 처했을 때도 자신의 정신적인 상태를 통제하고 긍정적인 태도를 유지하는 것을 의미한다.

※ 본인의 멘탈력에 대해 생각해 보고 해당하는 척도에 체크해 보세요. 10으로 갈수록 높은 척도입니다.

1) 책임감과 긍정적인 자기 통제

자신의 행동에 대한 책임을 지고, 자기 통제를 유지하여 자신의 선택과 행동에 대한 책임감이 있다.

1	2	3	4	5	6	7	8	9	10

2) 문제해결력

어려운 상황에서도 문제를 분석하고 해결하는 능력을 가지며, 긍정적이고 합리적인 해결책을 찾아낸다.

1	2	3	4	5	6	7	8	9	10

3) 긍정적 회복탄력성

어려움에 직면했을 때 긍정적인 태도를 유지하고, 부정적인 상황을 긍정적인 시각으로 바라보는 능력을 갖추어 자신과 주변의 상황을 적극적으로 대처한다.

1	2	3	4	5	6	7	8	9	10

4) 스트레스 관리능력

스트레스를 효과적으로 관리하여 자신의 감정과 정신적인 상태를 안정시키는 능력이다.

1	2	3	4	5	6	7	8	9	10

5) 의지력

목표를 달성하기 위해 끈기 있게 노력하고, 어려움을 극복하기 위한 결단력을 가지고 있다.

1	2	3	4	5	6	7	8	9	10

6) 적응력

새로운 상황에 유연하게 대처하고 빠르게 판단하여 상황을 대처하는 능력이다.

1	2	3	4	5	6	7	8	9	10

7) 자발력

자기 자신을 동기부여하고, 목표를 이루기 위해 노력하는 능력을 갖춰 자발적이고 능동적으로 행동한다.

1	2	3	4	5	6	7	8	9	10

8) 자기이해력

자신의 감정과 생각을 인식하고 받아들여, 자신을 이해하고 수용하며 자아 존중감을 유지하는 능력이다.

1	2	3	4	5	6	7	8	9	10

9) 관계력

건강한 사회적 관계를 형성하고 타인을 지지, 격려, 칭찬하는 데 능숙한 능력이다. 타인들과 함께 어울려 일이나 친목 등을 잘 유지하는 능력이다.

1	2	3	4	5	6	7	8	9	10

10) 의사소통능력

자신이 뜻하는 바를 명확하게 전달하고 상대방이 기분 나쁘지 않게 불만을 잘 표현하는 능력이다.

1	2	3	4	5	6	7	8	9	10

11) 학습력

지식, 기술, 경험 등을 배우려고 할 때 빠르게 이해하고 습득하는 능력을 말한다.

1	2	3	4	5	6	7	8	9	10

이러한 멘탈의 능력은 개인의 성공, 행복, 삶의 질을 향상시키는 데 도움이 되며, 어려움을 극복하고 자신의 잠재력을 최대한 발휘할 수 있는 기반이 된다. 강한 멘탈을 키워가는 것은 지속적인 자기 성장과 계발에 도움이 되며, 삶의 다양한 영역에서 긍정적인 영향을 준다.

• 멘탈 균형감 체크를 위한 멘탈지도 그래프 그리기 •

CHAPTER

01 스트레스 관리: 멘탈강화를 위한 스트레스 관리 5단계

02 원하는 것을 얻기 위한 언어 사용법

03 게으름에서 벗어나는 방법: 게으름 즐기기 코칭

04 나의 가치관 만들기

05 부자 멘탈 분석하기

06 내가 부자가 될 확률은?

PART 02

멘탈
점검하기

- 실생활에 활용 가능한
멘탈관리 -

스트레스 관리: 멘탈강화를 위한 스트레스 관리 5단계

단계별로 해결하는 스트레스 관리,
멘탈을 강화하는 지혜와 방법을 직접 체험해 보고
스트레스를 내 맘대로 활용하자.

스트레스를 받을 때 스트레스 관리 방법을 각 단계별로, 체계적으로 실행하면 지혜롭게 멘탈을 관리할 수 있다. 멘탈강화를 위한 스트레스 관리는 총 5단계의 과정으로 구성된다. 1단계는 스트레스 상황에 대한 객관화가 중요하며, 자신의 감정에 대해 객관적 관찰 시점에서 바라볼 수 있을 때, 스트레스를 직접 관리할 수 있는 시작점이 된다. 좀 더 구체적인 해결 방법으로 '헬프코칭'을 사용할 수 있다. 2단계는 1단계에 이어서 진행하며, 스트레스 상황에서 발생하는 에너지를 나누며, 그것을 긍정화하여 스트레스를 해결하기 위한 자원으로 활용한다. 이를 위해 프로스포츠 멘탈코칭에서도 활용 중인 '샤우팅 코칭'을 사용한다. 3단계는 2단계보다 좀 더 적극적인 해결 방법으로 신체 언어를 긍정적 의도와 목적으로 활용한다. 성공과 승리의 확신을 하는 '파워포즈'는 경기력과 집중력 향상에 도움을 줄 수 있으며, 멘탈관리에 큰 역할을 한다. 나에게 맞는 '파워포즈'를 활용하면 스트레스를 지혜롭게 관리할 수 있다. 4단계는 가장 손쉽고 빠르게 스트레스를 없애고 싶을 때 주로 사용한다. 특정 부위의 터치와 샤우팅 등 따라하기 쉬운 방법으로 구성되며, 스트레스 상황에 맞게 신속하게 처리할 수 있다. 이를 자유감정기법(Emotional Freedom Techniques)이라고 하며 전 세계적으로 폭넓게 사용되는 코칭기법이다. 5단계는 가장 강력한 스트레스 관리 방법으로 가슴 뛰는 매력적인 목표를 설정하고 그에 맞게 살아가고 있을 때, 그 어떤 스트레스도 그 사람과 함께 할 수 없다. 자신을 가슴 뛰게 하는 것을 찾고 그것에 집중해 보자. 찾기 어려울 경우에는 매력적인 최고의 공통점을 그대로 실행하거나 자신만의 것으로 발전시켜 보는 것을 추천한다.

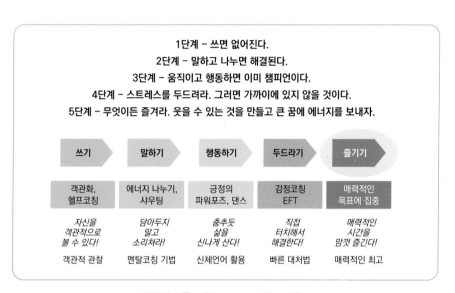

1단계 - 쓰면 없어진다.
2단계 - 말하고 나누면 해결된다.
3단계 - 움직이고 행동하면 이미 챔피언이다.
4단계 - 스트레스를 두드려라. 그러면 가까이에 있지 않을 것이다.
5단계 - 무엇이든 즐겨라. 웃을 수 있는 것을 만들고 큰 꿈에 에너지를 보내자.

쓰기	말하기	행동하기	두드라기	즐기기
객관화, 헬프코칭	에너지 나누기, 샤우팅	긍정의 파워포즈, 댄스	감정코칭 EFT	매력적인 목표에 집중
자신을 객관적으로 볼 수 있다!	담아두지 말고 소리쳐라!	춤추듯 삶을 신나게 산다!	직접 터치해서 해결한다!	매력적인 시간을 맘껏 즐긴다!
객관적 관찰	멘탈코칭 기법	신체언어 활용	빠른 대처법	매력적인 최고

• 멘탈강화를 위한 스트레스 관리 5단계 •

1) 1단계 - 쓰기, 쓸수록 스스로 강해지는 헬프코칭

헬프코칭의 최대 강점은 과도한 스트레스와 심각한 갈등 상황에서부터 지속적으로 괴롭혀 오는 부정적인 정서까지도 변화시킬 수 있다는 것이다. 또한 중요한 선택을 앞둔 상황에서도 적용할 수 있는 코칭기술이다. 헬프코칭의 핵심 포인트는 **자기 객관화의 단계적 접근**이다. 자신을 가장 잘 아는 사람은 바로 자신이다. 그 자신이 완전한 객관적 관찰시점에서 바라볼 수 있다면 이미 스트레스와 갈등은 조금씩 사라지기 시작한다.

예를 들어, 평소 잠재의식 속에 부정적인 정서가 있는 상태에서 스트레스 상황에 놓이게 되면 인간은 평소보다 더 민감하게 반응하게 된다. 이때에 그 스트레스가 가짜라는 것을 알아차리는 것, 즉 나만의 판단으로 오해하고 있다는 사실을 발견함으로써 스트레스가 감소시킬 수 있다.

헬프코칭의 객관화 과정

① 자신의 문제에 대해 **객관적 관찰 시점**을 적용한다.

② 충분히 자신이 느끼고 있는 **현재의 갈등**을 **표현**한다.

③ 자신이 **원하는 것을 빠르게** 찾는다.

④ 바라보는 **사실이 진짜인지 가짜인지 객관적으로 분별**한다.

⑤ **부정적 정서가 자신의 탁월성에서 비롯된다는 사실을 인지**한다.

　　(누군가 게으른 게 불만이라면 자신의 부지런한 탁월성으로 그 부정적 정서가 생기는 것)

⑥ 스스로 결정을 하는 과정을 통해서 **자신의 장점을 발견하고 긍정화**시킨다.

헬프코칭 순서

① 상황: 스트레스 받는 상황에 대해 설명한다.

② 기대하는 사항: 내가 원하는 상태에 대해 설명한다.

③ 이유: 스트레스를 받는 이유 10가지를 찾아서 기재한다.

④ 사실과 판단 구분: 스트레스 이유의 사실, 판단 여부를 점검한다.

　　※ 사실의 기준: 문장 앞에 "모든" 으로 시작해도 단 1%의 예외가 없는 경우

⑤ 결정: 이 상황에서 어떻게 살아갈 것인지에 대한 입장을 결정한다.

⑥ 가치발견 및 가치선언서 작성: 이 것이 나에게 준 것에 대한 탐구나 얻은 것을 찾아 적는다.

스스로 해보기

헬프 코칭

※ 여러분도 작성해 보세요.

구분	내용	스트레스 지수	사실과 판단
스트레스 상황			
기대사항			
이유	왜냐하면, ① _____ ② _____ ③ _____ ④ _____ ⑤ _____ ⑥ _____ ⑦ _____ ⑧ _____ ⑨ _____ ⑩ _____		
결정			

2) 2단계 – 말하기, 말하는 대로 이루어지는 S-샤우팅 코칭

스트레스를 받는 상황이 오면 첫 번째, 자기 객관화에 이어 부정적 에너지를 긍정적으로 전환하는 것이 꼭 필요하다. 즉, 2단계는 두 번째가 바로 긍정화로 원하는 것을 말하는 S-샤우팅 코칭기술이다. S-샤우팅 코칭의 핵심 포인트는 **긍정에너지의 실제화**이다. 대부분의 스트레스는 보이지 않는 것들이 많다. 내 안에서 스트레스가 발생할 때면 누군가와 대화를 나누는 것만으로도 해소되거나 위안받을 때가 있듯이, 혼자서도 충분히 대화하듯이 내가 진정으로 원하는 것을 불러올 수 있는 최고의 스트레스 해소 방법이다. 1단계에 이어서 2단계에서는 맘껏 긍정을 불러와 좋은 습관처럼 사용하기를 바란다.

▎ S-샤우팅 코칭의 긍정화 과정

① 스트레스 상황에 대해 **객관적 관찰 시점**을 적용한다.

② 하고 싶은 말을 **충분히 생각**한다.

③ 스스로 **진짜 바라고 원하는 긍정언어**를 찾는다.

④ 있는 그대로 **맘껏 소리내어 잠재의식이 알아 들을 수 있게** 한다.

⑤ **부정적 에너지를 긍정적 에너지로 전환**한다.

⑥ 매 순간 스트레스 상황이 올 때마다 **더 강력한 긍정언어로 반복**한다.

⑦ 자기 전에 미래에 벌어질 일들에 대한 **달콤한 샤우팅을 하며** 설레게 만든다.

스스로 해보기

S-샤우팅 코칭

※ 여러분도 함께 만들어 보세요.

나는 나를 정말 사랑해, 언제나 나는 최고였어.

_____

_____

_____

_____

① 스트레스 해소를 위한 샤우팅 문구

_____

② 목표달성, 동기부여를 위한 짧은 샤우팅 문구

_____

③ 달콤하게 설레는 샤우팅 문구

_____

3) 3단계 – 행동하기, 신체 언어로 스트레스를 날리는 S-바디코칭

우리는 똑똑한 몸이 보내는 지혜를 활용하여 스트레스를 놀랍게 이겨낼 수 있다. 세 번째는 몸의 지능을 활용하는 단계, S-바디 코칭기술이다. S-바디 코칭의 핵심 포인트는 **긍정-파워포즈의 활용**이다. 스트레스 상황에서 가장 빠르게 대처하고 해결할 수 있는 방법이다. 멘탈을 뒤흔드는 스트레스가 발생할 때면 제일 먼저 우리의 몸이 반응을 보인다. 나도 모르게 부정-스트레스의 상황마다 반응하는 몸을 바르게 인지하여 의도적으로 빠르게 긍정-파워포즈로 전환하고 스트레스가 올 수 없게 만드는 시스템이다. 쉬운 예로 우리가 성취했을 때, 기분 좋은 상태에서 나오는 신체포즈, 승리의 기쁨을 누리는 순간 취하게 되는 파워포즈를 떠올려 보면 그 순간 스트레스는 가까이 올 수 없다. 이처럼 스트레스 상황이 오면 빠르게 긍정-파워포즈로 전환하여 스트레스를 바로 날려 버릴 수 있다.

▌S-바디코칭의 긍정 - 파워포즈 과정

① 긍정-파워포즈에 대한 **몸이 보내는 신호를 이해하고 신뢰**한다.

② 내가 좋아하는 성취-기쁨-성공 경험을 **생생하게 떠올린다.**

③ **최고의 순간 강력하게 행동했던 신체포즈를 찾는다.**

④ 찾은 포즈와 함께 자신이 **좋아하는 표현**(음성, 느낌 등)도 함께 한다.

⑤ 평상시 **의도적으로 자주 S-바디코칭을 사용하는 습관을 만든다.**

⑥ 스트레스 상황이 오거나 스트레스가 예상되는 상황에서 **빠르게 S-바디코칭을 실행한다.**

⑦ **자신의 S-바디코칭을 개발**하고 가장 쉽고 즐겁게 사용한다.

• 파워포즈 •

'파워포즈'의 개념은 사회 심리학자 에이미 커디에 의해 2012년에 열린 TED talk에 의해 대중화되었다. 에이미 커디는 파워포즈와 같은 특정한 신체 자세를 취하면 그 후의 호르몬 수준, 자신감, 스트레스 수준, 그리고 전반적인 사고방식에 영향을 미칠 수 있다고 하였다. 파워포즈가 중대한 호르몬 변화를 발생시키는 것에 대한 최초의 주장은 과학계에 의해 토론되고 자세히 조사되었으며, 개방적이고 자신감 있는 자세를 채택하는 것이 심리적으로 긍정적인 영향을 미칠 수 있다고 암시하는 일부 증거가 있다.

파워포즈의 기본 원리는 개방감, 자신감, 힘을 전달하는 자세를 취하는 것을 포함한다. 이러한 포즈는 일반적으로 팔과 다리가 교차되지 않고 자세에 많은 여백 공간을 차지한다.

원더우먼 포즈는 스트레스를 극복하는 데 도움이 될 수 있는 간단한 파워포즈로 자세 방법은 다음과 같다.

원더우먼 포즈

① 발을 엉덩이 너비로 벌리고 선다.
② 엉덩이에 손을 얹는다.
③ 똑바로 우뚝 선다.
④ 가슴과 턱을 살짝 들어 올린다.
⑤ 심호흡을 하고 1~2분 정도 자세를 잡는다.

원더우먼 포즈는 힘, 자신감 등에 연관되는 전형적인 슈퍼히어로의 포즈를 모방하는 것이다. 이 자세를 취함으로써 우리는 힘과 자신감에 대한 감정에서 힘을 느낄 수 있다. 초기에 주장되던 막대한 생리학적 영향을 받지 못할 수도 있지만 여전히 우리의 사고방식을 바꾸고 스트레스와 불안감을 줄이는 것에 가장 간단하고 빠른 전략이 될 수 있다. 더 자신감 있는 자세를 취하면 실제로 자신감이 높아지고 기분이 개선되는 심리적인 상태로 변화될 수 있다.

그러나 장기적인 스트레스 관리와 정신 건강을 위해서는 마음 챙김, 이완 기술, 규칙적인 운동, 필요한 경우 전문적인 도움을 구하는 것과 같은 다양한 전략 등을 통합하는 것이 좋다. 힘 있는 포즈는 스트레스를 관리하기 위한 도구 상자의 일부가 될 수 있지만 다른 증거 기반 접근법과 함께 사용될 때 가장 효과적이다.

4) 4단계 - 두드리기, 스트레스를 직접 터치해서 삭제하는 EFT(자유감정기법) 코칭

EFT(Emotional Freedom Techniques)는 자유감정기법이라고도 하며, 셀프치유기법 중 하나이다. 몸의 에너지 순환을 돕는 타점을 두들김으로써 감정과 몸을 편안하게 하는 방법으로 EFT의 원리는 한의학의 경락요법을 기반으로 하고 있다. 임상

심리학 박사 로저 칼라한이 평소 한의학을 공부하고 있다가 본인의 환자에게 적용하여 성공한 것이 시초이다. 물 공포증 환자였는데, 물에 대한 두려움과 불안이 극도로 심해 목욕은 커녕 샤워도 몇 분 이내로 마치고 나와야 할 정도였다. 그녀와의 상담 중 소화가 잘 안 된다는 이야기를 듣고, 로저 칼라한 박사는 그녀에게 소화에 도움이 되는 한의학 경혈점(눈 밑에 위치한 승읍혈점)을 두들길 것을 권하고, 그 이후 드라마틱한 일이 벌어지게 된다. 타점을 두드리던 마리아는 그토록 무서워했던 물을 두려워하지도 않았을 뿐 아니라 수영장에 입수할 수 있게 된다. 이 우연한 사건을 계기로 로저 칼라한 박사는 한의학의 경혈을 두드리는 타법과 심리학의 연결고리를 연구하게 되었다. 이것이 EFT가 세상에 태어난 최초의 배경이다.

여러 가지 실증과 체험을 통해 상처가 된 부정적 사건들(불안, 공포, 두려움 등)이 신체 에너지 시스템의 혼란을 가져오고, 누적된 부정적 감정은 제한된 신념과 육체 증상을 일으키게 된다.

해소되지 않은 감정은 반드시 몸으로 나타나게 된다. 부정적인 사건이 누적되면 부정적 신념이나 태도를 형성하는데, EFT를 통해서 감정을 중화시키고, 경락을 소통시켜서 신체 증상을 치료할 수 있다. 영국의 옥스포드 대학과 Kaiser Behavioral Health Services의 연구 결과에서도 경혈점을 두드리는 치료가 여러 문제에 긍정적인 효과가 있다는 것을 밝혀진 바 있다. 두 곳에서 다루었던 문제 안에는 불안, 우울증, 알코올 남용, 분노, 건강 상태로 인한 불안, 사별, 만성 통증 등 여러 가지 요인이 포함되어 있다.

AK의학(Applied Kinesiology, 응용근신경학) 전문가인 스미스 박사도 근육검사와 신경전달물질, 그리고 경락과의 상관관계를 분석하여 발표했다. 정서적인 스트레스가 변연계를 자극하고, 여기서 나오는 신경전달물질의 과부족으로 인해서 근육 긴장도와 자율 신경계에 변화가 생긴다는 내용이다. 정리하면, 경혈점을 자극하여 신경전달 물질의 과부족을 해소시켜 무의식의 문제를 해결한다는 것이다.

증상	관련 신경전달물질	경혈점
자존심 경멸	아세틸콜린 과다	기문
분노, 증오	GABA 과다	중부
욕구나 욕망, 외로움	도파민 과다	인중
공포, 불안	세로토닌 과다	유부
비통, 슬픔	도파민 부족	승장
무기력, 절망	GABA 부족	영향
죄의식, 비난	아세틸콜린 부족	동자료
수치심, 굴욕감	세로토닌 부족	정명

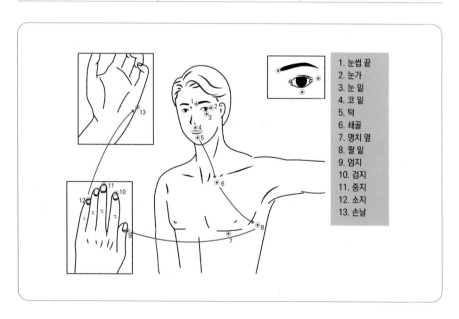

1. 눈썹 끝
2. 눈가
3. 눈 밑
4. 코 밑
5. 턱
6. 쇄골
7. 명치 옆
8. 팔 밑
9. 엄지
10. 검지
11. 중지
12. 소지
13. 손날

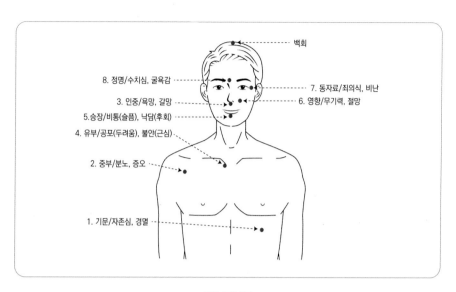

• EFT 경혈점 •

EFT에서는 총 14개의 경혈을 사용한다. 구체적으로 살펴보면, 찬죽(눈썹), 동자료(눈가), 승읍(눈 밑), 수고(코 밑), 승장(입술 밑), 수부(빗장뼈 밑), 대포(옆구리), 기문(아랫 가슴), 소상(엄지손가락), 상양(집게손가락), 중충(가운데손가락), 소충(새끼손가락), 중저(손등), 후계(손날)가 해당된다. 각 경락에는 기시혈과 종지혈이 두 개씩 있는데 하나의 기시혈과 종지혈만 두드려서 각 경락의 혼란을 바로 잡는 원리이다.

처음에는 심리적인 문제를 해결하기 위해 EFT가 활용되었지만 이후 다양한 증상에 적용한 결과 신체적 증상 개선, 학업능력 향상, 스포츠 능력 향상, 성기능 개선 등에서도 탁월한 효과가 있음을 확인할 수 있었다.

EFT 적용 범위

① 심리적 장애: 스트레스, 불안, 공포증, 공황장애, 우울증, 강박증, 트라우마, 불면증 등
② 신체적 고통: 두통, 요통, 관절통, 견비통, 위장장애 등 소화기 질환, 혈압이나 당뇨 및 심혈관계 질환 등
③ 각종 알레르기 질환
④ 금연, 금주를 비롯한 각종 중독증
⑤ 자신의 제한적인 신념과 믿음 체계 재구성(Reframing)
⑥ 인간관계, 이성 문제, 어린이 문제, 학업, 스포츠 능력 향상 등 사회 활동 전 범위

EFT 실행 전 문제 정의 및 확인 문장 만들기

① 문제 정의: 골프 티샷을 미스샷한 후 스트레스를 받은 상태
② 확언 문장: 나는 비록 (연습한 골프 티샷이 미스 나서 스트레스를 받았지만) 이런 나를 있는 그대로 인정하고 받아들인다.

스스로 해보기

EFT 실행순서

※ 여러분도 따라해 보세요.

1 문제 택하기
해결하고 싶은 자신의 육체적, 심리적 문제를 한 가지 골라 보세요.
그리고 그 증상이 얼마나 불편한지 잘 관찰해 보세요.
0부터 10까지 중 점수를 매긴다면 어느 정도일까요?

2 받아들이기

아래의 괄호 속에 당신의 문제를 최대한 구체적으로 표현한 후,
손날을 가볍게 두드리며 그 문장을 3회 되풀이하여 이야기합니다.

**"나는 비록 (잠을 잘 자지 못해 왼쪽 어깨가 뻐근)하지만 이런 나를
있는 그대로 완전히 받아들입니다."**

3 두드리기
이번에는 문장을 간단히 줄여 보세요.
다음 타점마다 문장을 한 번씩 되뇌면서, 7회씩 가볍게 두드립니다.
"왼쪽 어깨의 뻐근함"

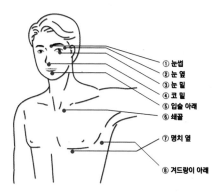

① 눈썹
② 눈 옆
③ 눈 밑
④ 코 밑
⑤ 입술 아래
⑥ 쇄골
⑦ 명치 옆
⑧ 겨드랑이 아래

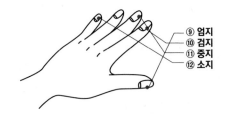

⑨ 엄지
⑩ 검지
⑪ 중지
⑫ 소지

4 **점검하기**
이제 증상을 느껴보고 점수를 다시 매겨 보세요. 처음에 매겼던 점수와 비교해 보세요.

0 1 2 3 4 5 6 7 8 9 10

부 **족하게 느껴지다면**
다시 2. 받아들이기와 3. 두드리기를 5회 이상 반복합니다.

"나는 비록 여전히 (왼쪽 어깨의 뻐근함)이 남아 있지만
이런 나를 있는 그대로 완전히 받아들입니다."
"여전히 남아 있는 (왼쪽 어깨의 뻐근함)"
또는
"조금 남아 있는 (왼쪽 어깨의 뻐근함)"

※ 출처: 최인원, 『5분의 기적 EFT』

5) 5단계 – 매력적인 목표 만들기, 내가 진정으로 원하는 것을 얻을 수 있는 확신이 있다면 스트레스는 머물 수 없다.

자신이 원하는 것을 정확히 알며, 그것을 위해 달려가는 방향이 맞고 성취할 수 있는 매력적인 목표에 맞게 움직이고 있으면 스트레스가 생길 수 없다. 진정 내가 바라고 바라던 것이 내일 이뤄진다면 오늘은 그 어떤 어려움이 있어도 신나서 즐겁게 뭔가를 할 수 있다. 이처럼 내가 진짜 가슴 뛰는 나의 꿈과 방향에 맞는 매력적인 목표는 최고 단계의 스트레스 극복능력을 보여준다. 이를 위해 우리는 **매력적인 목표에 맞는 방향 설정과 실행이 필요**하다.

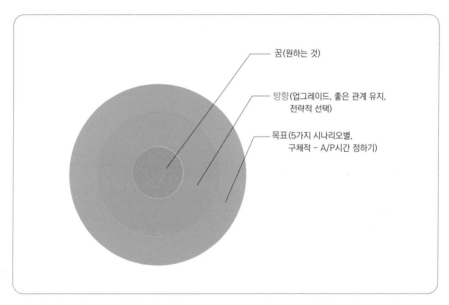

꿈(원하는 것)

방향(업그레이드, 좋은 관계 유지,
전략적 선택)

목표(5가지 시나리오별,
구체적 – A/P시간 정하기)

• 매력적인 목표 만들기 •

매력적인 목표 만들기

① 자신이 최종적으로 어떤 사람이 되고 싶은지 결정한다.

② 긍정적인 자원을 모두 찾아낸다.

③ 무슨 일을 할 때 최고의 만족이 오는지 질문하고 답해 본다.

④ 진짜 원하는 꿈을 생생하게 상상하고 그 상상을 굳게 믿는다.

⑤ SMART(구체적 - 측정 가능 - 실행 가능 - 현실성 - 시간의 한계)한 목표를 정한다.

⑥ 이미 꿈이 이루어진 것처럼 행동하고 어떤 가치를 남길 수 있을지 생각한다.

⑦ 가슴 뛰는 매력적인 목표를 정하고 더 큰 꿈과 기여를 위해 신나고 멋지게 살아간다.

원하는 것을 얻기 위한 언어 사용법

1) 언어의 특징 이해하기

언어는 크게 구체성과 추상성으로 구분할 수 있다. 그리고 언어는 대상과 사용하는 사람에 따라서 무기가 될 수도 있고 치명적인 독이 될 수도 있다. 또한 우리는 언어가 가지고 있는 특징에 따라 효과적으로 사용할 수 있다.

언어는 하나의 덩어리로 생각해 보면 때로는 합쳐져서 더 큰 덩어리가 되고, 때로는 쪼개져서 작은 덩어리가 된다. 그리고 언어는 사용하는 사람에 따라 원하는 것을 얻기 위한 중요한 자원이 되어 자신도 모르는 사이에 물건을 구매하거나, 설득이 되는 결과를 가져오기도 한다. 또한 구체적인 언어를 즐겨 사용하는 사람들은 나도 모르게 대인관계에 어려움이 올 수도 있다. 그 이유는 언어가 갖고 있는 전달 방식에 따라 보이지 않는 비언어적 요소까지 자극하는 경향을 갖고 있기 때문이다. 언어가 갖고 있는 다양한 장점을 효과적으로 사용한다면 더 빠른 시간에 원하는 것을 가질 수 있게 된다.

2) 언어의 실제 활용 방법

① 빠른 긍정을 얻는 언어 사용법: 언어의 구체성과 불명료성을 활용하는 방법

- 적용 예시) OO을 관심 있어 하시는 거죠? 그렇죠?
- 속도감 있게 바로 이어서 긍정의문문을 사용하면 원하는 빠른 긍정을 얻을 수 있다.

② 상대방의 동의를 얻는 언어 사용법: 동의구문 사용

- 적용 예시

  - 충분히 알겠습니다. 그리고…

  - 당신의 의견을 존중한다. 그리고…(그러면…)

  - 동의한다. 그리고…

  - 참 좋은 의견이다. 그리고…

  - 충분히 공감이 갑니다. 그리고…

  - 그런 면이 참 좋네요. 그리고…

- 보완점이나, 약간의 반대 의견을 이야기해도 '그리고'가 가능한 이유는 두 대화상대의 목적(잘 되고자 하는 목적 – 가치 통합)이 같기 때문이다(어색하지 않음).

※ '그러나', '이해한다(다 이미 알고 있다는 의미)'의 표현은 사용하지 않도록 한다.

③ 방향을 찾고 싶을 때 언어 사용법: 목적구문 사용

- 적용 예시

  - 무슨 목적으로 …?

  - 그것을 원하는 목적은 무엇인가요~?

④ 제한된 신념을 벗어나게 하는 언어 사용법: 가정구문(as if, as if now…) 사용

- 적용 예시

  - 만약 …라면 무슨 일이 일어날까요?

  - 제한하고 있는 이유가 모두 없어진다면 무엇을 할 수 있을까요?

⑤ 협상에서 선점하는 언어 사용법: 조건문 종결(Conditional Close)

- 적용 예시) 우리가 A를 한다면, B를 하시겠어요?

- 난이도는 A가 B보다 낮으며, 유리한 조건으로 먼저 선점한 후 다른 조건을 제시하는 방법이다.

3) 코칭 질문으로 원하는 목표 달성하기

① 실제 사례 #1

- 삼수생으로 도피성 군 입대를 희망하는 20대 남자, 아무런 인생 계획 없이 그저 흘러가는 삶을 살고 있던 상황이다.
- 결과: 코치이(코칭받는 사람)를 잘 봐라! (코치와 공감대를 형성할 수 있는 '군대'라는 큰 이슈로 최대 효과를 얻음)
- 3가지 질문으로 2시간 동안 대화한 후 공부를 열심히 해서 대학을 가고자 하는 마음으로 바뀐다.

√ 질문 1. 훗날 자식에게 어떤 아빠가 될 것인가? 지금 도피성으로 군대에 간다면 자식들에게 어떻게 설명할 것인가?

- 과거에 코치가 힘들었던 상황, 앞으로의 비전, 훗날 부끄럽지 않은 아빠가 되기 위한 코치의 노력 등 코치이를 사랑하는 마음이 담긴 성품을 발산한 후 코치이는 어떻게 하고 있는지 물어본다.
- 마음의 문이 열리고, 다음 단계는 순조롭게 이어진다.

√ 질문 2. 남은 짧은 기간 동안 나와 함께 공부해 보겠는가? 자신의 무엇을 걸고 할 것인가?

- 대학 입시, 시험 준비 등 목표가 명확한 스터디 코칭은 하드 코칭으로 할 수 있다.
- 코치와 코치이가 내기를 한다. "아무것도 모르는 코치가 지금부터 시작하겠다. 당신의 무엇을 걸겠느냐? 나는 모든 것을 걸겠다."라고 강력하게 밀어 붙이면 그 에너지가 전달되고 자신감은 전이된다. 코칭은 에너지 게임이다.

√ 질문 3. 남자의 인생, 가장에 무게란? 남자는 혼자의 삶이 아니다. 가족
      이나 사랑하는 사람을 지키기 위해 준비해야 할 것은 무엇인가?

• 침묵의 법칙을 실행한다(스페이스 기법 – 일정 시간 스스로 원하는 것을 찾을
  수 있게 기다려 주는 방법).

• 전혀 말하지 않고 주변을 조용하게 하고 집중한다! 모든 것을 걸고 해
  보자!

② 실제 사례 #2

• 사법고시 준비생으로 언어 치료 중이며 경제적 어려움을 겪고 있다.

• 결과: 대기업 계열사에 취업하고 원하는 삶을 살아간다.

√ 질문 1. 계속 이렇게 살면 10년 후 당신은 어떤 모습일까?

• 답변: 서울역 노숙자

√ 질문 2. 당신의 가슴을 뛰게 하는 꿈이 무엇인가?

• 답변: 나를 고치려고 별별 의사들이 노력했지만 헛수고였다. 당신이라
  고 별수 있나?

• 침묵의 법칙(스페이스 기법) + 강력한 에너지 리드코칭(무의식 에너지로 긍
  정적 변화를 이끄는 방법)을 적용한다.

  → 답변: 그렇죠, 코치님~ 꿈이 있으면 제가 이렇게 살지 않겠죠?
  ※ 스페이스는 코치이가 채운다. 코치는 칭찬으로 보답하라!

√ 질문 3. 그러면 우리 코치이님이 잘하는 것 10가지는 무엇인가?

• 첫 번째는 …. (스페이스) 코치는 범위만 적절하게 찾아주면 된다. 잘하
  는 것을 이야기하면 칭찬을 해준다.

128

- 10번째는 …. 고객이 잘하는 것 10가지를 말한다.
- 고객이 잘하는 것 10가지를 상징으로 만들어 자신을 대표할 수 있는 심벌을 찾아낸다.
- 노숙자 → 길이를 재는 자(분석하고 재단하는, 정확성, 기준, 잣대 등) – 자신의 존재가 바뀐다.

※ 심리적 앵커링 걸기

③ 실제 사례 #3
- 대회를 앞두고 불안해하는 골프선수이다(창의적인 멘탈코칭).
- 결과: 예선전 1위를 달성하며 자신감이 상승한다.

√ STEP 1. **상황 정리**
- 골프채가 무거워.
- 불안해.
- 다 포기하고 싶어.
- 원인을 몰라.

√ STEP 2. **정확한 파악**
- 상황을 글로 적고 사진을 찍어 보내라고 한다.
- 굉장히 어둡고, 바닥을 치고 있는 상황이다.
- 에너지를 읽어 바닥을 치고 있을 때 보물을 캐게 해주면 된다.

√ STEP 3. 객관적 관찰과 주관적 몰입 중 하나를 선택하고, 하나씩 경청
　　　　하며 키워드를 찾아라!

- 지난 대회에 대한 미련 같아요. → 바닥을 쳐서 미련을 찾게 된 것이
  다. 축하해 주고 칭찬해 준다.
- 오늘이 생애 최고의 날이라고 말해 준다.
- 지금 멘탈을 준비하는 것이 중요한가? 아니면 지금 그냥 기분 좋은 게
  중요한가?
- 잠재의식이 좋아할 만한 단어를 말해줘야 한다.
- 한 번 대회일 뿐이니 치다가 잘 안 되면 골프채 부러뜨리고 그냥 와라!
- 들기 싫으면 들지 말아라! 골프채 버리고 놀고 싶으면 놀고, 잠재의식
  충족시키고 와라!

게으름에서 벗어나는 방법: 게으름 즐기기 코칭

인간의 잠재의식의 원리는 **최소 노력의 원칙을 바탕으로 움직인다**(회귀본능). 따라서 누구에게나 찾아오는 게으름은 지극히 정상적인 반응이다. 그런데 이 게으름 후 찾아오는 부정적인 정서는 어떻게 할 것인가? 바로 "게으름을 즐길 수 있는 방법이 없을까?"에서 시작하는 것이 게으름 즐기기 코칭이다. 우리는 충분히 게으름을 즐길 권리가 있다. 그 게으름에 따르는 책임을 감당하면 되는 것이다. 이제부터는 부정적 에너지로부터 스스로 자유로워지자.

게으름 즐기기 코칭 1

① 잠재의식을 원래 하던 대로 느낀다. 대세를 따른다.

② 많이 놀았다면 "논 게 편하잖아."

③ 열심히 했다면 "21일 동안 해 왔잖아."

→ 이런 방식으로 코칭할 때도 2주 이상 텀이 생기면 안 되고 지속적으로 해야 한다. 최소 노력을 바탕으로 움직이기 때문에 생활 습관을 바꿔야 한다는 결론이 나오고 6개월 이상 지속적으로 해야 습관이 바뀐다.

게으름 즐기기 코칭 2

① 자신의 게으름 유형을 찾는다.

 (1) 과제 후 휴식형, (2) 간헐적 집중형, (3) 자유형, (4) 휴식 후 과제형, (5) 모
범형

② 미션 완수일에 맞는 게으름 기간을 설정한다.

③ 자신이 성공적으로 미션 완수했을 때의 노하우와 전략을 기억한다.

④ 설정한 게으름 기간에는 맘껏 잠재의식이 좋아할 수 있도록 충분히 즐
긴다.

⑤ 집중하는 시기에는 게으름을 즐긴 만큼 책임감을 갖고 좀 더 집중한다.

⑥ 언제나 성공적인 미션을 해내는 자신을 더 신뢰하고 사랑한다.

⑦ 잠재의식 속에 나는 언제나 집중하면 무엇이든 해낼 수 있다고 지속적
으로 저장한다.

나의 가치관 만들기

나의 멘탈을 점검해 보자.
가치관의 기준에 따라 멘탈력이 정해진다.

가치관이란 개인의 삶 전반에 걸쳐 형성되며, 여러 가지 요소들이 영향을 미쳐 만들어 내는 사고 틀이다. 가치관이 형성되는 시기는 개인에 따라 다양하게 차이가 있으나 일반적으로 가치관은 다음과 같은 시기로 나누어 형성된다.

1) 유년기

유년기는 부모, 양육자의 태도에 가장 많은 영향을 받는다. 가족, 교육, 문화적 배경 등이 어린아이의 가치관에 영향을 미치는 요소이다. '뿌린 대로 거둔다'라는 속담처럼 이 시기에 형성된 가치관이 평생을 좌우하기도 한다.

2) 청소년기

청소년기의 가치관은 정체성이 형성되는 시기라 중요하다. 이때 잘못 형성된 가치관은 평생에 걸쳐 악영향을 끼치기도 한다. 청소년기에 명작을 많이 읽어야 하는 이유도 여기에 있다.

3) 청년기

청년기는 독립적인 생활을 시작하는 시기로서, 개인의 삶과 가치관에 대한 심도 있는 고민과 결정으로 가치관이 형성된다.

4) 중년과 장년기

중년과 장년기는 삶의 목표를 재평가하고 가치관에 대한 심층적인 이해가 이루어지는 시기이다. 어찌 보면 이 시기에 가치관을 변경하는 게 힘들 수도 있지만 사회적 관계를 통해 본인의 가치관을 수정, 보완해 나가는 시기이다.

5) 노년기

노년기에는 지난 삶의 경험을 바탕으로 가치관이 더욱 굳건해질 수도 있고, 변화할 수 있다. 삶의 전체적인 평가와 인생의 가치에 대한 고찰이 진행된다.

가치관은 결코 정적이거나 고정적인 것이 아니며, 삶의 여러 단계에서 변화하고 발전할 수 있다. 일정한 시기나 나이에 따른 고정된 형태로 가치관을 바라보는 것은 편파적이고, 따라서 개인이 삶을 살아가는 과정에서 계속해서 가치관을 탐구하고 발전시키는 것이 중요하다. 진실, 정의, 공정함, 성실, 자비, 용서, 책임감, 사회적 연대감, 사랑, 배려, 공동체이익, 이타심, 창의성, 도전, 성취, 자기계발, 발전, 성장, 평등, 종교적 신념, 노력, 인내, 결속력, 긍정적 마음, 영향력 등 가치관을 형성하는 요소들은 많이 있다. 이 요소들을 비슷한 속성끼리 묶어보면 다음과 같다.

- 윤리적인 행동을 중시하는 가치관에는 진실, 정의, 공정함, 성실, 자비 등이 있다.
- 가족과 사회중심적 가치관에는 사회적 연대감, 사랑, 배려, 공동체이익, 이타심 등이 있다.
- 개인 발전과 성장에 대한 가치관에는 도전, 성취, 자기계발, 발전, 성장 등이 있다.

이렇듯 가치관은 선호하는 태도의 사고 틀이다. 이는 어릴 때는 부모에게 영향받고 청소년기를 지나 청년기 이후부터는 타인과 비교 분석하면서 자신의 가치관을 수정, 보완해 간다. 그 가치관이 각 개인 멘탈의 기준이다.

스스로 해보기

Q. 다음의 가치관 예시 중 당신이 현재 지향하는 가치관 3개를 선택해 보고, 왜
그 가치관을 선택했는지 이유를 적어 보세요.

가치관 예시

성실, 존중, 인내, 정의, 자유, 창의성, 이타심, 용서, 책임감, 봉사, 사랑, 배려,
도전, 성취, 자기계발, 성장, 공동체 이익, 가족 간의 유대감, 건강, 환경보호, 신뢰

나의 가치관은

1) ex)도전 _____

2) _____

3) _____

05 부자 멘탈 분석하기

재산과 성공을 얻는 데 필요한 특정한 멘탈이 있을까? 부자가 되기 위한 다양한 요인이 있겠지만 멘탈적 요인으로 분석해 보면 다음과 같다.

1) 목표지향적 성향

명확한 목표를 설정하고 이를 달성하기 위해 행동과 결정을 빠르게 하는 성향이 있다.

2) 높은 도전정신

부자들은 현실 불만러들이다. 더 나은, 좀 더 좋은 것을 얻고자 현실에 만족하지 않고 끊임없이 도전한다.

3) 투자 및 재무지식

"투자 위에 투자", "돈이 돈을 번다."라는 말을 있듯이 그들은 돈의 속성, 흐름 등을 언제나 체크하고 투자한다.

4) 긍정적 마인드

'인생에 실패란 없다!' 포기하지 않는 한 결과와 과정만 있다고 생각한다. 이것이야말로 부자들이 부를 축적하고 유지할 수 있는 중요한 포인트이다.

5) 정확한 시간관리

우리의 인생은 불공평하나 시간은 공평하다. 쓸데없는 것에 에너지를 쓰지 않고 중요한 것에 집중한다.

6) 리더십과 네트워킹

부자들은 리더십 능력을 발휘하고 타인과 협력하며 네트워킹을 통해 유익한 관계를 형성한다. 타인과의 연결을 통해 새로운 기회를 찾을 수 있다.

7) 실행력

실행력이야말로 부자들의 멘탈력 중 가장 강력한 요소라 생각된다.

이렇듯 멘탈의 다양한 요소가 부자들의 멘탈을 지배한다.

스스로 해보기

Q. 당신은 부자들이 가진 멘탈과 공통되는 멘탈 특징이 있나요? 당신이 부자가
될 수 있는 멘탈 특징을 적어 보세요.

ex) 시간활용을 잘한다. _____

_____

_____

_____

_____

내가 부자가 될 확률은?

부자가 될 확률은 개인의 경제적 상황, 노력, 교육, 기술, 기회 등 다양한 요소에 의해 결정된다. 누구든 부자가 될 확률을 정확히 예측하기는 어렵다. 그러나 일반적으로 다음과 같은 요소들이 부자가 될 확률에 영향을 미칠 수 있다.

1) 교육 수준

높은 교육 수준은 취업 기회와 더 많은 잠재적인 수입을 기대할 수 있다.

2) 직업과 기술

높은 수준의 기술을 보유한 직업은 보다 높은 수준의 수입을 가져올 수 있다.

3) 노력과 목표

노력과 목표를 통해 더 큰 성취를 이루기 쉬워진다.

4) 투자와 재무 관리

현명한 투자와 재무 관리는 재산을 증대시키는 데 도움이 된다.

5) 기회

기회가 중요한 역할을 한다. 올바른 시기에 올바른 기회를 잡을 수 있어야 한다.

6) 상속과 유산

가족으로부터 상속이나 유산을 받은 경우, 처음부터 부유한 상태에서 시작할 수 있다.

7) 경제 환경

경제 환경과 산업 분야에 따라 부자가 될 수 있는 기회가 변화할 수 있다.

위와 같은 요소들이 부자가 될 확률을 알려주는 요소가 될까? AI 시대라고 불리는 요즘에 멘탈코칭 관점으로 부자가 될 확률은 다음의 요소에 달려 있다.

- 실행력
- 소통력
- 창의력

스스로 해보기

Q. 당신이 부자가 될 확률을 알려 주는 멘탈 요소인 실행력, 소통력, 창의력을
   높일 수 있는 실천 방법을 적어 보세요.

   ① 실행력: _____

   ② 소통력: _____

   ③ 창의력: _____

CHAPTER

01 내 인생의 주인공이 되는 멘탈법칙(통제의 법칙)

02 생각한 것이 현실이 되는 멘탈법칙(신념의 법칙)

03 유유상종으로 모이게 되는 멘탈법칙(인력의 법칙)

04 아무것도 할 수 없을 때 성공하는 멘탈법칙(상응의 법칙)

05 즐겁게 무시하기(멘탈에너지 총량의 법칙)

06 스스로 멘탈이 성장할 수 있는 노하우(멘탈 침묵의 법칙)

## PART 03

멘탈 관리하기

- 멘탈관리 법칙 -

내 인생의 주인공이 되는 멘탈법칙(통제의 법칙)

> "사실 모든 성공은 보편적인 원칙과 인생을 조화시키는 것에서 이루어진다."
>
> – 영국 철학자 나폴레온 힐

멘탈관리는 운동을 하고 근육을 키워 신체적 건강을 유지하는 것처럼 지속적인 관리가 필요하다. 그 이유는 멘탈은 정신, 감정, 신체를 관여하고 지배하기 때문이다. 그렇기에 항상 좋은 멘탈로 유지하고 성장시켜야 한다. 멘탈을 관리함으로써 얻을 수 있는 장점은 다음과 같다.

- 멘탈관리는 자기 개발과 성장을 촉진한다.
- 멘탈관리는 현대인들의 스트레스를 관리해 준다.
- 멘탈관리는 자신의 감정을 이해하고 조절할 수 있는 감정적 안정감을 준다.
- 멘탈관리는 긍정적 인간관계를 유지하는 데 도움을 준다.
- 멘탈관리는 삶의 목표를 달성하고 즐길 수 있는 삶의 질을 향상시킨다.

멘탈을 관리하는 멘탈법칙은 기록에 따르면 놀랍게도 기원전 2000년경에 등장했다. 고대에는 소위 '신비학교'라는 곳에서 이런 법칙이나 원칙을 가르쳤다. 이 학교의 학생들은 여러 해 동안 훈련받았고 이런 원칙을 한 번에 한 가지 원칙씩 점진적으로 배웠다고 한다. 그 당시 일반 사람들에게는 이러한 원칙들을 공개하지 않았다.

오늘날에는 이런 법칙들을 공개하고 알고자 하는 이가 많다. 하지만 실제적으로 이런 법칙이 있다는 것조차 인식하지 못하는 사람들이 많다. 성공한 이들의 인생과 이야기들을 공부하면서 그들은, 이런 법칙을 의식적으로나 무의식적으로 사용하여 보통 사람들은 일생 동안 이룩한 것들을 2~3년 안에 이루어낼 수 있었다는 것을 알게 되었다.

멘탈의 법칙 중 가장 강력한 통제의 법칙은 "자신이 삶을 제어하고 있다고 생각하게 되면 스스로에 대해 긍정적인 느낌을 갖게 되고 삶을 제어하지 못하고 있다고 생각하거나, 외부의 어떤 것이 자신의 삶을 제어한다고 생각하게 되면 스스로에 대해 부정적인 느낌을 갖게 된다."라는 것이다.

즉, 거의 모든 스트레스와 불안, 긴장 그리고 이로 인한 신체질환은 자신이 삶의 중요한 영역을 제어할 수 없다고 느끼거나 실제로 제어하지 못할 때 발생된다.

우리에게는 내적, 외적 통제의 원천이 있다. 즉, 내가 내 인생의 주인공이라고 생각하면 행복감, 긍정감, 자신감을 느낄 수 있지만 반대로 다른 사람에 의해 제어되고 있다고 생각하면 덫에 걸린 사냥감처럼 무력감을 느끼게 된다.

어떤 경우든 삶에 대한 제어는 자신만이 유일하게 완벽한 제어 능력을 지녔다는 스스로의 생각에서 비롯된다. 자기 규율, 자기 극복, 자기 제어는 모두 자신의 생각을 조정함으로써 시작된다. 어떤 사람이나 상황도 우리의 느낌을 좌우할 수 없다. 루즈벨트는 "스스로 동의하지 않는 한 누구도 우리에게 열등감을 느끼게 할 수 없다."라고 말했다.

통제의 법칙은 꼭 필요할 때 결정을 미루지 않는 것이 왜 중요한지를 알려준다. 그리고 자신이 무엇을 원하는지 명확히 아는 것이 왜 중요한지 설명해 준다. 분명한 목적과 계획을 가진 사람이 그렇지 못한 사람에 비해 항상 더 좋은 결과를 얻는 이유는, 자신이 삶을 제어하고 있다는 느낌이 주는 자신감 때문이다.

마음 속에 삶의 여러 영역에 대한 체크리스트를 만들어 검토해 보고, 어느 영역에서 자신감과 제어능력을 갖고 있는지 검토해 본다. 스트레스를 일으키는 구체적인 일을 찾고 더 좋은 결과를 가져올 수 있는 방법을 찾아본다.

우리의 중요한 과제 중 하나는 삶에 대한 제어 능력을 찾고 유지하는 것이다. 제어하고 있다는 느낌은 행복하게 성공적으로 살아가는 데 기본적인 것이기 때문이다. 우리의 뇌를 주관하고 운영할 수 있는건 '바로 나'이다. 나의 감독이 되어라. 나의 인생은 나의 것, 나의 인생은 나의 뇌에 달려 있다. 나의 뇌를 통제하는 것이 내 인생을 내 맘대로 할 수 있는 방법이다.

통제의 법칙 셀프코칭

Q1. 당신은 스스로의 삶을 제어하고 있나요? 무엇을 스스로 제어하고 있다고 느끼나요? 다음 영역 중 어느 영역을 스스로 제어하고 있다고 느끼고, 어떤 영역을 스스로 제어하지 못한다고 느끼는지 체크해 보세요.

1) 스스로 제어하지 못하고 있는 영역은?

① 시간활용 부분   ② 마음의 평화   ③ 대인관계/소통

④ 신체적 활력(운동, 휴식)   ⑤ 전문성 영역   ⑥ 좋은 습관 만들기

2) 스스로 제어하고 있는 영역은?

① 시간활용 부분   ② 마음의 평화   ③ 대인관계/소통

④ 신체적 활력(운동, 휴식)   ⑤ 전문성 영역   ⑥ 좋은 습관 만들기

Q2. 당신이 위에서 언급한 삶의 영역을 더 잘 제어하고 통제하기 위해서 어떠한 변화가 필요한가요? 그 이유는 무엇인가요?

생각한 것이 현실이 되는 멘탈법칙(신념의 법칙)

신념의 법칙은 "무엇이든 느낌을 갖고 믿으면 그것은 현실이 된다."라는 것이다.
될 수 있다는 믿음이 강할수록 이루어질 가능성은 그만큼 커진다.

신념은 판단수용의 틀이다. 신념의 특징은 정보를 삭제하거나 무시하는 성향을 가지고 있다는 것이다.

하버드 대학의 윌리엄 제임스 교수는 "믿음이 현실을 만든다."라고 말했다. 우리는 자신이 보는 것을 믿는 것이 아니라 자신이 믿는 것을 본다. 예를 들어, 크게 성공할 것이라고 자신을 완벽히 믿으면 어떤 어려움에 처해도 좌절하지 않고 목표를 향해 계속 전진할 수 있다. 반대로 성공이 운이나 우연에 의해 좌우된다고 믿으면, 바라는 대로 일이 풀리지 않을 경우 쉽게 좌절하거나 실망한다.

신념은 우리를 성공과 실패로 이끄는 핵심역량이다.

신념은 우리를 성공으로 인도할 수도 있고 실패로 인도할 수도 있다.

우리가 극복해야 할 가장 큰 정신적인 장애물은 바로 자신을 제약하는 잘못된 믿음들이다. 이 잘못된 믿음은 어떤 방식으로든 우리를 제약한다. 새로운 것을 시도할 수 없도록 우리를 잡아당기거나 사실이 아닌데도 사실이라고 믿도록 만들기 때문이다.

학교 성적이 보통이거나 그 이하라는 이유로 자신의 머리가 나쁘다고 단정해버리면 그 사람은 더 나은 성취를 얻기가 어려워진다. 스스로를 창의력이 부족하다고 단정지으면 창의적인 노력이 필요한 일에 대해 시작하기도 전에 포기하려는 마음부터 들게 된다. 다이어트나 금연, 이성친구를 사귀는 것이 불가능하다고 믿어버리면,

실제로 그러한 것들은 불가능하게 된다.

자신의 신념이 무엇이든 강하게 믿으면 그것은 현실이 된다. 우리는 내적인 신념에 일치하는 방식으로 걷고 말하고 행동하며 다른 사람들과 상호교류한다. 비록 갖고 있는 신념이 어느 누구도 인정하기 힘든 것이라고 해도 굳건한 신념을 가지고 있다면 그것은 현실이 된다.

1) 100분위 수의 99점(에피소드)

시골 출신의 한 젊은이가 대학수학능력시험을 봤다. 몇 주 뒤에 그는 대학의 입학사정 담당 부서로부터 편지를 받았다. 편지에는 그가 시험에서 백분위수(percentile)로 99점을 받았다는 내용과 함께 가을 학기에 등록하라고 적혀 있었다.

합격은 했지만 그에게는 한 가지 찝찝한 것이 있었다. 백분위수의 개념을 몰랐던 것이다. 그래서 그만 99라는 숫자를 자신의 IQ라고 오해해 버린다. IQ의 평균이 100이라고 알고 있던 그는 평균에도 미치지 못하는 자신의 머리로는 대학 공부를 결코 잘 해내지 못할 것이라고 생각했다.

가을 학기 내내 그의 성적은 모든 과목에서 낙제하거나 낙제를 겨우 면하는 수준이었다. 결국 담당 교수가 그를 불러서 왜 그렇게 성적이 좋지 않은지 물어보았다.

"글쎄요. 교수님, 저를 탓하지 말아주세요. 저는 IQ가 99밖에 안 되는데 어떻게 성적을 잘 받을 수 있겠습니까?"

교수는 앞에 놓여 있는 그의 파일을 들춰보더니 학생에게 물었다.

"왜 그런 말을 하는가?"

"왜라니요? 대학 입학허가 편지에 그렇게 적혀 있던데요."

그제야 왜 그렇게 생각하는지 알게 된 교수는, IQ와 백분위수의 차이를 설명해 주었다.

"백분위수로 99라는 것은 자네의 등수가 그 시험을 치른 전국의 모든 학생들 중

149

상위 1%에 해당한다는 말로, 상당히 좋은 점수를 받았다는 것을 의미하네. 자네는 이 대학 전체에서 가장 뛰어난 학생이라네."

그제야 자신이 착각했다는 것을 깨닫고 자신의 지능에 대한 신념을 바꾸게 된 학생은 전혀 다른 사람이 되었다. 그 이후 그는 자신감과 확신을 가지고 공부하기 시작했다. 그 학기가 끝났을 때 그의 이름은 우등생 명단에 올랐고 결국 졸업생 중 상위 10등 안에 드는 좋은 성적을 거뒀다.

이 이야기는 신념에 따라 어떤 결과가 도출할 수 있는지를 보여준다.

2) 자신의 가능성을 믿자.

사실 우리는 자신의 부족함을 너무 쉽게 받아들인다. 더구나 일단 받아들이게 되면 그것을 제외한 다른 것은 무시하거나 거부한다.

자신을 너무 쉽게, 그리고 너무 빨리 평가절하하지 말아라. 잠재력에 제한을 가하지 말아라. 우리는 무엇을 할 수 있는지에 대해 아직 개발되지 않은 부분이 많아 잘 모른다. 우리는 지금까지 했던 것들보다 훨씬 더 많은 것을 할 수 있다.

그 내용이 무엇이든 일단 마음에서 사실로 받아들이면 내적 신념체계는 그것을 사실로 만들어버린다. 헨리 포드가 말한 바와 같이 할 수 있다고 믿는 것과 할 수 없다고 믿는 것, 둘 다 맞는 말이다. 우리는 우리 자신을 가로막고 있는 자기 제약적인 신념이 무엇인지 찾아봐야 한다. 자기 제약적인 신념 못지않게 해로운 것은 그 자체를 인식하지 못하는 것이다.

신념의 법칙 셀프코칭

Q1. 당신이 가지고 있는 신념은 무엇인가요?

Q2. 백분위수의 99점 에피소드를 읽고 어떤 생각이 드시나요? 떠오르는 생각을
자유롭게 적어 보세요.

Q3. "나는 이거는 못해."라고 당신 스스로를 제약하는 신념은 무엇인가요? 자신
의 삶의 주요 이슈에서 당신을 나아가지 못하도록 제약하는 신념을 찾아보
고 그것을 어떻게 바꿔야 할지 의견을 적어 보세요.

유유상종으로 모이게 되는 멘탈법칙(인력의 법칙)

우리는 살다 보면 성공하는 사람 옆에는 성공하는 사람이,
뒷담화하고 허구한 날 불평만 하는 옆엔 그런 사람끼리
어울리는 것을 보게 된다. 고민해 본 적이 있는가?
왜 그럴까? 유유상종으로 모이게 하는 멘탈의 법칙이 작용되고 있기 때문이다.

인력의 법칙이란 "인간은 살아있는 자석이다."라는 것이다. 우리는 자신의 생각
과 일치하는 사람을 우리의 삶으로 끌어들인다. 즉, 끼리끼리 어울리게 마련이다. 삶
에 있어 모든 것은 인력, 특히 생각 때문에 발현한다.

이를 설명해 주는 예가 있는데 '공명의 원리'가 그것이다. 자세히 설명하면 아파
트 밀집지역에 어떤 한 여성이 소리를 지르는데 아파트 안, 한 집의 상들리에가 깨
지는 일이 발생한다. 그것이 공명의 원리이다. 이는 소리를 지르는 여성의 목소리와
상들리에의 주파수가 맞아떨어졌기에 생긴다. 이와 같은 방식으로 우리는 생각과
감정이 대개 일치하고 비슷한 사람과 상황을 반복해서 만나게 된다.

긍정적일 때나 부정적일 때나 모든 세계는 스스로 만든 것이다. 어떤 생각에 더
많은 감정을 이입할수록 그 생각은 강화되어 그 비슷한 생각을 하는 사람끼리 모이
게 되고 더욱 빨리 그런 사람들은 내 삶 속으로 끌어들이게 된다.

이것이 인간은 '살아있는 자석'이라는 인력의 법칙이다. 이 법칙은 우리 주변에서
도 쉽게 확인할 수 있다. 부모님을 생각하고 있는데 마침 부모님한테서 전화가 온다

거나, 무엇인가를 하려고 결정했더니 즉시 아이디어가 떠오르거나 도움을 줄 사람이 나타난다.

인력의 법칙 덕분에 우리는 무엇인가를 새로 시작하려 할 때 그 전에 모든 답을 알아야 할 필요가 없다. 자신이 진정으로 원하는 것이 무엇인지 알기만 하면 필요로 하는 사람들이 저절로 삶 속으로 들어올 것이기 때문이다.

인력의 법칙이 완성되는 가장 기본 요소는 생각이다. 생각은 일종의 에너지이다. 이 에너지가 진동하는 속도는 생각에 수반되는 감정의 강도에 의해 결정된다. 생각에 감정의 힘이 셀수록 그 생각의 파이는 커진다. 흥분할수록, 그리고 겁낼수록 생각은 더욱 빨리 우리 생각을 밖으로 발산하여 비슷한 사람들과 비슷한 상황을 우리의 삶 속으로 끌어들인다.

행복한 사람들은 행복하고 즐거운 다른 사람들을 끌어당긴다. 항상 풍요로움을 생각하는 사람은 돈을 벌 수 있는 아이디어와 기회를 끌어당긴다.

하지만 인력의 법칙을 좋게만 봐서는 안 된다. 그 이유는 다음과 같다. **인력의 법칙은 중립적이다.** 이 법칙은 우리에게 도움이 될 수도 있고 해를 끼칠 수도 있다. 우리가 만약 부정적인 생각과 부정적인 감정에 더 많이 휩싸여 있다면 그러한 부정적인 생각의 결과를 삶 속으로 끌어당길 수 있으므로 주의해야 한다.

우리는 엄격한 마음의 훈련을 통해 주된 생각을 바꿀 수 있다. 바라는 것에 집중하고 원치 않는 것을 거부함으로써 우리는 생각을 단련시킬 수 있다. 자신의 목표를 명확하게 정하고 그것을 성취할 수 있다고 지속적으로 낙관적인 태도를 견지하는 사람들에게 왜 수없이 좋은 일이 생기고 도움을 주는 사람들이 나타나는지를 설명하는 단어가 바로 '운이 좋다.'라는 말이다. 인력의 법칙은 운이 좋은 결과를 가져오게 한다.

인력의 법칙 셀프코칭

Q1. 지난 한 주 동안 당신의 머릿속을 채운 '주제'는 무엇인가요? 그 주제는 '인력의 법칙'에서 보았을 때, 긍정적인 것을 끌어당기나요? 혹은 부정적인 것을 끌어당기나요? 그 이유는 무엇인가요?

Q2. "우리는 엄격한 마음의 훈련을 통해 주된 생각을 바꿀 수 있다.", "바라는 것에 집중하고 원치 않는 것을 거부함으로써 우리는 생각을 단련시킬 수 있다."

1) 위 표현을 보면 어떤 생각이 드나요?

2) 당신은 어떤 생각에 집중하고, 어떤 생각에 거부하는 훈련이 필요한가요?

Q3. 소중히 여기는 이들로부터 존경받고 진정 원하는 삶을 살기 위해, 나는 어떤 사람이 되어야 하나요?

아무것도 할 수 없을 때 성공하는 멘탈법칙(상응의 법칙)

상응의 법칙이란 **"안에 있는 대로 밖으로 표출된다."**라는 것이다. 이 법칙에 의하면 외부 세계는 내부 세계를 보여주는 거울이다. 따라서 사람들의 외부로 드러나는 것을 통해 그들 안에서 무슨 일이 일어나고 있는지 알 수 있다.

인간관계라는 외부 세계는 진실한 내부의 성품과 상응한다. 건강이라는 외부 세계는 내면의 마음의 태도와 상응한다. 수입과 경제력이라는 외부 세계는 생각과 준비라는 내면의 세계와 상응한다. 사람들이 우리에게 반응하는 방식은 그들에 대한 우리들의 태도와 행동을 반영한다.

모든 것은 안에서 밖으로 향한다. 어렸을 때 내가 범했던 커다란 실수는 무엇이 되려고 하기보다 무엇을 하려고 하는 데 노력을 집중했다는 점이다. 나는 방법과 기술을 배우고 연습만 하면 내가 원하는 것들을 얻을 수 있다고 생각했지만, 결국은 더 본질적인 것이 필요하다는 것을 알게 되었다.

독일의 철학자 괴테는 **"무엇인가를 잘하기 위해서는 먼저 그것이 되어야 한다."** 라고 말했다. **먼저 스스로를 변화시켜야 한다. 외부에서 다른 결과를 얻기 전에 먼저 안에서부터 다른 사람이 되어야 한다.** 내면의 상태를 사람들에게 꾸며서 보여주는 것은 불가능하다. 가능하다 하더라도 사람들은 오랫동안 속일 수는 없다.

많은 사람들이 다른 것을 바꿈으로써 삶을 향상시키거나 바꾸려고 노력한다. 그들은 거울에 비친 자신의 삶이 어둡고 칙칙하다고 느낄 때 삶 자체가 빛나도록 하는 대신에 거울을 닦아서 빛을 내게 하려고 한다.

윌리엄 제임스는 **"내 일생에서 가장 혁명적인 변화는 마음의 태도를 바꿈으로써 삶의 외부를 바꿀 수 있다는 발견이었다."**라고 말했다. 우리가 스스로에게 할 수 있는 가장 중요한 질문은 "소중히 여기는 이들로부터 존경을 받고 진정 원하는 삶을 살기 위해, 나는 어떤 사람이 되어야 하는가?"이다.

앞에서 본 것처럼 안과 밖은 일치한다. 살아가다 보면 아무것도 할 수 없는 상황에 맞닥뜨리게 되는 때가 있다. 어떠한 행동을 할 수 없고 무언가를 해보려고 하지만 환경이 뒷받침되지 않을 때 상응의 법칙을 생각해 보고 마음부터 바꿔라. 내 마음을 바꿔서 내 안이 채워진다면 외부가 바뀌가 될 것이다. 상응의 법칙에 대한 실천 방법으로 저널링을 소개한다.

현재 1조 원의 자산가이자 6개의 회사 엑시트한 기업가인 패트릭그로브가 그의 모든 목표들을 달성하게 도와준 '비밀'은 바로 저널링이다. 저널링은 무언가를 적는 것, 기록하는 행위, 일기를 쓰는 것, 내 목표를 적는 것 등 생각을 정리하기 위해 무언가를 끄적이는 것 모두 저널링이다. 저널링의 효과의 비밀은 내가 생각한 것이 이미 이루어졌다고 믿는 마음에서부터 시작한다.

저널링 구체적 가이드

① 주기적으로 1시간 동안 시간을 만든다. (타임 블록킹)

② 집이 아닌 색다른 카페나 장소에 노트와 펜만 챙겨간다. (아무한테도 방해받지 않는 곳을 추천)

③ 저널링을 한다.

④ 불평, 불만, 부정적 생각들을 모조리 노트에 적는다. (제한된 신념 체크하기)

⑤ **내가 진정으로 원하는 바를 적는다. 이미 이루어진 것처럼 현재진행형으로 쓴다. 바라는 것에 집중한다.**

※ 목표는 거대할수록 좋다. 우리의 뇌는 상상과 현실을 구분하지 못하기 때문에 나의 뇌에 진정으로 원하는 바가 이루어졌음을 선언한다.

상응의 법칙 셀프코칭

Q1. 현재 당신의 마음속에서는 어떤 소리가 들리나요?

Q2. 건강, 수입, 관계 등 외부의 결과는 '내면의 세계'가 어떠하느냐에 따라
결정된다고 합니다. 당신의 내면의 세계는 어떠한가요?

Q3. 하루를 시작하면서 '긍정적이고 활기찬 내면을 일으키는 것'이 좋습니다.
당신은 어떤 내용을 상상하거나 상기하면서 아침을 시작하고 싶은가요?

즐겁게 무시하기
(멘탈에너지 총량의 법칙)

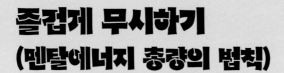

일상적인 활동, 감정, 사고, 스트레스 등에 따라 개인이 가지고 있는 정신적인 활동을 멘탈에너지라고 한다. 이 개념은 일상 생활에서 우리가 얼마나 기운차게 느끼는지, 명확하게 생각할 수 있는지, 능률적으로 일을 처리할 수 있는지 등을 나타내는 용어이다. 요즘에는 속된 말로 "멘탈이 무너졌어.", "멘탈이 털렸어."라는 말이 멘탈에너지가 바닥났다는 뜻의 여러 표현이다.

멘탈에너지는 굉장히 각 개인마다 주관적이며, 다양하게 변한다. 어떤 사람은 하루 종일 에너지가 넘쳐 보일 수도 있고, 어떤 사람은 지치고 힘든 멘탈의 컨디션이 유지될 수 있다. 멘탈에너지의 총량을 유지하고 향상시키기 위해서는 충분한 휴식과 신체적, 정신적인 관리가 중요하며 스트레스를 효과적으로 관리하는 것이 중요하다.

여기서 주목할 것은 멘탈에너지의 총량은 제한적이라는 것이다. 각 개인마다 멘탈에너지의 총량이 다르고 또한, 소모성이 있다.

하루에 쓸 수 있는 멘탈에너지가 정해져 있다고 한다면, 그 멘탈에너지를 보다 효율적으로 관리하기 위해서는 여러 가지 노력이 필요할 것이다.

예를 들어, 생산성 향상을 도와줄 애플리케이션을 사용한다거나 일정 계획을 세워서 정해진 목표를 완수하는 것이 도움이 될 수 있다. 멘탈에너지를 몰아서 쓸 일이 있다면 낮잠 등을 통해 멘탈에너지를 보충할 수도 있겠다.

새로운 일을 하거나 평소에 쓰지 않는 멘탈에너지군을 사용하면 조금 빨리 쉽게 지친다. 한 가지 예로, 신입사원 시절을 떠올려 보면 크게 하는 일은 없으면서도 너무 피곤해서 집에 가면 바로 쓰러져서 잠에 들었을 것이다. 아무래도 많은 양의 새로운 정보가 한꺼번에 들어오고 이를 처리하는 뇌는 적응을 위해 힘껏 일하기 때문에 지치지 않았을까 예상해 본다. 이미 익숙해진 반복 업무는 새로운 업무보다 쉽게 처리할 수 있다. 능숙하다. 처음 그 일을 시작했을 때 느끼던 피로감은 더 이상 없을 것이다.

사람의 멘탈에너지는 이처럼, 무한대가 아닌 제한적이다. 스티븐 잡스가 언제나 똑같은 옷을 입고, 쓸데없는 에너지를 쓰지 않은 것은 멘탈에너지 총량의 법칙의 좋은 예이다. 다른 예로는 개그맨들이나 개그우먼들이 밖에서 신나게 떠들고는 집에 가서 한마디도 하지 않은 사람들이 많다고 한다. 이것 또한 멘탈에너지 총량의 법칙으로 볼 수 있다.

멘탈에너지 총량의 법칙을 이해한다면 당신의 삶은 달라질 것이다. 멘탈에너지를 써야 할 곳에 집중하고 쓸데없는 것에는 즐겁게 무시해 버리자. 나의 중요한 일들을 위해서 바람직한 태도이다.

메멘토모리(Memento Mori)는 "죽는다는 것을 기억하라.", "죽음을 잊지마라."라는 뜻의 라틴어이다. 우리가 죽음이 생각하게 되면 현재의 삶을 더욱 소중히 여기고 성실하게 살아가는 마음가짐이 다져지는 것처럼, 열정만 있으면 멘탈에너지가 언제나 발생될 것이라는 생각을 접고 멘탈에너지는 소모성 자원이므로 내가 집중해야 할 일과 버려야 할 생각과 일들이 무엇인지 구분하면서 살아야 한다.

앞으로는 나의 에너지를 아끼기 위해 쓸데없는 일들은 즐겁게 무시하자.
왜? Why?
나의 멘탈에너지는 소모성 자원임을 명심하라.

멘탈에너지 총량의 법칙 셀프코칭

Q1. 현재 당신의 멘탈에너지 상태를 점수로 체크하면 몇 점인가요?

1	2	3	4	5	6	7	8	9	10

Q2. 위의 멘탈에너지 점수를 준 이유는 무엇인가요?

Q3. 내가 가지고 있는 멘탈에너지 중 집중해야 할 3가지 분야는 무엇인가요?

Q4. 멘탈에너지의 소진을 막기 위해 줄여야 하는 당신의 나쁜 습관 3가지는
무엇인가요?

스스로 멘탈이 성장할 수 있는 노하우(멘탈 침묵의 법칙)

K-웰니스(K-wellnes)라고 불리는 '멍 때리기 대회'를 아는가? 이 대회는 2016년 가수 크러쉬가 1등을 하면서 더욱 알려진 대회인데 우리나라뿐 아니라 해외에서도 개최되는 대회이다. 이 대회의 목적은 두뇌를 잠깐 멈춤, 즉 침묵을 주는 것이다. 그것이 '멍 때리기'라는 말로 표현이 되는 것인데, 이는 두뇌에게 휴식을 줌으로써, 집중력과 창의력을 높이고 두뇌 스트레스를 풀어주는 것에 목적을 둔다.

멍 때리기, 즉 머릿속에서 아무 생각을 하지 않는 두뇌 휴식 상태인 것인데, 이는 두뇌에 좋은 영향을 미친다. 여행을 가서 모닥불에 불멍, 바다멍, 하늘멍, 물멍을 하고 나면 기분이 좋아지는 것을 한 번쯤은 경험해 보았을 것이다.

멍 때리기를 멘탈 침묵의 법칙으로 명하고 효과성에 대해 좀 더 알아보자. 침묵의 법칙은 첫째, 두뇌에 휴식과 스트레스 해소를 돕는다. 1초에 눈으로 들어오는 시각적 정보량은 10만 개 정도 되는데, 우리의 두뇌는 자극과 정보로 하루 종일 바쁘게 움직인다. 이런 자극을 잠시 멈추고 두뇌를 쉬게 해줌으로써 두뇌의 긴장을 완화시킨다.

둘째, 침묵의 법칙은 무의식적으로 다양한 생각이 드는 시간을 제공하기 때문에, 이러한 무작위적인 뇌 활동은 창의성을 촉진하고 문제해결능력을 향상시킬 수 있다. 새로운 아이디어나 관점을 발견하고, 예상치 못한 해결책을 찾을 수 있는 기회를 제공한다. 목욕을 하다 유레카를 외친 아레키메데스의 사례가 침묵의 법칙을 이해할 수 있는 사건이다.

셋째, 침묵의 법칙인 멍 때리는 순간에도 뇌는 활동을 계속하며, 이때 기억력과 관련된 일종의 정리 작업이 진행된다. 이러한 작업은 장기 기억력 강화와 정보를 더욱 효과적으로 저장하는 데 도움을 줄 수 있다.

넷째, 침묵의 법칙은 차분한 마음 상태를 유도해 집중력을 개선하는 데 도움을 준다. 멍 때리는 동안 마음을 조용하고 차분한 상태로 유도할 수 있기에 마음의 안정이 증진되면 집중력을 개선할 수 있다.

이렇듯 침묵의 법칙은 아무것도 하지 않는 시간처럼 보일 수 있지만, 사실상 뇌에 많은 이점을 제공하는 시간이다. 자극적인 일들을 멈추고 그냥 머릿속을 비워두는 시간을 갖는 것은 뇌에 유익한 휴식으로써 중요하다.

침묵의 법칙 셀프코칭

Q1. 당신이 경험해 본 침묵의 법칙 중 가장 효과가 좋았던 경험은 무엇인가요?

Q2. 침묵의 법칙을 통해 두뇌에 휴식을 주는 시간을 계획한다면 어떤 방법의 침묵을 할 것인가요? (ex: 불멍, 바다멍, 하늘멍, 식물멍 등)

Q3. 침묵의 법칙을 통해 당신은 어떤 효과를 얻고 싶나요?

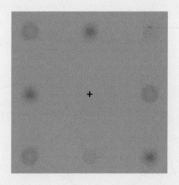

가운데 +를 바라보고 멍 때리기를 해보세요. 주변의 칼라 동그라미가 사라집니다.

(착시현상이긴 하나 원하는 것에 집중하면 주변은 사라진다는 것입니다)

CHAPTER

01 최강멘탈을 가진 사람들의 공통점

02 멘탈을 강화하는 7가지 성공요소: 최강멘탈 S-모델

03 멘탈강화 15가지 비법

04 잠재역량 강화하기

PART 04

멘탈
강화하기

− 슈퍼멘탈 유지하기 −

최강멘탈을 가진 사람들의 공통점

여기서 언급된 최강멘탈은 필요한 순간에는 양보할 줄도 알고, 타인이나 스스로를 용서하고 다시 이끌어갈 수 있는 용기를 가진 사람들의 정신력을 의미한다. 특히, 어려운 순간에도 쉽게 무너지지 않고 빠르게 회복할 수 있는 건강한 마음을 지닌 사람들. 이들의 공통점이 바로 최강멘탈을 지녔다는 것이다.

캘리포니아 주립대학에서 실시한 연구에 의하면 타고난 성격이 50%, 돈이나 결혼, 직장, 종교 등 외부적인 환경 요소가 10%라고 한다. 나머지 40%는 스스로의 노력 여하에 따라서 달라질 수 있기 때문에 우리는 여기에 집중해야 한다.

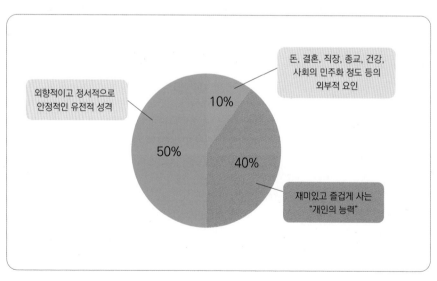

• 캘리포니아 주립대학, 소냐 류보머스키(Sonja Lyubomiesky)의 "The How of Happiness" •

정신적인 힘이 강한 사람들의 공통점은 3가지가 있다.

1) 건강한 자존감

자존감은 '있는 그대로의 모습에 대한 긍정'이지만, 자존심은 '경쟁 속에서의 긍정'을 의미한다. 자존심이 강한 사람은 스스로가 부족하다는 것을 감추고 잘났다는 믿음을 갖도록 스스로 강요하고, 자신의 성과를 타인에게 과시하고 드러내기에 바쁘다. 인정의 기준이 내면이 아닌 외부에 있기 때문이다. 그래서 누군가의 인정에 항상 목말라 있다. 자존심에 휘둘리면 분별력을 잃게 된다.

자존감이 높은 사람은 이러한 자존심을 부릴 가능성이 적고, 꼭 필요할 때만 사용한다. **자기 스스로를 객관적으로 판단하고 인정할 수 있는 사람은 단기적인 실패나 부진에 불안해하지 않는다.** 따라서 자존감이 높은 사람일수록 흔히들 멘탈이 강하다는 이야기를 많이 한다. 자존감의 요소는 **객관적인 자기판단, 과제수행 능력의 개발 노력, 긍정적인 사고**로 정리할 수 있다.

> **자존감 테스트 - 10점 만점 중 어느 정도 수준인지 생각해 보자.**
>
> ① 스스로를 객관적으로 알아차리고, 있는 그대로의 나를 존중하고 있는가?
> ② 어떠한 과제를 수행할 수 있는 능력을 갖추기 위해 노력하고 있는가?
> ③ 내 스스로 환경을 통제할 수 있음을 믿고 매사에 감사한 일들을 찾아낼 수 있는가?

2) 사고의 유연성

어떠한 상황이 주어졌을 때 기존의 패러다임에 갇혀 있지 않고, 상황과 조건에 따라 다양한 방식으로 사고할 수 있는 능력을 말한다. 이 능력은 성공과 변화의 핵심 원리라고 할 수 있다.

사람에 대한 포용의 힘을 키우려면, **사람은 누구나 자기 세상에서 최선을 다해 살아가는 존재**라는 믿음이 필요하다. 조금 부족하더라도, 나와 맞지 않더라도 분명 그 사람은 자기 세계 안에서 최선을 다하고 있는 것이다.

유연성은 창의력과 통찰력에도 꼭 필요한 역량이다. 세상을 바라보는 자신의 안경을 벗고 순수하게 받아들일 마음의 준비가 되어 있으면 다양한 해결 방법이나 아이디어들도 많이 얻을 수 있다. 그리고, 유연성은 **그 상황을 인정하고, 사람을 이해 (존중)하고, 부정적인 생각을 비우려는 노력이 필요하다. 그리고, 인생에서 벌어지는 다양한 경험들을 긍정적으로 승화시킬 줄 아는 지혜가 유연성을 키워주는 요소이다.** 사고의 유연성이 있는 사람일수록 위기상황 속에서 더 빛이 난다.

필수적 다양성의 법칙에서 모든 조건이 동일하다면 가장 폭넓게 반응하는 기계나 사람이 그 시스템을 통제할 수 있게 된다는 것이다. 즉, 같은 위기상황일 때 **유연한 사람이 언제나 더 많은 것을 선택할 수 있게 되고, 이는 곧 통제를 더 잘할 수 있다**는 의미와 같다.

3) 빠른 회복 시스템

성공하는 사람들의 7가지 습관의 저자 스티븐 코비는 자신의 책에서 90:10의 법칙을 강조했다. 인생은 우리가 통제하기 힘든 10%의 사건과 90%의 반응으로 이루어져 있다는 의미이다. 어떤 사건이 벌어졌을 때 그 사건이 누구에게 벌어졌느냐에 따라서 결과가 달라지게 되는 것을 많이 보았을 것이다. 괴로움은 피할 수 없더라도 고통은 선택이다.

이처럼 어떠한 의미를 부여하고 선택하느냐가 관건이다. 이 과정을 회복 시스템이라 한다. 회복 시스템이란 시련이나 실패에 대한 인식을 빠르게 긍정적으로 바꿔주어 다시 회복할 수 있도록 하는 것을 의미한다. 그들은 같은 문제도 바라보는 시각이 긍정적이고, 그러다 보니 행동지침도 남다르다. 당연히 좋은 결과가 나올 수밖에 없는 체계를 갖추고 있다. 특히, 스트레스와 불안을 극복하는 자기만의 방식 또는 장치가 많을수록 유리하다.

간단히 말하면 마음의 근육을 훈련하는 작업이라고 할 수 있다. 노동과 운동의 차이와 마찬가지이다. 노동은 건강상태와 상관없이 무리가 가더라도 그 행동을 지속적으로 하는 것이고 매우 수동적이다. 반면, 운동은 신체상태의 컨디션에 따라 휴식을 취하기도 하고, 인체에 좋은 영향을 미치는 바른 자세를 취해 더 좋은 건강함을 유지하기 위해 선택하는 매우 능동적인 행위이다.

멘탈을 강화하는 7가지 성공요소: 최강멘탈 S-모델

시대와 환경을 떠나 훌륭한 사람들에게 공통적으로 나타나는 신(좋은 이미지), 언(공감과 긍정의 말), 서(표현), 판(유연한 판단력)은 동서고금을 막론하고 사람을 평가하는 기준으로 적용되어 왔고, 이와 더불어 지(지혜), 덕(사랑), 체(용기 있는 행동)를 융합하면 아주 훌륭한 자기관리 점검표가 된다.

S-모델의 장점은 단시간에 자신의 개발할 요소를 파악할 수 있게 한다는 것이다. 예를 들어, 신-언-서-판의 요소 중에 자신이 가장 장점으로 활용할 수 있는 요소를 찾게 되면서, 동시에 개발할 요소를 함께 알 수 있게 되는 원리이다. 사람마다 각각의 좋은 점과 개발할 점들이 있는데, 이것을 한 장의 점검표처럼 작성하고 관리하는 사람은 실제로 많지 않다. 매력적인 성공자는 끊임없이 자신을 관리한다는 공통점이 있다. 우리에게는 자신을 점검하고 새롭게 개발하기 위한 도구가 필요하다.

• S-모델 작성을 위한 사전 점검표 – 프로스포츠 KLPGA 1부 투어 프로 골프선수 멘탈코칭 사례 •

구분	신 (좋은 이미지)	언 (말하기)	서 (표현)	판 (유연한 사고)	지 (지혜)	덕 (사랑)	체 (용기 있는 행동)
강점	-	-	인사를 잘함	-	-	사랑이 많음	-
개발할 점	평범한 스타일	말하는 게 힘듦	-	시합 중 멘탈이 흔들림	전략 수립이 어려움	-	소심한 성격

멘토	박세리 선수	아버지	유재석	소렌스탐 선수	코치님	박세리 선수	소렌스탐 선수
선정 이유	배려, 사랑, 선수들에게 호감도 높음	언제나 따뜻한 말을 하심	말을 잘함	강철 멘탈	지혜롭고 전략적임	후배를 잘 챙김	자신감과 당당함 최고
개발 목표	파워포즈 만들기	좋은 말하기	적극적 표현하기	시합 중 평정심 유지	시나리오 전략수립	사회적 기부 참여	자신감

▌S-모델 사전 점검표 작성 방법

① S-모델의 7가지 요소(신-언-서-판-지-덕-체)별로 자신의 강점을 채운다.

② 자신이 개발하고 싶은 요소를 찾아서 기재한다.

③ 7가지 부문에서 멘토로 삼고 싶은 롤모델을 선정한다. (멘토 선정은 존경하고 닮고 싶은 사람 중 선정하고, 멘토의 강점을 개발목표로 설정할 수 있음)

④ ③에서 선택한 멘토의 선정 이유를 기록하고 자신의 개발할 목표를 설정한다.

⑤ S-모델 작성하기 양식을 참조하여 각 요소별로 작성해 나간다.

S-모델 세부항목 점검표는 실전에서 구체적으로 적용하기 위해서 쓰는 도구이다. 성과와 목표달성을 위한 자기분석, 새로운 전략 구상이나 점검 등 다양한 상황에서 적용할 수 있다. 각 항목별로 표를 완성한 후, 가까운 곳에 두고 자주 볼수록 코칭효과가 높아진다.

신	좋은 이미지	우승 세리머니, 우승 때 입을 패션, 웃음 가득 밝은 인사
언	말하기	굿 샷~, 나이스 샷~, OO프로 최고!
서	표현	좋은 것을 나누고 베풀겠습니다. 함께 해주셔서 진심으로 감사합니다.
판	유연한 사고	맘껏 즐기겠다. 어려운 상황은 새로운 기회로 만들겠다.
지	지혜	**시나리오 5가지 만들기** • 매우 만족, 만족, 보통, 불만족, 매우 불만족 • 각 시나리오별로 이미지화 및 롤플레잉, 각 홀(전체 18홀)마다 대처법을 그림 • 불만족과 매우 불만족 시에 NLP 코칭스킬과 멘탈코칭 기법으로 현장 대안연습 진행, 잠재역량의 무한한 가능성과 자신감을 활용 가능하게 해줌
덕	사랑	• 자기 자신에게 줄 선물을 정해서 코치와 나누며 스스로를 사랑할 수 있는 방법을 적용함 • 사랑하는 사람들에게 줄 것을 적고 나눌 수 있는 기쁨을 잠재의식 속에 저장, 자신이 골프를 하는 이유를 알 수 있게 해줌 • 도울 사람을 정하고 자선 통장을 만들어서 기부할 수 있게 함
체	용기 있는 행동	• 우승을 위한 단계별 목표를 세움(예: 50위권, 40위권) • 연습시간 4일 남음 - 기승전결(흐름과 방향을 설정해 주는 것) 　- 첫째 날: 드라이브 3, 아이언 1, 숏게임 1 　- 둘째 날: 드라이브 1, 아이언 3, 숏게임 1 　- 셋째 날: 드라이브 1, 아이언 1, 숏게임 3 　- 넷째 날: 이미지 트레이닝(눈을 감고 좋아하는 선, 파란색 선으로 퍼팅이 가도록 함) • NLP 코칭기술 활용: 공이 굴러 갈 수 있는 파란선 길 대폭 확장, 홀 컵 확대

S-모델 세부항목 점검표 작성 방법

① 신(좋은 이미지): 누군가에게 보여지는 첫 이미지를 설정한다. 자신에게 잘 어울리는 옷을 입고 밝은 표정을 지으며, 어떤 포즈를 할지 예상해서 완성해 간다.

② 언(말하기): 자신이 듣고 싶거나 좋아하는 말과 받고 싶은 칭찬 내용을 작성한다.

③ 서(표현): 평소에 자신의 가치관이나 감정을 표현하는 것으로서 미리 화법을 정리해 둔다. 이는 실제 상황에서 유용하게 활용된다.

④ 판(유연한 사고): 어려운 상황을 이겨내는 데 도움이 되는 사고방법을 기록한다. 모든 사고는 긍정적 표현과 리프레이밍을 활용한다.

⑤ 지(지혜): 5가지 시나리오 전략(매우 만족, 만족, 보통, 불만족, 매우 불만족의 상황)을 활용하여 상황별 매트릭스를 완성한다.

⑥ 덕(사랑): 제일 먼저 자신을 사랑하는 방법을 기재한다. 그다음 타인을 사랑하는 방법과 구체적인 실천전략을 기재하고 마무리한다.

⑦ 체(용기 있는 행동): 구체적인 기한과 목표를 숫자로 표현하며, 세부 목표를 작성한다.

프로스포츠 선수는 멘탈코칭의 목적으로 이 2가지 양식을 모두 활용했다. 각자의 상황에 맞춰서 사용하면 된다.

최강멘탈 S-모델 채우기
S-모델 + 핵심 키워드 코칭: 꿈과 목표의 방향을 정할 때 사용하자.

스스로 해보기

헬프 코칭

※ 여러분도 작성해 보세요.

1. S-모델 작성을 위한 사전 점검표

구분	신 (좋은 이미지)	언 (말하기)	서 (표현)	판 (유연한 사고)	지 (지혜)	덕 (사랑)	체 (용기 있는 행동)
강점							
개발할 점							
멘토							
선정 이유							
개발 목표							

2. 나의 S-모델(신-언-서-판-지-덕-체) 작성하기

구분		내용 작성하기
신	원하는 첫 이미지는 무엇인가?	
언	자신이 듣고 싶은 말은 무엇인가?	
서	어떤 표현을 자주 하고 싶은가?	
판	고난을 극복하는 한마디는 무엇인가?	
지	상황별 이미지는 무엇이고, 어떻게 대처할 것인가?	• 매우 만족: • 만족: • 보통: • 불만족 • 매우 불만족:
덕	나와 타인을 사랑하는 방법은 무엇인가?	• 나: • 타인:
체	어떻게 실천할 것인가?	

※ 슈퍼멘탈 강화모형 상세내용

지니어스 크리에이터 슈퍼멘탈코치 윤석민의 코칭 레시피				
슈퍼멘탈 강화모형				
슈퍼멘탈 업그레이드				
S	스트롱 역량	강력한 체력과 멘탈의 준비	운동생리학, 운동처방에 맞는 균형 잡힌 바디디자인 설계	바디디자이너 코칭 - 신체역량 강화를 통해 건강하고 강력한 에너지 발산, 멘탈강화의 시작, 심신의 조화, 생활습관 조절
U	업그레이드 마인드	긍정의 에너지화, 슈퍼마인드 개발	숨겨진 자신감과 에너지를 업그레이드할 수 있는 구성	마인드 리노베이션 코칭 - 리프레이밍, 메타모델, NLP 스킬 활용
P	열정의 재미	지속 가능한 열정과 즐거움 강화	잠재역량의 흥미 - 열정의 방향을 찾고 에너지 충전	원하는 목표에 집중하기 - 가슴 뛰는 설레는 열정 만들기, 결정적 코칭, 코칭의 즐거움 나누기
E	에코 시스템	있는 그대로 머물러도 좋은 에코시스템	좋아하는 것들로 가득할 수 있는 생태계(환경)로 완성	내가 원하는 생태계(환경) 만들기 - 삶의 균형과 조화를 이룰 수 있는 코칭, 스마트 시스템 구축
R	관계의 질적 향상	슈퍼멘탈을 위한 관계의 본질적 탐구	사실에 근거한 관계 설정과 깨끗한 대화로 멘탈강화	사람-사랑-일(직무, 스포츠)에 대한 관계의 궁극적인 탐색과 질적인 성장을 돕는 코칭, 호오포노포노, 명상과 센터링
선행요인				
1	나는 해낼 수 있는가?	자기점검과 자기효능감 진단, 멘탈전문 코칭	스포츠심리학의 핵심인 멘탈코칭 로드맵에 맞게 진행	최고의 프로를 위한 최강의 멘탈 프로그램으로 최상의 성과를 만들어 냄

※ 멘탈코칭 로드맵
1. 최종목표(총 9개 영역), 2. 자신감(총 9개 영역), 3. 목표설정(총 9개 영역), 4. 집중력(총 9개 영역), 5. 자기관리(총 9개 영역), 6. 루틴(총 9개 영역), 7. 심상(총 9개 영역), 8. 이완(총 9개 영역), 9. 수면패턴(총 9개 영역) = 전체 총계 81개의 멘탈영역에 대한 전문적 진행

2	모든 것을 집중할 가치가 있는가?	무엇을 위해 가치를 만들어 낼지 결정	가치의 8단계 탐구, 원하는 가치모델 만들기	"최종 가치를 위한 멘탈 전문 코칭 - 새롭게 정립한 가치 모델에 맞는 실행력과 집중력 향상"

탁월한 리더가 선택한 전략적 지혜 - 5STAR 코칭(1. 꿈 → 2. 목표 → 3. 믿음 → 4. 실행 → 5. 리드)으로 실행력을 높임

멘탈관리(유지) 시스템				
S	S-Coaching	언제 어디서나 쓸 수 있는 실용 멘탈코칭	실제 사용 가능한 다양한 멘탈관리 방법과 실행 시스템	창의적 실전 멘탈코칭 - S-필름, 모델, 보이스, 레코더, 샤우팅
M	자기 효능감 (Motive-in efficacy)	자신의 능력에 대한 믿음	자기효능감 진단-멘탈코칭-피드백-실행-관리	긍정심리 자본의 첫 번째 요소인 자기효능감 증진으로 강력한 멘탈 유지
A	낙관주의 (Action-in optimism)	발생적 원인에 대한 긍정적인 생각과 태도	긍정태도 유지를 위한 상시 시스템 준비 및 적용	긍정심리 자본의 두 번째 요소인 낙관주의로 긍정성 확보
R	회복력 (Resiliency)	역경 속에서도 긍정적인 상태로 돌아오는 능력	교훈찾기와 강력한 동기에 대한 신뢰 구축	긍정심리 자본의 세 번째 요소인 회복력 강화로 멘탈관리
T	희망 (Trust in hope)	목표 달성을 위해 갖는 의지와 경로	목표에 집중하는 자신에 대한 믿음과 의지력 발산	긍정심리 자본의 네 번째 요소인 희망으로 목표달성을 위한 의지력 향상
강화 방법				
가 족	패밀리 코칭	가족 전체가 든든한 후원 시스템	멘탈코칭의 기초-기본-전문영역에 대한 실습과 체험	가족의 멘탈코칭 시스템 적용 - 멘탈코칭의 주요 핵심스킬 공유

동료	러닝 파트너 코칭	선의의 경쟁과 융합을 통한 시너지 상승	다양한 멘탈기술과 현장적용에 대한 연구로 함께 성장	함께하는 동료와 멘탈 유대감 형성 및 긍정적 성장을 기대
코치	슈퍼멘탈 코치와 공동작업	슈퍼멘탈코치로 성장	습득한 지식을 창의적 활용과 지도에 사용	슈퍼멘탈코치와 함께 강력한 멘탈 강화 및 새로운 멘탈강화 프로그램 개발에 참여

※ 시크릿 스페셜 선물: 한 장으로 끝내는 슈퍼멘탈 강화모형

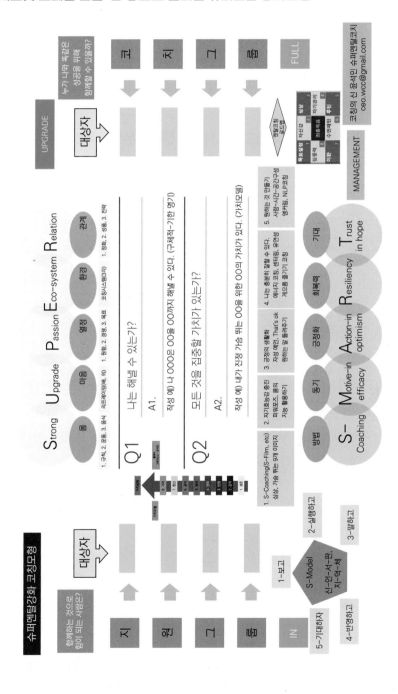

멘탈을 강화하는 15가지 방법

1) 멘탈 만들기: 멘탈 마인드 구성(핵심 – 전략적 선택과 목표, 실행, 자신에 대한 신뢰, 피드백)

① 전략적 선택

강력한 멘탈을 만들기 위해 꼭 필요한 요소가 바로 전략적 선택이다. 멘탈이 약해지는 시작점은 성공적인 성취 시스템이 없기 때문이다. 가장 빠른 멘탈강화를 원한다면 최우선적으로 전략적 선택을 하는 것이 유리하다. 멘탈 만들기에서 전략적 선택은 첫째, 자신이 가장 잘할 수 있는 부분에서 최단기 1등을 하고, 그 1등을 탁월하게 잘 해내는 것을 말한다. 이렇게 되면 승리자의 룰과 1등의 법칙을 따르게 된다. 1등한 사람만 알 수 있는 멘탈 안정과 만족을 경험하며 흔들리는 멘탈에서 벗어나 1등의 기억으로 어려움을 극복할 수 있는 확률이 높아지게 된다. 그러므로 우선자신이 좋아하고 끝까지 잘 해낼 수 있는 것에서 최단기 1등을 먼저 해내자. 그것이바로 전략적 선택의 진수이다. 둘째, 자신이 잘할 수 있는 것을 잘 찾기 어렵다면 무엇이든 반복과 피드백의 과정의 거쳐서 자신만의 노하우를 만들어 내는 과정이 필요하다.

② 목표 설정

멘탈 만들기에서 목표설정은 멘탈의 방향과 강력한 에너지를 전달할 수 있는 통로와 같은 역할을 한다. 목표 설정을 위해서는 SMART 기법을 활용한다. SMART 기법은 개인이 구체적이고 달성 가능한 목표를 정의하고 노력할 수 있도록 돕는 목표 설정 프레임워크이다.

SMART는 다음을 의미하는 약자이다.

- **구체적(Specific)**: 목표는 명확해야 하며, 구체적이어야 한다.

    질문 예) 무엇을 성취하고 싶나요?, 왜 그것이 중요한가요?, 누가 관여하나요?, 어디에서 이루어질까요?, 요구사항과 제약은 무엇인가요?

- **측정 가능(Measurable)**: 목표는 진보와 성공을 측정하기 위한 정량화가 가능한 기준을 포함해야 한다.

    질문 예) 여러분의 진보를 어떻게 추적할 것인가요?, 성공의 구체적인 지표는 무엇인가요?

- **달성 가능(Achievable)**: 목표는 현실적이고 달성 가능해야 한다. 여러분의 능력을 확장해야 하지만 달성 가능한 상태로 남아 있어야 한다.

    질문 예) 자원과 제약을 고려할 때 이 목표가 현실적인가요?

- **관련성(Relevant)**: 목표는 자신의 가치관, 열망, 장기적 목표와 일치해야 한다.

    질문 예) 이 목표가 나에게 중요한가요? 그것이 나의 다른 목표와 우선순위와 일치하고 있나요?

- **시간 제약(Time-bound)**: 목표는 명확하게 정의된 기간 또는 기한을 가져야 한다. 그것들은 긴박감과 헌신을 만드는 데 도움을 준다.

    질문 예) 저는 언제 이 목표를 성취할 수 있을까요? 그것에 가까워지기 위해 오늘 무엇을 할 수 있을까요?

SMART 기법을 사용하면 개인이 보다 구체적이고 실행 가능하며 달성 가능한 목표를 설정하는 데 도움이 되며, 명확성과 책임감을 위한 프레임워크를 제공하여 멘탈강화 목표를 향한 진행 상황을 계획하고 추적하는 데 용이하다. 가장 중요한 구체적이며, 시간의 한계를 정하는 것이 강력하고 실행력을 위한 목표설정의 필수조건이다.

③ 자신에 대한 신뢰

목표설정 후 실행을 지속하기 위해서는 반드시 자신에 대한 깊은 신뢰가 있어야 한다. 자기 신뢰를 위한 마음을 강화하고 자신을 신뢰할 때 더 탄력적이 되고, 더 나은 결정을 하고, 도전에 대처할 수 있는 더 나은 준비가 가능하다. 자신을 더 신뢰할 수 있도록 돕는 과정은 다음과 같다.

- 1단계, 자신을 알기(자기 인식): 자신의 가치관, 강점, 약점, 그리고 진정으로 중요한 것을 알고 있는 것 등 자신을 더 잘 아는 것은 실제로 자신에 맞춘 결정을 내리는 데 도움을 줄 수 있다.

- 2단계, 현실적인 기대를 설정하기: 달성할 수 없는 목표를 설정하거나 자신에게 완벽함을 기대하는 것을 내려놓는 대신 현실적으로 충족할 수 있는 달성 가능한 점진적인 목표 설정으로 높은 기대와 관련된 부담과 불안을 줄일 수 있다.

- 3단계, 자신의 실수와 개발할 점 인정하기: 타인에게 제공하는 것과 같은 친절과 이해로 자신을 대하며 가혹한 자기 비판 없이 자신의 실수와 개발할 점을 인정으로 긍정적인 자기 이미지를 만든다.

- 4단계, 자신과의 약속을 지키기: 나와 한 작은 약속을 하고 지키는 것은 운동이나 일기 쓰기와 같은 일상적인 습관일 수 있다. 스스로 약속을 꾸준히 지킬 때, 약속을 지키는 능력에 대한 신뢰가 쌓이고 그것이 자신의 신뢰를 더 굳건하게 만든다.

- 5단계, 규칙적인 센터링(마음의 중심 잡기)과 자기성찰 실천하기: 여러 가지의 생각, 감정, 그리고 행동을 더 잘 이해하는 데 도움이 된다. 이를 통해 객관화의 과정을 확인하고 의식적인 선택을 할 수 있게 한다.

- 6단계, 긍정적인 영향으로 자신을 둘러싸기 자신을 믿는 지지적이고 긍정적인 사람들을 찾고 그들과 함께하는 긍정시스템으로 자신감을 높인다. 이를 통해 자신의 결정을 신뢰할 수 있다.

- **7단계, 가치관에 충실하기**: 내가 하는 행동이 내가 원하는 핵심 가치와 신념에 맞는지 확인하고 가치관에 맞는 행동을 할 때, 진실성에 대한 신뢰를 얻을 수 있다.

자기 신뢰는 지속적인 여행이라는 것을 기억하자. 자기 의심의 순간이 있는 것은 정상이지만, 꾸준한 노력과 자기 성찰로 마음을 더 강하게 하고 이를 바탕으로 자신을 더 전적으로 신뢰할 수 있는 멘탈강화 시스템을 만드는 것이 필요하다.

④ 실행

지속 가능한 실행을 위한 방법은 회복력, 훈련, 그리고 집중과 동기를 장기적으로 유지하기 위한 전략을 개발하는 것이다. 이를 달성하기 위해 다음과 같은 과정을 거쳐본다.

- **1단계, 명확한 목표 설정**: 구체적이고, 달성 가능하고, 의미 있는 목표를 정의한다. 명확한 목적 의식을 가지면 헌신적으로 지낼 이유가 생긴다.
- **2단계, 목표관리**: 큰 목표를 작은 규모의 관리 가능한 작업으로 나누고, 이를 통해 목표의 부담을 덜고 진행 상황을 더 쉽게 추적할 수 있다.
- **3단계, 루틴 개발**: 목표와 관련된 일을 통합하는 일상 또는 주간 루틴을 수립한다.
- **4단계, 일관성**: 규칙을 형성하는 데 도움을 주고 일을 습관적으로 만든다.
- **5단계, 작업 우선 순위 지정하기**: 가장 중요한 일들을 파악하고 우선순위를 정한다. 가장 중요한 것에 집중하는 전략적 선택을 한다.
- **6단계, 회복력 기르기**: 스트레스와 개발이 필요한 피드백 과정을 관리하고, 도전을 성장의 기회로 바꿔서 회복력을 유지하며 유연성을 기른다.
- **7단계, 일과 삶의 균형과 조화 유지**: 일과 개인의 삶, 여가의 경계를 명확히 한다. 과로는 소진과 생산성 저하를 초래할 수 있으므로 지양하고 건강한 삶의 균형과 조화를 위한 선택과 결정을 한다.

- 8단계, 자기관리: 운동, 적절한 영양, 충분한 수면과 같은 자기관리 활동을 우선시하고 건강한 몸과 마음을 유지한다.
- 9단계, 피드백 나누기: 멘토, 동료 또는 코치로부터 피드백을 요청한다. 발전적인 피드백으로 필요한 조정을 하고 지속적인 실행의 에너지를 얻을 수 있다.
- 10단계, 후원시스템 만들기: 지속 가능한 실행력을 위해 목표를 나눌 수 있는 사람들과 자신의 목표를 공유하기로 가까운 코치, 친구, 가족 또는 멘토 등과 나눈다. 주기적으로 목표성과를 나눔으로써 실행력이 유지될 수 있다.

⑤ 리드

강한 정신력을 가진 리더가 되는 것은 정신적인 회복력, 감정적인 지능, 그리고 성장 사고방식을 개발하는 것으로 다음과 같은 특징을 가지고 있다.

- 자기 인식: 자신을 깊이 이해하는 것부터 시작하고, 자신의 가치관, 강점, 약점, 개선해야 할 부분을 성찰한다.
- 감성 지능: 자신의 감정을 인식하고 이해하고 관리함으로써 감성 지능을 개발하는 이 기술은 효과적인 리더십을 위해 매우 중요하다.
- 긍정적 사고방식: 긍정적인 사고방식을 갖고 있으며 문제나 한계에 연연하기보다는 해결책, 기회, 가능성에 집중한다.
- 성장 마인드: 노력과 배움을 통해 능력과 지능을 기를 수 있다고 믿는다.
- 복원력: 좌절에서 회복하는 법을 배우면서 정신적인 회복력을 기른다.
- 적응성: 변화 앞에 유연하고 적응력 있게 변화가 불가피하다는 것을 받아들이고, 이를 혁신하고 개선하는 계기로 삼는다.
- 자기 관리: 정신적, 신체적 건강을 유지하기 위해 자기 관리를 우선시한다. 리더는 팀을 격려하고 지원하기 위해 최선을 다한다.
- 효과적인 커뮤니케이션: 발표와 경청 모두에서 강력한 의사소통 기술을 발휘한다. 팀이 비전을 이해하고 집중할 수 있게 리드한다.

- **공감**: 다른 사람들에게 공감을 보여주고, 그들의 관점과 감정을 이해하고, 이 이해를 통해 신뢰와 공감을 형성한다.
- **의사결정**: 의사결정능력을 향상시키고, 필요할 때 단호한 결정을 내리고, 합리적이고 윤리적인 접근법을 사용한다.
- **갈등 해결**: 갈등을 발전적으로 처리하며, 문제를 신속하게 해결하고 개방적이고 신뢰가 있는 토론을 통해 해결책을 찾는다.
- **실제형 리드**: 팀에서 기대하는 행동과 자질을 보여준다. 말보다 실제 액션으로 리드한다.
- **지속적인 학습**: 평생 배움에 전념하며, 관련성과 효과를 유지하기 위해 지식과 기술을 계속 확장한다.
- **멘토링 및 코칭**: 경험이 풍부한 리더들로부터 통찰력과 지도를 얻기 위해 멘토십이나 코칭을 구한다. 지식을 공유하고 다른 사람들에게도 조언을 구한다.
- **명확한 목표 설정**: 자신과 팀을 위해 명확하고 야심찬 목표를 설정하고 실행 가능한 단계로 나누고 진행 상황을 관찰한다.
- **피드백 및 반영**: 팀과 동료들로부터 피드백을 구하여 리더십 스타일을 지속적으로 향상시키고, 경험과 교훈을 정기적으로 리마인드한다.

가장 강한 정신력을 가진 리더 개인적인 성장, 자기 인식, 그리고 탁월함에 대한 헌신을 포함한다. 리더십은 다른 사람들이 집단적인 목표를 달성하도록 지도하고, 지지하고, 힘을 실어주는 것이다.

2) 멘탈 최강자의 조건: 초긍정 유연성 기르기(저항 훈련 – 방법 소개, 오감 트레이닝, 어려운 과제 해결하기)

멘탈 최강자의 조건은 초긍정 유연성을 보유한 사람이다. 초긍정적인 유연성을 개발하는 것은 도전이나 좌절에 직면했을 때에도 긍정적인 태도로 다양한 상황에 적응하는 능력을 향상시키는 것을 포함한다. 이 사고방식은 개인적인 그리고 직업적인 삶에서 가치가 있을 수 있다. 초긍정적 유연성을 기르기 위해서는 저항 트레이닝이 필요하다. 저항 트레이닝은 다음과 같이 해볼 수 있다.

- **자기 인식 함양**: 현재의 사고방식과 도전적인 상황에 대한 반응을 이해하는 것부터 시작한다. 자기 인식은 긍정적인 변화를 만드는 첫 단계이다.
- **중심 유지하기 – 센터링**: 스트레스 상황에서 현재와 비반응성을 유지하기 위해 센터링 또는 그룹코칭에 참여한다. 센터링은 부정적인 감정에서 벗어날 수 있게 한다.
- **긍정적인 자기 대화**: 부정적인 자기 대화를 긍정적인 긍정과 발전적인 자기 대화로 대체하고 부정적인 생각이 생기면 도전하고 재구성한다.
- **변화를 기회로 수용**: 변화와 도전을 위협이 아닌 성장과 배움의 기회로 보고, 불확실성을 혁신의 기회로 받아들인다.
- **좌절로부터 배우는 것**: 실패에 연연하지 말고 객관적으로 분석하고, 앞으로 개선해야 할 경험을 통해 배울 수 있는 것을 파악한다.
- **회복탄력성 개발**: 역경에서 재기할 수 있는 전략을 개발함으로써 정서적 회복력을 기른다. 좌절은 영구적인 것이 아니라 삶의 일부라는 것을 이해한다.
- **솔루션 지향성 유지**: 문제보다는 해결책에 초점을 맞추도록 트레이닝한다. 어려움에 직면할 때, "이 상황을 해결하기 위해 내가 할 수 있는 일은 무엇일까?"라고 스스로에게 물어본다.

- **감사 연습**: 삶의 긍정적인 측면들에 대해 정기적으로 감사를 표현한다. 이 연습은 당신의 관점을 긍정적인 쪽으로 바꾸는 데 도움을 줄 수 있다.
- **초긍정성으로 자신을 둘러싸기**: 초긍정적이고 힘이 되어주는 사람들과 시간을 보내라. 긍정적인 사회적 관계는 당신의 회복력을 높여줄 수 있다.
- **대처 전략 개발**: 심호흡, 운동, 또는 즐거움을 주는 취미와 같은 스트레스 관리를 위한 효과적인 대처 전략을 개발한다.
- **유연성 연습**: 의도적으로 자신을 새로운 또는 도전적인 상황에 놓음으로써 자신의 적응력을 기른다.
- **긍정적인 역할 모델을 통해 학습**: 긍정적이고 유연한 사람들의 행동과 사고방식을 연구한다. 그들의 접근방식에서 영감과 통찰력을 얻을 수 있다.
- **지금 이 순간에 집중하기**: 과거나 미래에 대한 걱정보다는 지금 이 순간에 온전히 존재하는 것을 연습한다.
- **전문가 도움 요청**: 긍정적인 사고방식을 유지하는 데 어려움을 겪는다면, 인지 행동 기술을 전문으로 하는 코치, 치료사나 상담사에게 도움을 구하는 것을 고려한다.

초긍정적인 유연성을 개발하는 것은 시간과 노력이 필요할 수 있는, 뿌리 깊은 사고 패턴과 반응을 변화시키는 것을 포함한다. 집중과 저항 트레이닝으로, 삶의 어려움에 직면하여 발생할 수 있는 여러 상황에 대한 더 긍정적이고 유연한 사고방식을 기를 수 있다.

3) 멘탈관리자: 무엇을 컨트롤할 것인가? 첫째 나, 둘째 관계, 셋째 몸, 넷째 멘탈, 다섯째 환경

멘탈관리를 위해 무엇을 할 것인가? 멘탈관리를 위해 가장 중요한 순서대로 정리하면 다음 표와 같다. 5가지 중점요소인 나, 관계, 몸, 멘탈, 환경으로 나누고 각각에

내용을 최종 목표, 핵심 키워드, 멘탈요소, 중점 사항, 체크할 점으로 나눠서 요약
해 보면 멘탈관리를 한눈에 쉽게 파악할 수 있다.

• 멘탈관리를 위한 5가지 중점요소 •

구분	최종 목표	핵심 키워드	멘탈 요소	중점 사항	체크 사항	비고
1. 나	멘탈 최강자	자기인식	자기 효능감	성취감 달성	S-모델	원하는 목표설정
2. 관계	긍정-팀워크	신뢰	이타적 협력	마스터 마인드	성향과 적성	관계의 질적 향상 중심
3. 몸	모델	지속성	목표의식	멘탈의 베이스	지속가능 시스템	멘탈관리의 필수요소
4. 멘탈	유연성	균형과 조화	회복 탄력성	리프레이밍	종합적 접근	통합적 멘탈관리
5. 환경	드림 스페이스	긍정+긍정	심상	꿈과 함께	물리적 환경	가슴 뛰는 나의 공간

4) 아주 건강한 피드백 만들기: 빠른 실패보다 계산된 피드백이 원하는 성공의 하이엔드 전략이다.

계산된 피드백은 최고의 하이엔드 전략이다. 100가지 경우의 수가 있다고 가정
해 보자. 이 중에 확실하게 성공할 수 있는 경우가 단 1개만 존재할 경우에 우리는
어떤 선택을 해야 할까? 운 좋게 한 번의 선택으로 원하는 경우의 수를 뽑을 수도
있고, 반대로 마지막 100번째만에 1개를 선택할 수도 있다. 또 어떤 사람은 100명의
경우의 수를 계산하고 자신이 동원할 수 있는 모든 자원을 활용하여 빠른 피드백을
얻고자 할 수도 있다. 내가 진짜 원하는 것을 위해 선택할 수 있는 다양한 방법 중

어떤 선택이 정답일까? 단언컨대 계산된 피드백이 최고의 하이엔드 전략이다. 그 이유는 앞에서 살펴본 바와 같이 계산한다는 것은 그만큼 시간과 에너지, 그리고 자원을 효율적으로 사용할 수 있다는 것이기 때문이다. 그렇게 전략적으로 계산된 피드백은 무언가 다른 하이엔드 가치를 만들어 낸다. 멘탈에서도 자신에 맞는 최고의 하이엔드 전략을 위해 계산하는 것이 그 무엇보다 중요하다.

5) 긍정자원 만들기: 내가 잘 하는 것에 집중하기(스마트 코칭시스템(파트너, 멘토, 실전) 활용하기)

'긍정자원 만들기'를 위해 꼭 필요한 것이 스마트 코칭시스템을 만드는 것이다. 내가 잘하는 것을 만드는 방법은 "무엇을 잘하고 있는가?", "얼마나 잘하고 있는가?", "앞으로 어떤 것을 더 해야 잘 해낼 수 있는가?" 등에 대한 답을 찾아가는 것이다. 이를 위해 꼭 필요한 것이 멘토코치이다.

나의 성공을 진심으로 응원하며 모든 것을 함께할 수 있는 멘토코치가 있으면 내가 잘하는 것을 찾을 수 있고, 객관적으로 성공에 집중할 수 있게 된다. 이와 함께 파트너가 필요하다. 나와 같은 성공과 성취를 원하는 사람들과 함께 한다는 것만으로 충분히 긍정에너지를 얻을 수 있으며 함께 하면서 좋은 시너지 효과를 기대할 수가 있기 때문이다. 그리고 내가 잘하는 것과 원하는 것을 얻기 위해서는 실전에서 지속적인 트레이닝과 적용이 매우 중요하다. 그 과정을 통해 나의 스마트한 코칭시스템은 완성된다. 위로는 멘토코치와 함께, 수평으로는 파트너와 함께, 아래로는 실전을 적용하는 대상과 함께하면 진짜 내가 잘하는 것에 집중할 수 있고 원하는 것도 지혜롭고 빠르게 얻을 수 있다.

6) 크리프론 전략: 지치지 않는 에너자이저 만들기(한계를 정하지 말자)

없으면 만들고 못한다고 하면 내가 해내자. 지치지 않는 에너자이저가 되기 위해서 나만의 가치관과 삶의 철학이 필요하다. 나의 삶의 한계를 정하지 말자. 나는 무한한 가능성을 갖고 있으며, 무엇이든 해낼 수 있다. 내가 갖고 있는 매력은 이 세상에서 더없이 밝게 빛날 것이다. 이 세상에 없는 것은 내가 만들어 보는 것이다. 새롭게 최초를 만들어 내는 기쁨은 온 세상을 다 얻는 것 만큼이나 가치가 있다. 이렇게 하면 언제나 에너지가 샘솟는다. 아직 발견되지 않은 것이 너무나 많다. 새롭게 더 새로운 것을 찾아내자. 누군가 이것은 할 수 없을 거야!, 이렇게 말하는 것이 있다면 도전해 보는 건 어떨까? 누구나 다 하는 것과 다 할 수 있는 것은 지속 가능한 에너지를 만들어 내기에 어려움이 있다. 그 이유는 우리의 잠재의식은 도전할 때에 에너지를 집중하지만, 똑같은 무난한 일을 수행을 하면 회귀본능으로 돌아가서 편안함에 머무르려는 경향을 보인다. 지치지 않는 에너자이저가 되는 방법은 이 세상에 없는 것을 만들고 도전해서 무언가 멋진 결과물을 만들어 내는 것이다. 그것이 바로 크리프론 전략이다.

7) 팀과 함께 멘탈 강화하기: 내 것을 먼저 주고, 기회를 만드는 것이 진정한 팀워크이다.

개인의 성장과 팀의 성장이 균형과 조화를 이룰 때 멘탈의 완성이 가능하다. 좋은 멘탈강화를 위해서는 반드시 함께하는 팀이 있어야 한다. 그 팀의 구성원은 이타적 마인드를 갖고 있을 때, 팀워크가 만들어질 수 있는 기회가 생긴다. 내 것을 먼저 주기 위해 '① 인정, ② 배려, ③ 경청하는 태도'를 가지고 있어야 한다. 함께하는 구성원을 인정하고 배려하면서 경청해 주면 더 많은 멘탈적 만족감을 얻을 수 있다. 그것은 팀에게는 가장 큰 선물로 작용한다. 그 선물은 매 순간 좋은 에너지를 만들어 낸다. 팀 멘탈의 강력한 힘은 어려운 순간에 빛을 발한다. 나 혼자서는 도저히 할 수 없는 순간, 평소에 만들고 나눈 선물들로 인해 훌륭한 팀워크의 가치를 느낄 수 있다. 팀과 함께 멘탈을 강화하기 위해서는 내 것을 먼저 주어 멘탈적인 만족감을 채우고 좋은 선물로 함께하는 좋은 에너지를 충전해 두어야 한다. 그 에너지는 언제나 최고의 팀워크를 만들고 팀 멘탈을 강화하는 자원이 된다.

8) 성공한 사람 – 내가 닮고 싶은 사람 – 함께하면 에너지가 배가 되는 사람: 최고의 땅에 최고의 열매가 열린다.

성공한 사람–내가 닮고 싶은 사람–함께하면 에너지가 배가 되는 사람들과 함께하자. 성공한 결과를 만들어 낸 사람은 무엇을 해도 배울 점이 있다. 사람마다 원하는 성공이 다르지만 내가 갖고 싶었던, 내가 이루고 싶은 것을 이룬 사람과 함께할 수 있는 방법을 찾아본다.

내가 닮고 싶은 사람은 나의 탁월성과 일치되는 경우가 많다. 자신이 잘하는 것을 더 훌륭하게 갖고 있거나, 좋은 성품과 에너지를 갖고 있으면서 자연스런 호감이 가는 사람들이 내가 닮고 싶은 사람이다. 이 사람들이 꾸준하게 즐겁게 해낸 것들을 따라해 보는 것으로 좋은 에너지를 만들어 낼 수 있다.

함께하면 에너지가 배가 되는 사람은 내게 없는 좋은 점을 갖고 있는 사람인 경우가 많다. 내가 개발해야 할 점을 채워주는 이와 함께하면 긍정적인 자극이 일어나고 그 순간 성장을 위한 기회로 작용한다. 세 명 정도와 함께하는 것이 좋지만, 당장 어렵다면 자신에 맞는 한 사람을 선정하여 멘탈에너지 충전소로 활용하는 것을 추천한다.

기억하자! 언제나 최고의 땅에 최고의 열매가 열린다는 것을.

9) 공인된 최고들과 함께하는 방법: 전략적 선택의 완성(초단기 최초에서 최고의 성과를 만들어 내라)

공인된 최고들과 함께하는 방법은 나만의 전략적 선택을 완성하는 것에 따라 달라진다. 내가 하는 전략적 선택에 따라 나는 최고와 함께 할 수도, 그렇지 않을 수도 있기 때문이다. 내가 어떤 그룹이나 팀에 소속하게 된다면, 가장 먼저 할 것은 바로 전략적 선택의 결과로 최고의 가치를 만들어 내는 것이다. 내가 우선 가치 있는 사람이 되어야 공인된 최고들이 관심을 가질 수 있다. 한 분야에서 최고의 경지를 이룬 사람과 그 분야 외 다른 분야에서 최고의 경지를 이룬 사람은 그들끼리 통하는 것이 있다는 것을 우리는 쉽게 알 수 있다. 그것은 그들만이 갖고 있는 공통 카테고리적인 요소가 있기 때문이다. 또한 그들끼리는 가치에 대해서 서로 존중하며 그 가치를 통해 소통한다. 내가 원하는 것을 얻기 위해서는 그 무엇보다 공인된 최고들과 함께해야 가능성이 높아진다. 그 가능성을 높이기 위해 내가 어떤 분야든 최고가 되어야 한다. 이를 위해 초단기 – 슈퍼멘탈의 집중력 – 최고의 결과물이 필요하다. 나의 가치를 만드는 것에 모든 역량을 집중해야 한다. 그 순간에는 유혹하는 다른 것들은 잠시 내려놓고, 누구도 따라올 수 없고 최초의 결과물을 만들어 낼 수 있도록 최고의 성과에만 초집중한다. 그렇게 하면 내가 원하지 않아도 이미 공인된 최고들이 먼저 손을 내밀 것이다.

10) 아날로그와 디지털의 차이보다 AI와 적응의 문제 해결하기: 시대의 흐름에 앞서는 자가 멘탈을 지배한다.

아날로그와 디지털의 차이보다 AI와 적응의 문제를 해결하기 위해서는 시대의 흐름을 앞서가야 한다. 손목에 스마트워치 하나만 찼을 뿐인데…. 챗GPT로 검색만 했을 뿐인데…. 다양한 AI와 새로운 시대에서 요구하는 상황에서 어떻게 멘탈을 관리할 것인가? 첫째는 새로운 것에 대한 오픈 마인드와 적용이 가장 우선된다. 내가

하는 방식과 방법을 고집하다가는 자신만의 동굴을 만드는 고립을 만들 수 있다. 아날로그가 가지고 있는 감성과 디지털이 주는 정확성 사이에서 우리는 고민을 하곤 했다. 하지만 그 사이에서 큰 차이를 발견하기보다 각각의 특징을 존중해 주는 정도였다면 이제는 AI가 대신하는 시대로 변했고 앞으로 또다른 신기술이 우리의 삶과 함께할 것이다. AI 시대는 적응의 문제 해결이 시급하다. 이 적응을 위해 두 번째로 전문가 그룹과 함께하는 방법이 있다. 새롭게 변하는 것에 대해 나 혼자서 모든 것을 배우고 적용하기는 매우 어렵다. 내가 하는 일에 최고의 퍼포먼스와 결과를 내고 싶다면 전문가 그룹과 함께 자신의 것에 적용할 수 있게 하자. 세 번째는 새로운 시대에 맞는 멘탈시스템을 만들자. 나 혼자 뒤처지면 어떻하지? 남보다 빠르게 결과를 내려면? 지나친 과욕이 더 어렵게 만드는 경우가 많다. 내가 원하는 것에는 즐거운 마음을 갖고 정한 전략적 선택에는 최고가 되려고 집중하지만, 그 외의 것에는 유연한 사고를 갖는 것이 필요하다.

11) 멘탈강화의 목적 알기: 한 가지 목적에 집중하면 결과는 반드시 나온다.

멘탈강화가 어려운 이유는 너무나 많은 생각과 선택을 고려하기 때문이다. 이럴 때는 한 가지 목적에만 집중하는 방법을 쓰는 것도 좋은 해결책이 된다. 또르륵 떨어지는 물방울이 바위를 뚫어 내듯이, 햇살을 모으는 돋보기가 불을 만들어 내듯이 자신의 멘탈이 어려움에 직면했다면, 우선 한 가지만 집중할 것을 찾아서 결과가 나올 때까지 집중하는 것이 필요하다. 그것을 통해 성취를 만들어 내면 자기효능감이 생기고 또 자신에 대한 신뢰가 쌓인다. "난 언제든 해낼 수 있어.", "성공 방법을 알고 있다고.", "해보니 별거 아니네."라는 생각이 들면 그다음에도 똑같은 방법과 전략으로 멘탈을 강화할 수 있고, 새롭게 업그레이드할 수 있다.

12) 시간 - 공간 - 사람 활용하기: 멘탈의 적용 방법

① 시간 관리

멘탈을 적용하는 3가지 중요한 포인트의 첫째는 시간을 활용하는 것이다. 멘탈 적용을 위한 시간 관리는 매우 중요하다. 시간을 효과적으로 관리하는 것은 멘탈을 강화하고 생산성을 향상시킨다. 시간을 현명하게 사용할 때, 스트레스를 줄이고, 집중력을 높이며, 개인적인 성장을 위한 기회를 만들 수 있다. 시간을 관리하고 멘탈을 강화하는 전략은 다음과 같다.

- **명확한 목표 설정:** 목적 의식을 주는 구체적이고 달성 가능한 목표를 정의한다. 성취하고 싶은 것을 아는 것은 일의 우선순위를 정하는 데 도움이 된다.
- **작업 우선순위 지정:** 가장 중요하고 긴급한 일들을 파악하고, 시간을 최대한 활용하기 위해 우선시되는 일에 먼저 집중한다.
- **작업관리 목록 작성:** 과제와 우선순위를 정리한 일일 또는 주간 할 일 목록을 작성하고, 완료된 항목을 교차시켜 성취감을 경험한다.
- **시간 차단:** 다양한 유형의 작업에 대해 특정 시간 블록을 할당한다. 이것은 체계적인 상태를 유지할 수 있도록 도와주며, 중요한 작업을 위한 전용 시간이 보장되도록 만들어 준다.
- **마감 시간 설정:** 업무와 프로젝트에 대한 현실적인 마감 시간을 정한다. 마감 시간은 긴박감을 조성하고 책임감을 유지하는 데 도움이 된다.
- **일정관리 사용:** 달력이나 캘린더 애플리케이션을 활용하여 약속, 마감일 및 이벤트를 예약할 수 있다. 더 나은 시간 관리를 위해 할 일 목록과 동기화할 수 있다.
- **주의산만 요소 제거:** 사용자 환경에서 일반적인 방해 요소를 식별하고 방해 요소를 최소화할 수 있다. 전화기를 음소거하거나 알림을 끄거나 조용한 작업 공간을 찾는 것을 예로 들 수 있다.

- **가능한 경우 위임**: 팀이나 지원 시스템이 있다면, 다른 사람들이 효과적으로 처리할 수 있는 업무를 위임한다. 위임을 통해 보다 중요한 활동을 할 수 있도록 시간을 확보할 수 있다.
- **경계 설정**: 개인적인 시간, 직장생활의 경계를 설정하고 언제 일이 끝나고 개인적인 시간이 시작되는지 명확하게 정의한다.
- **반영 및 평가**: 시간을 어떻게 사용하고 있는지 정기적으로 평가하고 시간 관리를 개선할 수 있는 부분을 파악하고 그에 따라 조정한다.

② 공간 관리

물리적인 공간을 관리하는 것은 정신 건강과 전반적인 생산성에 중대한 영향을 미칠 수 있다. 잘 조직되어 있는 환경은 스트레스를 줄이고, 집중력을 향상시키며, 침착함을 만드는 데 도움을 줄 수 있다. 멘탈을 강화하기 위해 공간을 관리하는 방법은 다음과 같다.
- **정기적인 정리**: 공간을 정리하는 것부터 시작하자. 더 이상 필요하지 않거나 사용하지 않는 물건들을 제거한다. 정리된 환경은 압도감과 불안감을 줄일 수 있다.
- **지정된 영역 만들기**: 특정 활동을 위해 공간을 지정된 영역으로 구성한다. 예를 들어, 전용 작업 공간, 휴식 공간, 운동 공간 등이 있다.
- **공간 영역의 우선순위**: 선반, 수납장, 통과 같은 보관 솔루션을 사용하여 소지품을 정리하고, 모든 물건이 어지럽게 쌓이는 것을 방지하기 위해 제자리를 찾는다.
- **주의산만 요소 최소화**: 작업 공간에서 주의를 산만하게 하는 요인을 파악하고 제거한다. 알림을 끄거나 컴퓨터에서 불필요한 탭을 닫거나 노이즈 제거 헤드폰을 사용할 수도 있다.
- **개인공간 설정**: 예술작품, 사진, 식물과 같은 개인적인 터치를 환경에 추가한

다. 개인화된 공간은 기분을 전환시키고, 동기를 증진시킬 수 있다.

- **자연광을 들여보내기**: 기분과 에너지 수준을 향상시킬 수 있으므로 공간에서 자연광을 최대화한다. 받는 빛의 양을 조절할 수 있는 커튼이나 블라인드를 사용한다.

- **청결 유지**: 정기적으로 공간을 깨끗하게 정돈한다. 깨끗한 환경은 질서와 행복감을 증진시킬 수 있다.

- **초과 전자기기 제한**: 침실에 과도한 전자기기가 있는 것을 최소화하여 수면을 개선한다.

- **사운드 최적화**: 배경음악이나 좋아하는 음악을 사용하여 편안한 청각 환경을 조성할 수 있다.

- **개인 휴식구역 설정**: 휴식을 취하거나 명상을 하거나 긴장을 풀 수 있는 특정 지역을 개인 휴식구역으로 지정한다.

물리적 공간을 관리하는 것은 정기적으로 공간을 평가하고 조정하여 정신 건강과 생산성을 지속적으로 지원할 수 있도록 한다. 잘 조직되고 사려 깊은 공간은 더 강하고 집중적인 멘탈강화에 기여할 수 있다.

③ 사람 관리

사람의 멘탈을 강하게 하는 것은 지지, 공감을 제공하고 정신적인 행복을 증진시키는 시스템을 만드는 것이다. 이를 위해 다음과 같은 방법을 통해 사람 관리를 할 수 있다. 이 내용은 자신뿐만 아니라 함께하는 이들에게도 필요한 요소임을 고려하고 그에 맞는 적절한 사람 관리를 진행하도록 한다.

- **능동적 듣기**: 누군가가 말하고 싶을 때 주의를 기울이고 판단없이 자신의 생각과 감정을 자유롭게 표현할 수 있도록 한다.

- **공감**: 감정을 이해하고 공감을 보여주고, 감정을 인식하고, 그들이 느끼는 대로 느끼는 것이 괜찮다는 것을 알려준다.

- **격려와 응원**: 격려와 응원의 말을 건네고, 그들의 강점과 발전을 상기시켜준다.
- **도움 주기**: 이야기를 나누거나 도움을 요청할 필요가 있을 때, 도와줄 수 있고 준비가 될 때마다 함께할 수 있다는 것을 알린다.
- **존중하기**: 경계와 사생활을 존중한다. 어떤 사람들은 공간이 필요할 수도 있고, 다른 사람들은 존재를 고마워할 수도 있다.
- **판단 회피**: 판단을 내리거나 묻지도 않은 조언을 하는 것을 자제한다. 때때로 사람들은 해결책을 제시하지 않고 단지 들어줄 누군가를 필요하다.
- **개방형 질문하기**: 개방적인 질문으로 감정과 생각을 더 깊이 탐구하도록 돕는다.
- **정기 체크인**: 건강 상태를 정기적으로 체크한다. "어떻게 지내세요?"라는 간단한 질문이 큰 차이를 만들 수 있다.
- **경험 공유**: 비슷한 도전에 직면한 적이 있다면 자신의 경험을 공유하되, 그 경험에 귀를 기울이겠다는 것을 보여주는 방식으로 공유한다.
- **지원 환경 만들기**: 판단의 두려움 없이 편안하게 표현할 수 있는 안전하고 지원적인 환경을 조성한다.

모든 사람의 요구는 독특하다는 것을 기억하고, 개인과 그들의 구체적인 상황에 따라 접근 방식을 조정한다. 관심, 공감, 그리고 지원은 정신적인 힘과 행복을 향한 누군가의 여정에 지대한 영향을 미칠 수 있다.

13) 멘탈의 가치 부여와 최상급 만들기: 내가 가르칠 수 있는 포지션으로 변화하기

멘탈을 가치 있게 여기고 그것을 최상의 상태로 만들기 위해 멘탈을 향상시키는 것은 자기 인식, 개인적인 발전, 그리고 긍정적인 습관과 태도를 가지는 것이다. 다음은 멘탈의 행복을 가치 있게 여기고 강화하는 것을 돕는 단계로, 멘탈강화의 최종목표는 자신이 나눠줄 수 있는 멘탈력을 보유하는 것이다.

- **자기반성**: 현재 멘탈 상태를 되돌아보는 것부터 시작하자. 장점, 개발할 점 그리고 개선하고 싶은 부분을 점검한다.
- **긍정적 사고방식**: 긍정적인 사고방식을 기른다. 문제에 연연하기보다는 낙관주의를 실천하고 해결책에 집중한다.
- **명확한 목표 설정**: 멘탈을 위한 구체적이고 의미 있는 목표를 정의하고, 명확한 목표를 가지는 것은 방향과 동기를 부여한다.
- **중립 유지하기**: 센터링과 명상을 실천하여 현재를 유지하고 스트레스를 줄이며 자기 인식을 향상시킨다.
- **자기 관리**: 운동, 적절한 영양, 수면, 휴식과 같은 자기 관리 활동을 우선시하고, 건강한 몸과 마음을 유지한다.
- **지속적인 학습**: 지속적인 학습과 개인적인 발전의 기회를 모색하여 성장 마인드를 함양한다.
- **지원 요청**: 필요할 때 주저하지 말고 코치, 멘토, 치료사 또는 상담사의 지도와 지원을 구한다.
- **긍정적인 관계 유지**: 친구, 가족과의 긍정적인 관계를 유지한다. 강한 사회적 관계는 정신건강에 매우 중요하다.
- **부정적 영향 제한**: 멘탈 상태에 악영향을 미칠 수 있는 유독한 관계 또는 뉴스, 소셜 미디어를 포함한 부정적인 영향에 노출되는 것을 최소화한다.
- **감사 습관 만들기**: 감사 연습을 발전시켜 습관화한다. 삶의 긍정적인 측면들을 정기적으로 인정하고 감사한다.
- **시각화**: 시각화 기법을 사용하여 미래에 있을 긍정적인 결과와 성과를 상상하고 강화한다.
- **취미 및 즐거움 유지**: 즐거움과 성취감을 가져다 주는 취미활동으로 즐거움을 유지한다.

- **긍정적인 자기 대화**: 부정적인 자기 대화를 긍정적인 긍정과 건설적인 자기 대화로 대체한다.
- **성과 축하**: 아무리 작은 일이라도 자신의 성취를 인정하고 축하한다. 성장을 인정하는 것은 긍정적인 습관을 강화한다.
- **영감을 잃지 않음**: 책이든, 멘토든 또는 개인적인 성장을 촉진하는 경험을 통해서든 영감의 원천으로 자신을 채운다.
- **정기 평가**: 주기적으로 멘탈을 평가하고 필요에 따라 습관과 전략을 조정한다.
- **나눔과 기여**: 다른 사람들을 돕는 것은 자신의 행복감을 증진시킬 수 있다.
- **새로운 도전**: 편안한 공간에서 벗어나 새로운 경험을 받아들이도록 지속적으로 도전한다.

14) 멘탈의 최종목표는 선한 영향력: 건강한 멘탈에너지는 자신뿐 아니라 다른 이들에게도 긍정적인 영향과 감동을 줄 수 있다.

멘탈을 강화하는 궁극적인 목표는 만족스럽고 의미 있는 삶을 살 수 있도록 힘을 실어주는 정신적인 안녕, 회복력, 그리고 개인적인 성장의 상태를 이루는 것이다. 이 과정은 멘탈의 다양한 측면과 잠재력을 최대한 발휘할 수 있는 인지 능력을 향상시키는 것이다.

본질적으로 멘탈강화의 궁극적인 목표는 복잡하고 변화무쌍한 세상 속에서 균형, 성취감, 회복력, 번영할 수 있는 능력을 통해 삶의 토대를 만드는 것이다. 이와 함께 강화된 멘탈에너지는 다른 이들에게도 지지, 조언, 영감을 제공함으로써 다른 이들의 삶에도 긍정적인 모습을 만들 수 있는 힘을 전해줄 수 있다.

15) 강한 멘탈의 선순환: 내가 만들어 낸 멘탈의 산물은 문화적 유산으로 남는다.

강한 멘탈의 선순환은 사람의 정신적 안녕과 회복력을 더욱 강화하도록 이끄는 긍정적인 정신 특성과 행동의 자기강화 패턴을 말한다. 이 순환에서, 각각의 긍정적인 행동이나 생각은 다른 긍정적인 특성의 발달에 기여하고, 성장과 행복의 지속적인 순환을 만든다. 이 순환은 일반적으로 다음과 같이 작동한다.

강한 멘탈력의 선순환은 개인의 성장과 행복을 위한 강력한 도구이며, 이 순환은 선형적이지 않고 개인마다 다를 수 있다는 점에 유의할 필요가 있다. 하지만 이러한 긍정적인 특성과 행동을 의식적으로 육성하는 것은 시간이 지남에 따라 더 강하고 탄력적인 사고방식으로 이어지는 자기강화 패턴을 만드는 데 도움이 될 수 있다.

잠재역량 강화하기

1) 어떻게 잠재역량을 강화할 것인가? (잠재역량 측정도구 - 매력카드(『멘토코칭』참고), 잠재역량의 핵심키워드 3가지(매력- 가치 - 실행))

잠재력을 강화하는 것은 개인적인 성장, 자기계발, 그리고 기술, 지식, 그리고 능력을 최대한 발전시키는 것을 포함한다. 잠재력을 강화하는 것을 돕기 위한 단계들은 다음과 같다.

- **자기 인식**: 장점과 개발할 점을 이해하는 자기 인식은 잠재력을 여는 첫 단계로, 능력, 흥미 그리고 가치를 인식하는 것이 중요하다.
- **명확한 목표 설정**: 구체적이고, 측정 가능하고, 달성 가능하고, 관련성이 있으며, 제한시간이 있는 SMART 목표를 스스로 정의하고, 명확한 목표를 가지는 것은 방향과 동기를 만들어 낸다.
- **지속적인 학습**: 배움을 지속한다. 새로운 기술을 습득하고 지식을 확장하며 관심 분야에 대한 최신 정보를 배운다. 책을 읽고 강의를 듣고 워크숍에 참석하며 코치, 멘토를 찾는다.
- **당면 과제 수용**: 도전과 장애물은 성장의 기회로 삼는다.
- **성장 마인드 기르기**: 자신의 성장과 발전 능력을 믿는 사고방식을 가지고, 실패와 좌절을 패배가 아닌 배움의 경험으로 받아들인다.
- **시간 관리**: 매일의 시간을 최대한 활용하기 위해 시간을 효율적으로 관리한다. 업무의 우선순위를 정하고, 주의를 산만하게 하지 않으며, 목표를 달성할 수 있는 일일 일정표를 작성한다.

- **네트워킹**: 성장을 지원해 줄 수 있는 강력한 개인 네트워크를 구축하고, 자신의 분야에 있는 사람들과 연결하고, 네트워킹 행사에 참석하고, 코치, 멘토, 조언자를 찾는다.
- **회복력 연습**: 좌절에서 회복할 수 있는 회복력을 기른다. 인생은 도전으로 가득 차 있고, 힘든 시기를 견디는 능력은 잠재력에 도달하는 데 매우 중요하다.
- **건강관리**: 신체적, 정신적 행복이 잠재력 도달에 필수적 요소이다. 균형 잡힌 식사를 하고, 규칙적인 운동을 하며, 충분한 수면을 취하고, 스트레스를 관리한다.
- **변화 수용**: 세상은 끊임없이 진화하고, 새로운 환경에 적응할 수 있는 사람은 자신의 잠재력에 더 효과적으로 도달할 수 있다.
- **피드백 요청**: 다른 사람의 피드백을 요청하고 건설적인 비판에 열려 있어야 한다. 피드백은 개선해야 할 부분을 파악하고 필요한 조정을 하는 데 도움이 된다.
- **동기부여**: 목표를 마음에 새기고 왜 목표를 향해 노력하는지 자신에게 상기시켜 준다.
- **계산된 위험 부담**: 편안한 공간에서 나와 계산된 위험을 감수하는 것을 두려워하지 말자. 때때로 성장의 가장 큰 기회는 경계를 허물면서 오는 것이다.
- **성과 축하**: 성과와 발전을 인정하는 것은 동기를 증진시키고 잠재력에 도달하려는 헌신을 강화할 수 있다.

잠재력을 강화하는 것은 지속적인 과정으로 평생 동안 헌신, 자기 성찰, 그리고 적응하고 성장하려는 의지를 요구한다. 또한 잠재역량 측정도구로 매력카드를 활용하고, 잠재역량의 핵심키워드 매력에 맞는 가치를 설정하고 그에 따라 실행을 지속적으로 하는 것이 잠재역량을 강화하는 방법이다.

2) 퍼포먼스 역량 확장하기: 강점 + 강점 = 시너지 전략 활용하기

수행 능력을 확장하는 것은 경력, 개인 개발 또는 다른 분야에 상관없이 삶의 다양한 측면에서 탁월하게 수행할 수 있는 능력을 향상시키는 것이다. 수행 능력을 확장하는 데 도움이 되는 전략을 다음과 같이 수립할 수 있다.

- **명확한 목표 설정**: 자신을 위해 구체적이고 측정 가능하며 달성 가능한 목표를 정의한다. 명확한 방향을 가지는 것은 노력에 집중하고 진행 상황을 측정하는 데 도움이 된다.

- **지속적인 학습**: 항상 새로운 기술을 배우고 습득할 기회를 찾는다. 자신의 분야나 관심사와 관련된 워크숍, 세미나, 강좌에 참석하고 최신 트렌드와 발전에 대한 최신 정보를 얻는다.

- **숙의적 연습**: 숙의적 연습은 특정 기술을 향상시키기 위한 집중적이고 체계적이며 반복적인 노력을 포함한다. 복잡한 작업을 더 작고 관리 가능한 구성 요소로 나누고 체계적으로 작업한다.

- **시간 관리**: 시간을 효율적으로 관리하여 생산성을 극대화한다. 작업의 우선순위를 정하고, 시간 관리 기술을 사용하며, 방해물을 제거하여 하루의 시간을 최대한 활용한다.

- **기술 수용**: 성과를 높일 수 있는 기술과 도구를 사용한다. 프로젝트 관리 소프트웨어, 생산성 앱, 데이터 분석 도구 등의 여러 기술을 활용하여 자신의 이점으로 활용할 수 있다.

- **신체적 웰빙**: 규칙적인 운동, 균형 잡힌 식사, 그리고 충분한 수면을 통해 좋은 신체적 건강을 유지한다. 신체적 건강은 에너지 수준, 회복력, 그리고 인지 기능을 증진시킬 수 있다.

- **네트워킹**: 강력한 전문 네트워크를 구축한다. 멘토, 동료 및 해당 분야의 전문가와 연결한다. 네트워킹은 통찰력, 지원 및 성장 기회를 제공할 수 있다.

- **피드백**: 동료, 멘토 또는 상사로부터 건설적인 피드백을 구한다. 이 피드백을 통해 개선해야 할 부분을 파악하고 필요한 조정을 할 수 있다.
- **적응성(adaptability)**: 빠르게 진화하는 세상이므로 새로운 환경과 기술에 잘 적응할 수 있는 사람이 수행 능력을 확장시킬 수 있다.
- **창의성**: 창의적인 사고력을 기른다. 새로운 아이디어를 탐구하고 위험을 감수하며 전통적인 지혜에 도전한다. 창의성은 혁신적인 해결책과 성과 향상으로 이어질 수 있다.
- **회복탄력성**: 좌절과 실패에서 회복할 수 있는 회복탄력성을 기른다. 회복탄력성은 역경 속에서도 높은 성과를 유지하는 데 중요하다.
- **리더십과 커뮤니케이션**: 리더십과 커뮤니케이션 능력을 향상시킨다. 효과적인 리더십과 명확한 커뮤니케이션은 특히 팀이나 리더 역할에서 성과에 상당한 영향을 미칠 수 있다.
- **워라밸**: 건강한 워라밸을 위해 노력한다. 과로는 소진과 업무능력 저하를 초래할 수 있으므로 휴식, 취미를 즐기고 사랑하는 사람과 시간을 보낸다.
- **자기성찰**: 정기적으로 자신의 성과와 성과를 되돌아보고, 개선할 수 있는 부분을 파악하고 이를 해결하기 위한 실행계획을 세운다.
- **역할 모델 모색**: 자신의 분야에서 높은 성취를 이룬 사람들의 습관과 관행을 연구하고, 그들의 경험으로부터 배우고, 그들의 전략을 자신의 일과에 포함시킨다.

수행 능력을 확장하는 것은 지속적으로 목표를 평가하고 전략을 조정하며 개인적이고 전문적인 성장에 전념하는 과정이다. 자신의 강점에 배가 되는 강점을 더해서 시너지가 날 때 수행 능력은 탁월하게 성장하며 발전된 모습을 보여줄 수 있다.

3) 보이는 것과 보이지 않는 것의 차이: 93% vs. 7%

보이는 것과 보이지 않는 것의 차이는 매우 크다. 잠재역량이란 개인이 보유하고 있지만 다른 사람들에게 즉각적으로 드러나거나 보이지 않는 기술, 능력, 지식을 말한다. 겉으로 드러나지 않을 수도 있는 성과나 능력에 대한 잠재력이다. 보이는 것(표현역량)과 보이지 않는 것(잠재역량)의 차이는 다음과 같이 설명할 수 있다.

매니페스트 역량(Manifest Competency, 보이는 것)은 이것은 한 사람의 행동이나 수행에서 쉽게 관찰되고 발휘될 수 있는 기술, 능력 및 지식을 나타낸다. 매니페스트 역량은 한 사람의 역량을 겉으로 표현하는 것이며, 종종 다른 사람들에게 쉽게 드러나는 가시적인 성과 및 기술과 관련이 있다. 예를 들어, 무대에서 공연하는 음악가, 대회에서 우승하는 운동선수, 또는 프로젝트에서 코딩 기술을 보여주는 소프트웨어 개발자 등이 매니페스트 역량의 예이다.

잠재적 역량(보이지 않는 것)은 반면에 잠재적 역량은 한 사람이 가지고 있지만 아직 완전히 입증하거나 활용하지 않은 잠재적이거나 숨겨진 능력을 말한다. 이러한 능력은 개발되거나 활용되기를 기다리며 표면 아래에 존재할 수 있다. 잠재적 역량은 미개발된 재능, 발견되지 않은 기술 또는 실행되지 않은 지식을 포함할 수 있다. 예를 들어, 붓을 들어 본 적이 없는 그림에 타고난 재능을 가진 사람은 잠재적인 예술적 역량을 가질 수 있다.

매니페스트 역량과 잠재 역량의 차이를 이해하는 것은 개인이 가질 수 있는 미개척 잠재력을 부각시키기 때문에 중요하다. 또한 학습, 실천, 경험을 통해 잠재 역량을 키우고 개발하는 것의 중요성을 강조한다. 잠재 역량을 인식하고 활용하는 것은 개인적이고 전문적인 성장과 숨겨진 재능과 능력의 실현으로 이어질 수 있다.

실제 커뮤니케이션에서도 이와 같은 보이는 것과 보이지 않는 것이 존재한다. 흔히 '메라비안 7−38−55 법칙'으로 부르는 메라비안 의사소통 모델은 심리학과 교수인 앨버트 메라비안 박사가 제안한 이론이다. 감정과 태도를 전달하는 데 있어 언어적 의사소통과 비언어적 의사소통의 상대적 중요성을 다룬 것으로, 이 모델이 모든 형태의 의사소통이 아닌 감정과 태도의 의사소통에 구체적으로 관련되어 있다는 점에 유의할 필요가 있다. 메라비안 의사소통 모델은 커뮤니케이션이 다음과 같은 3가지 구성요소로 구성된다고 가정한다.

- **언어(단어)**: 이 구성요소는 의사소통 상황에서 전체적인 영향의 약 7%를 차지한다. 이는 우리가 사용하는 언어, 예를 들어 말하기 또는 쓰기와 같은 단어들이 비언어적 신호에 비해 감정이나 태도를 전달하는 데 상대적으로 낮은 영향을 미친다는 것을 시사한다.

- **목소리 톤(보컬)**: 음정, 음량, 성조와 같은 요소를 포함한 목소리 톤은 메시지의 전체 영향에 약 38%의 기여를 하는 것으로 여겨진다. 그것은 단어 자체보다 메시지의 감정적인 내용에 더 큰 영향을 미친다는 것을 암시한다.

- **몸짓 언어(비언어)**: 표정, 몸짓, 자세, 몸의 움직임 등을 포함한 비언어적 신호는 의사소통에 있어 전체 영향의 약 55%를 차지하며 가장 강력한 요소로 간주되며, 이는 몸짓 언어가 감정과 태도를 전달하는 데 지배적인 역할을 한다는 것을 시사한다.

백분율은 모든 커뮤니케이션 상황에 대한 정확한 측정을 의미하는 것이 아니라 감정이나 태도가 전달될 때 서로 다른 커뮤니케이션 요소의 상대적 중요성을 설명하기 위한 일반적인 개념이다. 또한, 효과적인 의사소통은 언어적 요소와 비언어적 요소의 복합적인 상호작용이며, 효과적인 의사소통을 위해서는 맥락과 청중을 이해하는 것이 중요하다.

요약하면 바디 랭귀지와 목소리 톤과 같은 비언어적 신호가 실제 사용된 단어에 비해 감정과 태도를 전달하는 데 종종 더 중요한 역할을 한다는 것을 시사한다. 그러나 이 모델은 한계가 있고 특히 실제 의사소통의 복잡성을 고려할 때 신중하게 사용되어야 하는 부분은 있지만, 눈에 보이는 것처럼 사용되는 언어(7%)보다는 보이지 않는 비언어적(93%)인 부분이 커뮤니케이션에서 중요하다는 것을 알 수 있다. 이처럼 잠재역량은 보이는 것과 보이지 않는 것의 통합의 과정이 필요하며, 고른 균형과 조화를 이룰 때 잠재역량을 강화할 수 있다. 특히, 보이지 않는 부분에 좀 더 집중적으로 강화해야 한다.

4) 무한 잠재력 활용하기: 탁월성의 원(공간 앵커링 NLP 코칭 활용, 드림보드, S-VOICE(미래 긍정자원 녹음하기))

무한 잠재력이란 추상적일 수 있지만, 그것은 가장 큰 가능성을 실현시킬 수 있다는 것을 말한다. 강력한 멘탈강화를 위해 잠재력의 무한한 가능성을 효과적으로 활용할 수 있는 방법은 다음과 같다.

- **명확한 비전 및 목표 설정:** 삶의 또는 경력에서 성취하고자 하는 명확한 비전을 정의하고 특정, 측정 가능 및 시간 경계 목표를 설정한다.
- **강점과 열정 식별:** 장점을 이해하며 전문성, 재능, 재능과 열정과 이익을 구분한다. 초집중에 대한 열정을 활용하여 최대의 효과를 발휘한다.
- **지속적인 학습 및 개발:** 평생학습으로 새로운 지식을 얻고 새로운 지식을 탐구한다. 과정, 워크숍, 체험, 경험을 통해 자기계발에 힘쓴다.
- **혁신 및 창의성을 수용:** 혁신과 창의성을 증진시킨다. 현상에 도전하고 혁신 솔루션을 만들어 내며, 개인과 전문 생활 속에서 창조적인 생각을 적극적으로 한다.
- **네트워킹 및 협업:** 다른 사람들과 협력하는 다른 사람들과 협력한다.
- **복원 및 지속성:** 좌절과 실패로부터 다시 돌아오도록 회복력을 발전시킨다.
- **전략적 계획:** 목표를 달성하기 위해 필요한 단계를 설정한다.
- **시간관리 및 우선순위:** 작업을 우선순위화하고 높은 영향력을 끼치는 활동에 집중한다. 목표에 기여하지 않는 활동을 방지하고 시간을 낭비하지 않도록 한다.
- **리소스 관리:** 목표를 달성하기 위해 목표를 달성해야 하는 리소스를 구분하고 효율적으로 관리한다.

- **피드백 및 조정 방법**: 정기적으로 코치, 멘토, 신뢰할 수 있는 조언자를 찾는다. 피드백을 사용하여 접근 방식을 개선하고 필요에 따라 조정한다.
- **영향 및 기여**: 사회, 커뮤니티, 환경, 업무와 행동에 긍정적인 공헌을 하기 위해 노력한다.
- **가능성 열기**: 새로운 기회와 경험을 통해 탁월한 성장을 만들어 낸다.
- **리드**: 모범을 보이고 행동과 성과를 통해 다른 사람들에게 영향을 준다. 자신의 지식과 경험을 공유하여 다른 사람들이 자신의 잠재력을 실현할 수 있도록 돕는다.
- **반영 및 적응**: 주기적으로 자신의 진행 상황을 되돌아보고 필요에 따라 전략을 조정한다. 필요에 따라 기꺼이 방향을 전환하고 변화를 취한다.

무한한 잠재력을 활용한다는 것은 성장과 적응력, 그리고 세상을 긍정적으로 변화시키려는 헌신을 포용하면서 자신의 영향을 극대화하고 목표를 달성하기 위해 지속적으로 노력하는 것이다. "무한한" 수준의 잠재력을 달성하는 것은 추상적인 개념일 수 있지만, 지속적인 향상과 의미 있는 기여를 추구하는 것은 가치 있고 달성 가능한 목표이다.

CHAPTER

01 슈퍼멘탈 트레이닝 현황표

02 실제 멘탈코칭 사례

PART 05

멘탈
활용하기

- 슈퍼멘탈 프로세스와
실제 멘탈코칭 사례 -

슈퍼멘탈 트레이닝 현황표

1) 슈퍼멘탈 트레이닝 단기(1~4) 현황표

세션	문제해결형	표준형	핵심파트	비고
1	단기 해결과제 도출	개발할 점 정의하기	해결 중심/ 필수	스팟코칭 가능
2	문제 해결 집중	라이프 밸런스 휠 1	종합 점검	
3	피드백과 개선	라이프 스토리 경청	즐거움과 재미	자유공간
4	개인별 맞춤형 솔루션 수행	라이프 밸런스 휠 2	원하는 목표 설정	

2) 슈퍼멘탈 트레이닝 중기(5~24) 현황표

세션	문제해결형	표준형	핵심파트	비고
5	중기 목표 설정과 로드맵	집중력 키우기	실행력 중심	
6	최종목표 확정	시나리오 전략 - 실전 시합용	실전	
7	멘탈 트레이닝 종합파트 정리	헬프코칭- 스스로 해결법	바로 실행	
8	원하는 꿈의 시각화	매력카드와 역량개발	자신의 객관화	『멘토코칭』 도서
9	멘탈영역 상세 목표 수치화	게으름 즐기기 코칭	목표 달성력 강화	목표 설정
10	자기효능감 개발	S-모델 코칭	자신감 상승	자신감
11	심상 트레이닝	플래닝과 시간 관리	실전 프로그램	심상
12	자기관리 A/P 작성	멘탈코칭 대화법	구체화	자기관리
13	루틴 분석 및 이해	경청 훈련	필요 부분 충족	루틴
14	수면관리 계획 수립	부정적 정서 극복하기	스트레스 관리	수면
15	이완을 위한 센터링 실습	스트레스 관리	평정심 유지	이완
16	경기력 향상을 위한 집중력 트레이닝	최고의 결과를 만들어 내는 S-VIOCE 코칭	잠재역량 집중	집중력

17	목표 달성 중간 점검	잠재역량 개발 - NLP 코칭 1	중간 점검	피드백
18	자신감 상승을 위한 코칭	성공 습관 만들기	유지와 지속	지속
19	꿈을 이루는 드림보드 완성	현실 점검과 전략 실행	현실 점검	점검
20	자기관리 수행력 점검	잠재역량 개발 - NLP 코칭 2	수행력	NLP
21	필승 루틴 트레이닝	승리할 수 있는 공간 만들기	공간코칭	공간
22	저항 훈련	상황전환을 위한 S-샤우팅	위기 극복	저항 훈련
23	평정심 유지를 위한 명상	꿈을 이루는 드림보드 완성	시각화	평정심
24	집중력 강화 트레이닝	잠재역량 개발 - NLP 코칭 3	집중력 강화	잠재역량 확대

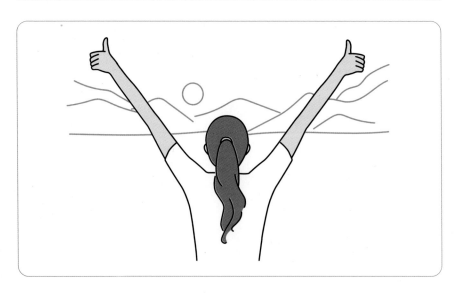

3) 슈퍼멘탈 트레이닝 장기(25~계속) 현황표

세션	문제해결형	표준형	핵심파트	비고
25	스토롱 역량 강화	신체역량 강화 코칭	신체강화	신체
26	업그레이드 마인드 훈련	내 인생 최고의 해 만들기	플래닝	전체 계획
27	유연성 훈련 - 리프레이밍	슈퍼멘탈코칭 로드맵	체계화	로드맵 완성
28	스마트 멘탈코칭 시스템 구축	SUPER-SMART 코칭 1	도식화	시스템
29	좋은 관계를 만드는 대화법	잠재역량 개발 - NLP 코칭 4	좋은 관계 유지	관계
30	긍정자원의 활용법	가치모델 설정	가치 발견	가치
31	신체능력 확대 -파워포즈	SUPER-SMART 코칭 2	슈퍼멘탈강화	슈퍼멘탈
32	승리를 부르는 언어 사용법	멘탈코칭 9개 영역 점검	스포츠 멘탈코칭	멘탈코칭 9개
33	회복탄력성 강화법	자기관리 역량 강화	회복탄력성 강화	회복탄력성
34	기대할 수 있는 미래 만들기	잠재역량 개발 - NLP 코칭 5	잠재역량 강화	미래설계
35	지원그룹 활성화	SUPER-SMART 코칭 3	지지와 지원	지원그룹
36	통합멘탈 강화모형 완성	슈퍼멘탈 코칭모형 완성	종합모형	모형 완성

실제 멘탈코칭 사례

1) 프로골퍼의 멘탈코칭 사례

홍OO 프로골퍼의 멘탈트레이닝 실제 사례 30세션이다(국제코치협회(ICF)의 프로 코치로 코칭윤리를 준수하며, 연구목적으로 홍OO 프로의 사전동의 후 코칭 사례를 공유함).

⊙ 1세션 리포트

① 끈기를 키우기 위한 요소: 경쟁
  • 나
  • 상대
  • 세계 - 즐거움

② 죄책감에서 벗어나기: 효율적 연습
  • 초집중
  • 1.5~2배로 연습량 늘리기
  • 방해요소 제거

③ 변화를 두려워하지 않기
  • 변화로 인해 얻게 된 긍정적인 부분에 대한 스스로에게 주는 보상
  • 다른 사람을 가르쳐 보기(봉사활동). 남을 가르치기 위해서 공부하고 변화함

④ 집중력을 키우는 동작: 손 끝 신경자극, 스트레칭, 어깨 안쪽 마사지하기(화가 날 때)

⑤ 센터링
- 수면센터링: 호흡. 자기 전 1분 깊게 마시고 깊게 내뱉는다. (호흡이 발 끝까지 전해지는 느낌으로)
- 잘 풀리지 않을 때: 코 호흡 집중

⑥ 샤우팅 코칭
- 시합 전날 자기 전에 거울을 보며 나에게 긍정적인 칭찬 30회 하기
- 아침에 웃는 얼굴 만들기
- 화가 날 때 웃는 얼굴 10초, 신나는 제스처

⑦ 라이프 밸런스 휠 1
- 애정, 로맨스: 행복한 느낌의 사진(초록)
- 가족과 친구: 신나는 느낌의 사진(빨강)
- 재정상태: 편안한, 새로운 시도(진한 녹색, 하얀색)
- 정신적 개발: 즐거운, 스트레스 해소(하늘색)
- 건강과 자기관리: 재미있는 느낌(알록달록)
- 직업: 감격스러운, 희열(초록 바탕에 노랑)
- 물리적 환경: 평온, 긴장, 기대(초록, 빨강)
- 사회활동과 여가: 기대(갈색)

⑧ 골프공

☞ 2세션 리포트

① 라이프 밸런스 휠 2
- 애정과 로맨스
  - WGQ의 행복한 데이트
  - Act: 잔디밭에 누워 있다.
  - 2021. 6. 28.(일)
  - 파리공원 남자친구와 함께
- 가족, 친구
  - 친구들과 연말파티를 하는 신나는 WGQ
  - Act: 피아노 위에 앉아서 즐긴다.
  - 2015. 12. 30.(금)
- 재정상태
  - WGQ를 둘러싼 최고의 코치들
  - Act: 연습에 집중한 모습
  - 2018. 3. 2.(월)
- 정신적 개발
  - 즐겁게 상담 중인 WGQ와 쌤
  - Act: 고민과 즐거운 일을 공유하고 해결책을 찾는다.
  - 2018. 11. 28.(토)
- 자기관리와 건강
  - 살이 빠지고 있는 느낌이라며 더 열심히 운동하는 WGQ
  - Act: 버피 시리즈 줄넘기 자전거
  - 2014. 8. 9.(수)
- 직장/직업
  - 그랜드슬램을 확정짓는 우승퍼팅을 끝낸 후 눈물 흘리는 WGQ
  - Act: 긴장되는 마지막 퍼팅을 성공시킨 후 부모님과 코치님들과 껴안고 있다.
  - 2018. 11. 14.(일)

- 물리적 환경
  - 최고의 골프장에서 여유롭게 연습하는 WGQ
  - Act: 하고 싶은 연습만 골라서 한다. 캐디와 코치와 함께
  - 2016. 3. 29.(화)
- 사회활동과 여가
  - 힘들게 정상에 도달한 WGQ
  - Act: 너무 힘들었지만 뿌듯한 표정으로 사진을 찍고 있다.
  - 2014. 7. 20.(금)

② S 필름
  - 7+-2 뇌가 기억할 수 있는 장면
  - 행복한 사진들만 모은 사진첩 만들기
  - 개발할 점이라고 생각하기. 1개의 부정이 5개의 긍정을 이긴다.

③ 중간 할 일 보내기
  - 매일 할 일
  - 책 한 장씩 보기
  - 저녁 스탠딩 스트레칭
  - 눈 감고 스트로크 백 번

☞ 3세션 리포트

S-모델	지	덕	체
신(몸, 외부)	외모 (이미지, 패션)	태도	건강
언(말, 성품)	대화법	경청	PT
서(글, 표현)	독서 (지식 만들기)	토론	글쓰기
판(생각, 신념)	초긍정	사랑	강한 정신

① 책 읽기
  - 제목 앞 메시지에 주목
  - 책에서 얻고자 하는 부분을 먼저 생각하기
  - 책을 읽은 뒤에는 나누기
  - 목차 중 가장 끌리는 제목
  - 그림에 주목
  - 속독으로 5번 정도 읽고 반복해서 읽히는 단어 표시하기

② NLP: 시합이나 내기에서 잘했을 때를 몸에 기억시키기(라운딩이 끝난 뒤 눈을 감고 몸 어느 부분이든 손을 얹은 뒤 저장)

③ 이번 주 할 일
  - 매일 할 일
  - 책 한 장씩 읽기
  - 퍼팅 스트로크하기
  - 아침저녁 스트레칭 꼭 하기
  - 저녁에 거울 보고 나에게 긍정적인 칭찬 30번 하기

☞ 4세션 리포트

----

① 중간 이메일: 선물로 감동 주기

아! 저에게 버디를 선물해 주셔서 너무 감사해용*^^*

꼭 버디에게 친구를 선물해 주겠어요!

② EFT
- 스트레스
- 새끼손가락과 약지손가락 사이 파인 손등을 초당 4회 50회씩 조금 세게 두드린다.

③ 불안함
- 쇄골 시작 앞부분 ㄱ자로 들어간 부분을 두드린다.
- 나에게 좋은 얘기하기(3번 반복)

④ 센터링
- 균형 잡는 호흡법: 다리를 편하게 꼬고 앉아서 위쪽 다리 반대쪽 손이 위로 오게 해서 깍지를 낀다. 그리고 발 끝까지 전해진다는 느낌으로, 5분 이내로 깊게 호흡한다.
- 기본 센터링(수시로 하면 좋다): 편한 자세로 앉아서 깊게 호흡한다.
- 러브 센터링(잠재의식): '사랑'이라는 단어가 깊이 들어가는 느낌으로 소리를 점점 작게 내면서 호흡한다.
- 동전 센터링(시각화): 바다 한가운데 동전을 떨어뜨려 깊게 내려가는 상상하면서 호흡한다.
- eye 센터링(시야를 넓히는 센터링): 양손을 펴서 각각 시야 끝쪽에 놓고 4카운트씩 세면서 멈춘다(사랑).
- 워킹 센터링: 짝수로 들이마시고 내쉬면서 한 걸음 한 걸음을 느낀다.
- 수면 센터링: 자기 전 깊은 호흡(나는 파랑색!)
- 음악 센터링: 좋아하는 음악 - 자연의 소리, 클래식

⑤ 센터링 음악 찾기

⑥ 매일 할 일
- 퍼팅 스트로크
- 책 한 장씩 읽기
- 자기 전 다리 스트레칭 꼭 하기
- 시합 전 거울 보며 나에게 칭찬하기

☞ 5세션 리포트

----

① 중간: 센터링 음악 파일 보내주기
하핫 감사합니다:)
오늘 저녁부터 음악 들으면서 센터링해 볼게요!

② 음악
- Sunflower: 시합이나 연습을 시작하기 전
- Big Wing: 우승을 예감했을 때
- 별 내리는 호수: 마음을 차분하게 하고 싶을 때(자기 전)
- Rainbow and Wind: 센터링

③ S-Voice(2주)
- 자기 전 혼자 녹음(이불 속이 좋다)
- 당일 있었던 일 중에 감사한 일과 기억에 남는 일을 녹음
- 내일 계획, 미래 계획 녹음
- 상상해서 원하는 미래 녹음
- 녹음 내용 듣고 자기

④ 녹음 방법
  • 오늘 일 중에 기억에 남는 일, 감사한 일
  • 상상하며 행복한 얘기를 한다(VAKOG).
  • 내일 계획
  • 수면 센터링을 하면서 듣기

☞ 6세션 리포트

① 중간 이메일: 원팔에 좋은 일을 기억시키고 시합 때 나올 수 있는 5가지 일들을 예측하고 야드지를 완성시켰다. 자신감 완전 상승!

② That's Okay!
  • 현실지수: 2부 투어선수
  • 미래지수: U.S오픈 우승, 명예의 전당 입성
  • 전략지수: 1부 투어 상위권

③ 이동 중
  • 상황이 안 좋을 때마다: That's Okay! 그럴 수 있다.
  • 그린: 센터링(집중)
  • 굿샷: 동반자에게 남을 돕는 일이 나를 돕는 일이다.

④ 부정 이기기 - 더 큰 긍정

⑤ 시합 중간에 짜증 날 때
- 메모지에 짜증 나고 화가 나는 내 감정을 쓴다.
- 그걸 구기거나 찢어서 쓰레기통에 버린다.
- 홀가분한 마음으로 다음을 준비한다.

⑥ '나는 마지막 홀에 강하다'

⑦ 퍼팅할 때나 샷할 때 정리해 주는 습관, 센터링을 유지하는 습관

↻ 7세션 리포트

헬프 코칭 기술(종이에 쓴다)
- 상황
- 기대
- 이유 10가지(왜냐하면 … 때문이다)
- 사실/판단
- 결정
- 가치

☞ 8세션 리포트

----

① 역량카드

② 과거 문서작성: 정리 → 감수성 - 감정(창의성)

③ 현재 정직성: 신뢰

④ 미래조직 헌신 - 책임감(자기절제)

☞ 9세션 리포트

----

① 게으름 즐기기(지혜롭게 맘껏 놀기), 나의 잠재의식이 원하는 만큼 충족시키기

② 성격 유형별 구분
  • 머리형: 꼼꼼하고 말을 많이 안 한다. 느리다. (말을 시키지 않는다. 눈빛으로 말한다)
  • 가슴형: 패션이 화려하고 동작과 목소리가 크다. (톤을 경쾌하게 얘기한다. 제스처를 크게 하고 밝은 표정으로 대한다)
  • 장형: 속도가 빠르다. 리더가 되고 싶어 한다. 직감이 좋다. (리더로 인정해 주기 / 칭찬 / 명예)

☞ 10세션 리포트

① 저작 운동 - 스트레스 해소

② 성공 습관
- V: S-필름 보기
- A: 샤우팅 S-보이스 가볍게
- K: 최면 EFT

③ S-모델
- 신: 패션
- 언: 굿샷. 감사하다.
- 서: 표현하기
- 판: 재밌게 즐기자!

④ 센터링

☞ 11세션 리포트

① 잠재의식 기억 저장하기
  * VAKOG 5가지 메모하기

② 시간 관리

③ 4가지로 나눈다.
  • 중요하고 급한 일
  • 중요하지 않지만 급한 일
  • 중요하지만 급하지 않은 일
  • 급하지도 중요하지도 않은 일

④ 플래닝: 1. 목표 > 2. 전략 > 3. 시간 배치 > 4. 실행 > 5. 피드백

⑤ 매일 할 일
  • 감사일기
  • EFT
  • 꿈 노트(수시로)
  • 저녁 퍼팅 연습

☞ 12세션 리포트

① 대화법: S-GROW 스킬
  • S 브릿지(대화할 수 있는 준비)
    - 매칭: 눈높이 맞추기
    - 미러링: 상대방과 비슷한 동작을 취한다.
    - 페이싱: 호흡 속도 맞추기
    - 아이컨텍
    - 백트레킹: 공감 추임새
  • GROW
    - G: 목표, 주제, 소재
    - R: 경청, 현실의 어려움 듣기
    - O: 그럼에도 불구하고, 실행계획
    - W: 후원, 환경, 선물

② 할 일
  • 센터링
  • EFT
  • 감사일기
  • S-VOICE

☞ 13세션 리포트

경청
- 자기중심적 경청
- 상대중심적 경청
- 직관적 경청: 감정, 사실, 의도
- * 미션 15분 동안 먼저 말하지 않고 듣기

☞ 14세션 리포트

① NLP 1
  - 이미지(내적 표상)
  - 생생(라이브) → 오감
  - 기억하기(앵커링)
  - * NLP = 마음을 움직이는 기술
    N: 신경(마음), L: 언어(추상적, 구체적), P: 프로그래밍(기술)

② 외부 정보 → 필터(2,000만 비트) → 왜곡, 생략, 일반화 → 필름(저장)

③ 무안에 대한 좋은 기억 만들기

① NLP 2: NLP 가정(작은 종이에 옮겨 적어서 늘 가까운 곳에 두기)

② S-레코더: 나를 응원해 주는 사람들에게 응원 메시지 녹음 부탁하기(기분이 좋을 때)

NLP 3(잠재역량)
- 기억을 저장
- 연상
- 모든 기억을 수집, 정리한다.
- 해소하지 못한 감정의 기억을 억누른다.
- 억압된 기억을 드러내어 감정을 해소한다.
- 자기방어를 위해서 억압된 감정을 계속 억누른다.
- 신체 상태를 운영한다.
- 몸을 보존한다.
- 지극히 도덕적인 존재이다.
- 봉사를 즐기며 따를 수 있는 확실한 명령체계가 있다.
- 모든 지각을 제어하고 유지한다.
- 에너지를 생산, 저장, 분배, 전달한다.
- 본능을 관리하고 습관을 만들어 낸다.

- 습관이 몸에 밸 때까지 반복해야 한다.
- 끊임 없이 더 많이 추구한다.
- 하나의 통합된 단위로써 최상의 기능을 한다.
- 상징적이다.
- 모든 것은 개인적으로 받아들인다.
- 최소노력의 원칙을 바탕으로 움직인다.
- 부정어를 처리하지 않는다.

⌀ 17세션 리포트

① 시크릿 지도
- 나만의 보물 가득 채우기
- 연애 소설(스토리), 자존감
- 정한 대로 이루어진다. (목표는 반드시 이뤄낸다)
- 호기심 천국(보물섬): 새로운 도전 + 새로운 열정
- 유연성: 100% 이기는 게임

② 숙제: 롤모델 찾기

☞ 18세션 리포트

탁월성의 원
- 시합을 앞두고 미리 경기를 할 골프장에서 내가 좋아하는 공간으로 상상해서 만들어 낸다.
- 평소에 좋아하는 것들과 말, 느낌들은 원하는 만큼 상상해서 좋은 것들로 가득 채웠다.
- 곧 있을 시합이 기다려진다.
- 불안감을 없애주는 데 최고의 코칭법 같다.

☞ 19세션 리포트

① NLP 정의
  - NLP 의사소통 모델
  - 외부사건 → 필터 →← 내적표상 →← 상태(행동) →← 생리반응

② 액션 플랜 짜기

③ 2015년(홍그래:))
  - 3승
  - 좀 더 프로다워지자.

☞ 20세션 리포트

NLP 주요 용어 해설
- '마치 …처럼' 상태(as-if Frame)
- 제한된 신념을 바꿀 때
- 앵커링(Anchoring): 자극과 반응을 연계시키는 신경언어 프로그래밍 기법
- 주관적 몰입(Associated): 깊게 들어가는 것
- 캘리브레이션(Calibration): 관찰
- 청킹(Chunking): 추상적인 사람을 구체적으로 구체적인 사람을 추상적으로 만드는 것
- 객관적 관찰(Dissociated): 자신의 경험과 어떤 관련을 맺고 있는지에 관한 개념
- 생태(Ecology) 환경, 자연상태: NLP에서 말하는 생태란 인과관계에 관한 연구이다.
- 내적 표상(Internal Representations): 이미지
- 필수적 다양성 법칙(Law of Requisite Variety): 유연성
- 리딩(Lead System)
- 매칭(Matching): 래포를 강화하기 위한 목적
- 의미 리프레이밍(Meaning Reframe)
- 메타 모델(Meta Model)
- 메타 프로그램(Meta Programs)
- 은유(Metaphor)
- 밀턴 모델(Milton Model)
- 미러링(Mirroring): 15~20%
- 모델링(Modeling)
- 페이싱(Pacing)
- 부분 통합(Parts Integration)
- 선호 표상체계(Preferred Rep System)

- 하위 감각 양식(Sub-Modalities)
- 가치(Values)
- 우주적 수량(Universal Quantifiers)

☞ 21세션 리포트

2015년 매력적인 내 인생 최고의 해 만들기
• 성과 = 긍정, 긍정에서 답을 찾는다.
• 2015년은 나의 것. 더 프로다워지자.
• 나에게 가장 절실한 것을 찾는다.
• 상위 3%는 목표를 문서화하고 꿈이 있으며 0.1%는 자기확신과 믿음도 있다.
• 새로운 변화를 즐기자! :)

☞ 22세션 리포트

① 하위 감각양식: 이미지의 제일 밑 부분에 있는 이미지(내적 표상의 하위에 있는 시각(V), 청각(A), 촉각(K)의 감각양식)
   * 알맞은 이미지를 찾는 게 중요하다.

② 필요한 기법
   • 대조 분석
   • 반대 지도 제작
   • 스위시 패턴
   • 객관적 관찰 기법
   • 지각 위치

③ 빵과 오이의 이미지를 바꿔서 당분간은 빵이 생각 나지 않을 것 같다.

☞ 23세션 리포트

① 역량카드
   • 정직성 – 착함
   • 공정성 – 공평
   • 자기절제 – 인내

② DISC 유형: C형

③ V 시각형(나) / A 청각형 / K 촉각형

☞ 24세션 리포트

① 눈동자 패턴 질문
- Vr 시각적 기억: 과거에 본 적이 있는 사물을 떠올린다.
- Vc 시각적 구성: 본 적이 없는 사물의 이미지를 떠올린다(상상).
- Ar 청각적 기억: 언젠가 들었던 소리나 목소리 아니면 전에 자신이 속으로 했던 말을 기억하는 경우
- Ac 청각적 구성: 과거에 들어 본 적이 없는 소리를 구성하기
- Ad 내부언어: 혼잣말할 때 시선이 향하는 곳 - 내적 대화
- K 촉각: 자신의 느낌에 접근할 때 대체로 그쪽 방향을 본다.

② 의식적인 언어 사용
- 청크업: 추상적
- 청크다운: 논리적

③ 동의구문: and O / but X

④ 가정구문(제한된 신념을 없앨 때)

⑤ 조건문 종결(협상)

⑥ 부가의문문(속도가 중요)

☞ 25세션 리포트

---

① 마음 읽기: 다른 사람의 생각이나 느낌을 안다고 말하되 어떻게 알았는지 밝히지 않는다.

② 수행자 상실문: 가치 판단의 행위자가 배제된 가치판단

③ 원인과 결과: 하나의 일이 다른 일의 원인이 된다는 의미를 내포한다.
　　C* 당신이 …하면, 그러면 당신은 …

④ 콤플렉스 같은 것: 2가지가 의미상 동일하다.
　　"그것*이 의미하는 바는 …"

⑤ 가정: 가정 상당어구(사실)

⑥ 우주적 수량: 정치인들이 가장 많이 쓰는 언어

☞ 26세션 리포트

밀턴언어 2
- 서법 기능어: 가능성이나 필요성을 의미하거나 생활에서 규칙의 틀을 구성하는 말들
- 명사화: 시간성이 없는 단어를 명사로 만드는 과정
- 부가 의문문: 저항을 막을 목적으로 쓰임
- 지시 표지 결여: 청자의 경험에서 특정한 부분을 끄집어 내지 않는 어구
- 비교 생략: 무엇과 누구와 비교하는지 구체적이지 않음
- 이중 구속: 대상자에게 '또는'을 사용해서 2가지 선택을 제시함
- 확장 인용구: 대상자의 저항을 막기 위해 일반적인 인용구의 범위를 넘어서 사용하는 인용구
- 선택 제약 위반(최면 언어)
- C 범위: 문장의 다른 부분을 보고 그 문장이 적용되는 범위를 문맥상 가늠할 수 없음

☞ 27세션 리포트

① 앵커링: 그림을 생생하게 저장

② 각 홀별로 티샷할 위치 정하기(굿 포지션 앵커링)

③ VAK 이미지북 만들기, 최고의 자산

④ 그린 경우의 수 생각하기, WGQ존 만들기

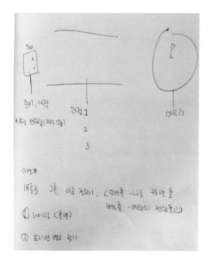

☞ 28세션 리포트

----

① 앵커링: 어떤 사람의 상태를 언제든 어떤 감각 양식에서든 앵커할 수 있다.

② 주관적 몰입 상태가 최고조에 달했을 때 특정 자극을 주면 자극과 상태가 신경학적으로 연결된다. 과거 상태를 현재와 미래로 연결할 수 있다.

③ 앵커링의 5가지 열쇠
  • 경험의 강도
  • 앵커 타이밍
  • 앵커의 독창성
  • 자극의 반복
  • 횟수

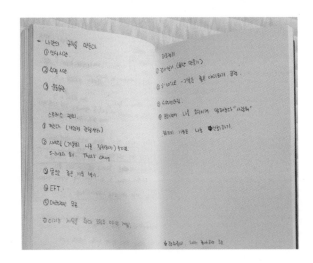

4/5 멘탈훈련

시합전 루틴.
1. 웃으면서 하루 시작하기. (새우팅-긍정)
   스마일봉 가까운곳에 놓고 다니기.

2. 아침 센터링. 습서
   스트레칭 → 센터링 → 꿈노트를 옆에 놓고 2Do 리스트 적기.
   Not 2 Do. 적기. (제녁) 보기.

V - 좋은 이미지 찾기, 잘치는 선수의 기록지를 보거나 영상지를 본다.
A - 새롭고 좋은 노래 찾기. Or 음악 들으면서 스트레칭하기.
K - 하루 느낌을 그림이나 글로 쓰기. 말로도 하기.
    (유연아 사랑해. 꼭 하기) 나야 나를 칭찬하고 사랑하기.

S-아이덴 - 나와 약속한것을 지켜나가는것.

하나에게 가장큰 무기는 (절박함)

이것을 아무것 하지 않으면 너역 아무것도 없다.

☞ 29세션 리포트

아일랜드 스코어 미리 써보기
- 퍼팅 연습 방법 바꿔보기(준비물: 동전, 실)
- 돈을 건다.
- 좋아하는 것을 건다.

파이팅!!

☞ 30세션 리포트

나는 이제 완전한 코칭시스템을 갖춘 프로골퍼다.
프로답게 최선을 다해서 좋은 결과를 만들자.
멘탈코칭 로드맵대로 꾸준히 실천하자.

2) 대상별 멘탈코칭 사례

① 멘탈코칭 사례 1 - 멘탈 중 '중독' 문제 해결 사례

- **코칭 시 고객의 상황**: 나이 20세, 재수생(남), 정우성(가명)
- **코칭 기간**: 6개월
- **코칭 의뢰 목적**: 중독된 멘탈 벗어나기
- **코칭 경과**: 중독성을 통제할 수 있는 조절력이 생겼고 수도권 대학에 합격하였다.
- **코칭 전 상황**: 과학고를 꿈꾸다가 실패한 후 일반고에 진학하여 1학년 2학기부터 새벽까지 게임을 하였다. 대학을 실패한 후 1년 동안 집에서 밤새도록 게임하고 낮에 일어나 밥먹고 빈둥빈둥하다 다시 밤이 되면 게임을 하여 낮과 밤이 바뀐 상태이다.
- **가족관계**: 아빠는 서울대 수의대를 나와 동물병원을 운영하고, 엄마는 가정주부이며, 누나는 건축과 대학생이다.
- **멘탈코칭 과정**
  - 1단계: 자기분석 보고서를 통해 '본인의 상황과 상태 직면하기'를 진행했다.
  - 2단계: 정우성이 진정 원하는 삶에 대한 '라이프 플랜 세우기'를 진행했다.
  - 3단계: 정우성의 장점과 단점 예전의 성취했던 일들을 기록하고 성공 경험을 끄집어내어 자존감을 높였다. (자존감 코칭)
  - 4단계: 스스로 좋은 습관을 만들고 유지하고, 나쁜 습관에서 생기는 행동을 해결할 수 있는 방법을 나눴다. (습관 만들기)
  - 5단계: 작은 성공을 기반으로 하여 습관을 만들어 내는 패턴을 익히기 위해 5~10분 운동을 시작하여 2시간까지 운동을 진행하였다. (두뇌활성화)
  - 6단계: 작은 습관들이 형성되기 시작하여 멘탈에 가장 중요한 수면을 분석하고 시간을 통제하였다. (수면의 질 높이기)

- 7단계: 취침시간을 새벽 2시 → 새벽 1시 → 12시로 조정하고, 잠자는 시간이 일정하게 유지되도록 수면습관에 집중하였다. (중독 증상 조절하기)
- 8단계: 두뇌 학습 코칭을 통해 본인의 두뇌에 맞는 학습법을 찾아 공부 습관을 잡았다.
- 9단계: 학습시간과 수면시간이 일정하게 유지될수 있도록 관심과 격려로 지지하였다.
- 10단계: 수도권 대학에 진학하게 되었고 건축사를 꿈꾸고 정상적인 생활 패턴을 유지하였다.

② 멘탈코칭 사례 2 - 멘탈력 향상을 위한 코칭
- **코칭 시 고객의 상황**: 나이 16세(중3), 골퍼 상비군(여), 동굴이(가명)
- **코칭 기간**: 10년
- **코칭 의뢰 목적**: 프로골퍼로서 좋은 성적
- **코칭 경과**: 상비군에서 2부 투어골퍼로, 2부에서 1부 투어골퍼로 KLPGA를 따고 선수생활을 하였다. 현재 일반인과 선수를 티칭하는 골퍼프로이다.
- **코칭 전 상황**: 골프를 10살에 시작하였고 중고연맹대회에서 우승하고 골프 상비군이 되었다. 그러나 갑자기 집안이 어려워지면서 골프를 계속할 수 있는지의 여부가 불안정해지고, 부모님의 다툼이 잦아지자 죽음까지도 생각할 정도로 불안정한 상태였다.
- **가족관계**: 아빠는 사업을 하다 부도가 났고 엄마는 가정주부로서 동굴이를 전담 케어하였다. 언니가 한 명 있는데, 똑부러지고 생활력이 강한 사람이다.
- **멘탈코칭 과정**
  - 1단계: 자신의 상황과 자신의 이해도를 높이기 위해 '본인에 대한 탐구와 분석(TA 자아 분석)'을 진행하였다.

- 2단계: 청소년기이기에 가족코칭을 진행하였다. 가족들의 경제적 혼란으로부터 중심을 지키고 서로 어떻게 고난을 극복해 나갈 것인지 가족끼리의 규칙을 만들었다. (가족코칭)

- 3단계: 골프선수로서의 재능과 노력이 지금 성적에 어떤 영향을 미치는지 골퍼로서의 역량을 확인하였다. (강점 찾기)

- 4단계: 자존감을 높이기 위한 자존감 형성 방법과 자존감을 탄탄하게 하는 안정적인 습관을 기른다. (자존감 코칭)

- 5단계: 골퍼로서 감정을 다스리는 방법과 감정을 이해하는 방법을 배웠다. (감정코칭)

- 6단계: 학업과 골퍼로서의 역할을 수행하기 위해 시간관리법을 익혔다. (시간관리)

- 7단계: 시합마다 멘탈을 관리하는 멘탈 관리법을 배웠다. (멘탈법칙 익히기)

- 8단계: 시합 때 결과에 따라 멘탈을 향상시킬수 있도록 멘탈 경기력을 올렸다.

- 9단계: 슈퍼멘탈을 유지하는 습관을 만들었다.

- 10단계: 본인의 상황과 역량을 이해하고 역량강화를 하였다.

③ 멘탈코칭 사례 3 - 실패를 이겨내는 멘탈력 강화코칭

- **코칭 시 고객의 상황:** 나이 34세 골퍼(남), 쎈코치(가명)

- **코칭 기간:** 6년

- **코칭 의뢰 목적:** 프로골퍼로 집중력을 높여 좋은 성적

- **코칭 경과:** 투어골퍼를 7년 쉬었다가 다시 투어선수로 복귀하였다. 현재 투어골퍼로 활약 중이다.

- **코칭 전 상황:** 파일럿이었던 아버지의 영향으로 8살에 골프를 시작하였고 성실한 성격으로 꾸준히 골프를 하였다. 상비군에서 국가대표 주장으로 활

약하였고 연세대에 특기생으로 합격하였으나 미국행을 선택해 미국 골프리그로 진출하였다. 그러나 미국에서 생활이 맞지 않아 한국에 들어와 다시 골프를 하였고 각종 대회 우승을 하다 27세에 골프를 그만 두었다. 프로골퍼 투어를 그만 두고 티칭프로를 하다 34살에 다시 프로골퍼 투어를 시작하였다.

- **가족관계**: 아빠는 파일럿이었으나 골프가 좋아 골프아카데미를 운영하였고, 엄마는 미용실을 운영하였다. 누나는 결혼하였고 가족끼리는 친밀한 관계였다.

- **멘탈코칭 과정**
  - 1단계: 자기분석을 통한 '자기탐구 및 직면하기'를 진행하였다.
  - 2단계: 결단을 해야 할 것들과 결단의 힘을 통해 결의를 하였다.
  - 3단계: 시간관리법을 통해 시간활용을 잘할 수 있게 하였다.
  - 4단계: 자존감 코칭을 통해 자존감을 향상하였다.
  - 5단계: 인간관계를 유연적으로 하는 관계의 기술을 습득하였다.
  - 6단계: 감정을 컨트롤할 수 있는 감정을 이해하고 다스리는 법을 배웠다.
  - 7단계: 멘탈의 법칙과 원리를 이해하고 본인의 삶에 적용하였다.
  - 8단계: 시합에 따른 전략과 전술을 짜는 이미지 트레이닝을 진행하였다.
  - 9단계: 본인의 역량과 잠재적인 역량을 파악하고 끌어내는 작업을 하였다.
  - 10단계: 시합 때마다 우승을 목표로 상황대처능력을 익혔다.

④ 멘탈코칭 사례 4 - 불안, 우울 등 감정을 강화하는 멘탈코칭

- **코칭 시 고객의 상황**: 나이 45세, 전문 CEO(여)
- **코칭 기간**: 4개월
- **코칭 의뢰 목적**: 과거를 잊고 회사를 끌고가는 강한 멘탈력
- **코칭 경과**: 감정을 조절하고 멘탈을 강화하여 즐겁게 회사를 운영할 수 있게 되었다.
- **코칭 전 상황**: 과거의 상처로 인해 스트레스가 많은 상태여서 회사를 운영하는 데 정서적으로 힘든 상태였다. 사회적 이미지와 개인이 품고 있는 마음의 상태가 대립적이어서 퇴근한 후 외로움과 고립감이 들었다.
- **가족관계**: 결혼 후 딸 1명, 아들 1명을 슬하에 두고 행복한 가정을 꿈꾸었지만 이혼 후 모든 것을 혼자서 꾸려갔다.

- **멘탈코칭 과정**
  - 1단계: 자기분석을 통한 '자기탐구 및 직면하기'를 진행하였다.
  - 2단계: 결단해야 할 것들을 나누고, 결단의 힘을 통해 결의하였다.
  - 3단계: 과거를 벗어나고 있는 그대로를 수용하기 위한 자기훈련을 진행하였다.
  - 4단계: 자존감 코칭을 통해 자존감을 향상하였다.
  - 5단계: 인간관계를 유연적으로 하는 관계의 기술을 습득하였다.
  - 6단계: 감정을 컨트롤할 수 있는 감정을 이해하고 다스리는 법을 배웠다.
  - 7단계: 멘탈의 법칙과 원리를 이해하고 본인의 삶에 적용하였다.
  - 8단계: 회사를 이끌어가기 위한 영업적 전략을 재정립하였다.
  - 9단계: 클라이언트를 만났을 때 설득하는 법을 습득하였다.
  - 10단계: 회사의 청사진을 구축하고 저널링을 통해 멘탈력을 키웠다.

⑤ 멘탈코칭 사례 5 - 감성적 멘탈에서 이성적 멘탈로 변화하기

- **코칭 시 고객의 상황:** 나이 17세(고3), 골퍼 8년(남)
- **코칭 기간:** 11개월
- **코칭 의뢰 목적:** 부상을 딛고 강한 멘탈 가지기
- **코칭 경과:** 부모에 대한 분노를 건강한 자기관리를 하는 습관으로 탈바꿈 하고 멘탈강화에 힘썼다. 중고연맹대회에서 순위권 안에 드는 성과를 내고 있으며, 세미프로 자격을 획득하였다.
- **코칭 전 상황:** 부모의 권유로 초등학교 5학년부터 골프를 시작하였다. 청소년 대회, 중고연맹대회 등 우승도 하고 좋은 성적을 거두었으나 고등학교 2학년 때 발목 부상 이후로 골프를 접었다가 다시 골프를 시작하였다.
- **가족관계:** 사업하는 아빠, 은행원 엄마, 두 살 터울인 남동생이 있다.
- **멘탈코칭 과정**
  - 1단계: 자기분석을 통한 '자기탐구 및 직면하기'를 진행하였다.
  - 2단계: 목표선언서를 통해 본인 인생의 목적과 의미를 찾아보았다.
  - 3단계: 본인이 가지고 있는 역량이 무엇이고 장점과 단점을 비교하고 파악하였다.
  - 4단계: 자존감 코칭을 통해 자존감 향상을 하였다.
  - 5단계: 부모와의 관계를 회복하고 가족 대화법을 익혔다.
  - 6단계: 감정을 컨트롤할 수 있는 감정을 이해하고 다스리는 법을 배웠다.
  - 7단계: 멘탈의 법칙과 원리를 이해하고 본인의 삶에 적용하였다.
  - 8단계: 시합을 나가기 전, 시합 중, 시합 후 멘탈을 관리하는 방법을 찾았다.
  - 9단계: 시합 시 바라는 바를 이루기 위해 이미지 트레이닝과 시각화하는 방법을 습득하였다.
  - 10단계: 시합 시 경기력을 올리기 위한 멘탈을 이해하고 향상시켰다.

⑥ 멘탈코칭 사례 6 - 감정에 지배받지 않는 이성 멘탈 키우기

- **코칭 시 고객의 상황**: 나이 27세, 회사원(여), 행복바이러스(가명)
- **코칭 기간**: 2개월
- **코칭 의뢰 목적**: 남자친구랑 헤어진 후 멘탈이 무너져 유연적 멘탈 갖기
- **코칭 경과**: 우울한 감정이 지속되다 무기력한 상태가 되었으나 멘탈을 강화하기 위한 운동이 병행되었고, 감정적인 멘탈 상태에서 멘탈에너지를 충전해 밝고 긍정적인 멘탈력을 가지게 되었다.
- **코칭 전 상황**: 강한 성격의 남자친구랑 사귄 후 수동적이고 순종적인 스타일인 행복바이러스는 우울감에 빠졌고, 남자친구와 이별했지만 같은 회사 동료였기에 업무하는 데 있어 불편감을 느껴 이직을 고민하고 있다.
- **가족관계**: 아빠, 엄마, 언니가 있고 따뜻한 가족애가 있는 가정이다.
- **멘탈코칭 과정**
  - 1단계: 자기분석을 통한 '자기탐구 및 직면하기'를 진행하였다.
  - 2단계: 목표선언서를 통해 본인인생의 목적과 의미를 찾아보았다.
  - 3단계: 본인이 가지고 있는 역량이 무엇이고 장점과 단점을 비교하고 파악하였다.
  - 4단계: 자존감 코칭을 통해 자존감을 향상하였다.
  - 5단계: 나도 좋고 너도 좋은 타인과의 관계를 형성하는 방법을 익혔다.
  - 6단계: 감정을 컨트롤할 수 있는 감정을 이해하고 다스리는 법을 찾았다.
  - 7단계: 멘탈의 법칙과 원리를 이해하고 본인의 삶에 적용하였다.
  - 8단계: 갈등 해결 방법과 갈등 유지 시 감정과 정신을 관리하는 법을 익혔다.
  - 9단계: 불편한 사람이 있어도 회사 내에서 업무를 해나갈 수 있는 방법을 습득하였다.
  - 10단계: 긍정적 자아상을 유지해 나가는 사고의 틀을 형성하였다.

에필로그

'멘탈코칭, 새로운 길을 만들어 내다'

제가 하는 일에 대한 만족도를 100% 만점 기준으로 물어보신다면 그의 열 배인 1,000%를 만족한다고 단 0.1초의 망설임 없이 대답합니다. 그만큼 코치라는 직업을 통해 너무나 큰 행복의 절정을 자주 경험합니다. 아낌없이 '사람을 사랑하는 마음'을 나누다 보면 힘들어도 힘든 줄 모릅니다. 코칭은 코치이가 있는 자리에서 그대로 함께 머물러 주는 것, 같은 곳을 바라보며 스스로 앞으로 나아가게 하는 것이 전부입니다. 어쩌다 삶을 내려놓기 직전 지푸라기라도 잡는 심정으로 찾아오신 분들을 만나 코칭할 때면, 코칭 후 긍정적으로 변화되는 경우가 많았습니다. 그분들은 아직도 저를 생명의 은인이라 부릅니다. 과찬의 말씀에 부끄러워 몸 둘 바 모르겠으면서도 코치로서의 자부심과 무한한 감사함이 가슴 속에서 뜨거운 열정으로 폭발합니다.

멘탈코칭을 통해서 놀라운 결과를 만들어 내는 과정을 보는 건 제가 생각하는 최고의 행복 중 하나입니다. 한 사람, 한 사람에게 정성을 다하고 아낌없이 나누는 순간들이 쌓여서 서로 신뢰하는 가족과 같이 변화하는 것이 제가 하는 멘탈코칭의 전부일 수 있습니다. 특별한 스킬이나 도구가 아니어도 우리는 누군가와 함께 하는 것으로 최고의 멘탈코치가 될 수 있습니다. 프로선수들에게는 한순간이 어쩜 그들의 운명을 결정할 만큼 중요한 순간이 되기도 합니다. 그 순간을 함께하는 행복감을 선물받아서 언제나 새롭고 즐겁습니다. 슈퍼멘탈 강화모형을 통해 누구나 한눈에 자신의 멘탈을 객관적으로 바라보고 업그레이드하며 유지할 수 있는 방법을 나누고자 했습니다. 바로 활용할 수 있는 창의적이며 실용적인 이 책을 통해서 여러분 삶에 더 강한 멘탈과 긍정의 미래를 그려 나갈 수 있기를 소망합니다.

이 책이 나오기까지 좋은 사랑으로 함께 해주신 많은 분들께 진심으로 감사의 인사를 전합니다. 최고가 누구인지 물어보신다면 그 답은 바로 우리 자신입니다. 이 세상에서 우리 자신보다 더 소중하고 가치 있는 것은 없습니다. 우리에게 숨겨진 잠재역량을 꺼내어 더 빛나게 할 수 있다면, 그 것은 내 인생 최고의 선택이 될 것입니다.

더 많이 사랑하고 또 사랑하며 사랑하겠습니다.
여러분의 슈퍼멘탈을 응원합니다.
늘 함께 웃을 수 있는 슈퍼멘탈코치
윤석민 올립니다.

에필로그

'인생은 나를 알아가는 과정'

사랑하는 가족과 나의 지인에게,

이 책을 끝까지 읽어 주셔서 감사합니다. 여러분의 지지와 격려 덕분에 이 책을 완성할 수 있었습니다. 군대에 간 아들과 나의 인생 짝꿍 윤종덕, 그리고 나의 지인들, 특별히 나의 동갑 친구인 홍미형. 제게 끝없는 힘을 주고 함께 걸어온 여정에 감사의 말씀을 전하고 싶습니다.

저는 두뇌 전문병원에서 근무하며 약 2만 건의 임상경험을 했었습니다. 그 경험을 통해 얻은 원포인트 메시지는 스스로를 지켜내는 힘이 있어야 병도 이기고 세상을 잘 살아갈 수 있다는 것입니다. 스스로를 지켜내는 힘을 만들어 내기 위해서는 자신의 멘탈을 잘 관리하고 분석할 수 있어야 합니다. 따라서 이 책에서는 멘탈코칭을 통해 더 나은 삶을 살기 위한 다양한 도구와 인사이트를 제시했습니다.

이 책을 집필하는 동안 저 또한 멘탈코칭의 중요성에 대해 다시 한번 깨달았습니다. 우리는 어떤 상황에서도 내적인 힘과 안정성을 유지할 수 있습니다. 삶의 어려움에 직면했을 때, 멘탈코칭은 우리가 자신의 감정을 이해하고 조절할 수 있는 도구가 될 것입니다. 우리는 삶의 여정에서 자신을 이해하고 발전시키는 것이 중요하다는 것을 이 책을 통해 알게 되었으면 하는 바람입니다.

저는 '인생은 나를 알아가는 과정'이라는 문구를 멘탈코칭의 첫 번째 전제로 인식하고 있습니다. 여러분도 멘탈코칭을 통해 본인의 특성과 성향에 대해 알아보고 자아 존중감을 높이며 해결력을 높이는 기회로 삼으시길 바랍니다. 마지막으로 모든 독자분들이 이 책을 통해 셀프코칭해 볼 것을 권해 드립니다. 하루하루 아주 작은 멘탈의 변화로 인생의 재미를 스스로 발견하고 나의 잠재력을 찾아 성장해 나갈 수 있는 해결책이 될 것입니다.

인생은 나를 알아가는 과정입니다.
멘탈분석카드를 통해 나에 대해 알아보세요.
늘 함께 즐겁게 도전하며 사는 브레인코치
서은주 올립니다.

멘탈코칭

초판발행   2024년 6월 25일

지은이   윤석민·서은주
펴낸이   노 현

편 집   이혜미
표지디자인   BEN STORY
제 작   고철민·조영환

펴낸곳   ㈜ 피와이메이트
              서울특별시 금천구 가산디지털2로 53, 210호(가산동, 한라시그마밸리)
              등록 2014. 2. 12. 제2018-000080호
전 화   02)733-6771
f a x   02)736-4818
e-mail   pys@pybook.co.kr
homepage   www.pybook.co.kr
ISBN   979-11-6519-967-8   03180

정 가   26,000원

박영스토리는 박영사와 함께하는 브랜드입니다.